Catalogue

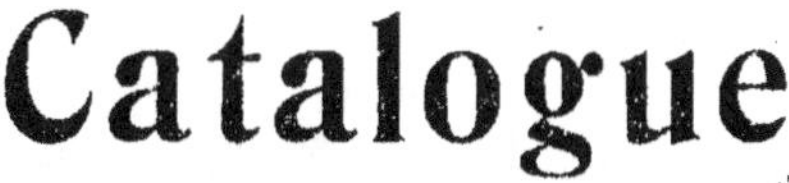

d'une collection d'Estampes
et dessins

Alsatiques & autres

Gravures anciennes & modernes,

Vues, portraits, Lithographies.

(Bellangé, Callot, Cicéri, Descamps, Doré, Gavarni, Guérin,

Rembrandt, Téniers, Zix, etc.)

(Ventes Uhlmann, Henri Monnier à Paris ;
Hugueny, F. Reiber à Strasbourg, etc.)

de Ch. Muller.

La détermination des estampes a été faite
avec l'exactitude possible. Il n'est cependant pas donné
de garantie sur la nature, les dimensions et le
sujet de celles-ci.

Strasbourg

1903.

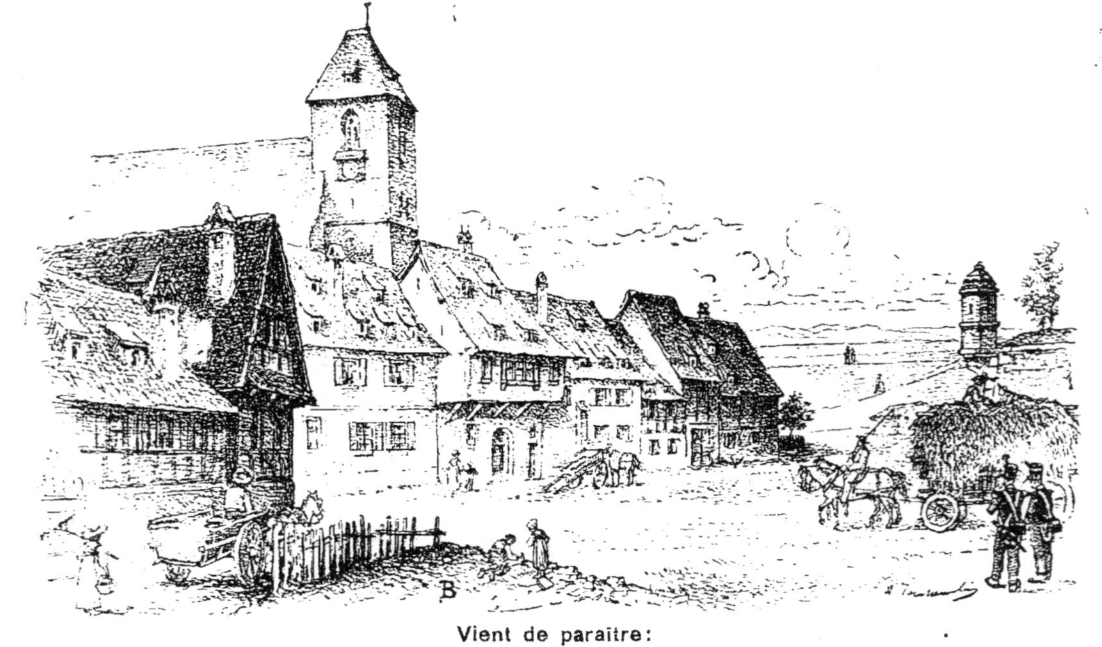

Vient de paraître:

A. TOUCHEMOLIN

Quelques Souvenirs du Vieux Strasbourg

Petit Album in-4° avec un frontispice 21, planches et 6 dessins dans le texte.

—→ **Prix 9 frcs.** ←—

Librairie J. Noiriel F. Staat Successeur.

Strasbourg 1903.

Catalogue

d'une collection d'Estampes
et dessins

Alsatiques & autres

Gravures anciennes & modernes,

Vues, portraits, Lithographies.

(Bellangé, Callot, Cicéri, Descamps, Doré, Gavarni, Guérin,
Rembrandt, Téniers, Zix, etc.)

(Ventes Uhlmann, Henri Monnier à Paris;
Hugueny, F. Reiber à Strasbourg, etc.)

de Ch. Muller.

La détermination des estampes a été faite
avec l'exactitude possible. Il n'est cependant pas donné
de garantie sur la nature, les dimensions et le
sujet de celles-ci.

Strasbourg
1903.

Banchard fec. 537.
Baude (bois) 2037. 3313.
Baugan scp. 1000e.
Baume pxt. 1551. 1943.
Baumann scp. 411.
Bauer F. scp. 2086.
Bauernfeind G. del. 1064.
Baur J. G. pxt. del. inv, 2487. 2914
    (1633). 2915 (1635). 2916.
Bayard Em. del. 7. 571. 717. 724. 741.
Baviri F. S. scp. 347 (1776).
Bayot del. 931. 1052. 1065. 1066. 1944.
Bazan scp. 285.
Bazin N. del. et scp. 842. 846. 1768.
    1769 1770.
Beaucé V. del. 566. 776. 830.
Beaujean & Beaujou scp. 1437. 1887.
Beaumont et E. d. B. scp. del. 1148.
    1735. 2213. 2228. 2229. 2328. 2329.
Beauvais P. A. F. pxt. scpt. 3401.
Beauvallet scp. 1770bis.
Beauverie Ch. del. et scp. 1945. 1946.
Becker del. 3021.
Begas pxt. 2049 (1842).
Beiquart inv. 3330.
Bein J. scp. 538. 1521. 1947 (1838).
    1984 (1824). 3288 (1819). 3292.
Bellangé L. Jos. Hyp. del., lith.
    pxt. 1135 à 1142. 2179. 2734. 3302.
Belliard del. 1469.
Belt J. J. scp. 329 (1788).
Benard de scp. 997.
Benazech scp. 1483.
Bendemann E. pxt. 1948.
Benner Em. del. 2488.
Benner J. del. 2488.
Benoist G. Ph. scp. 405.
Bentley J. del. 2057 (1835).
Beraud J. del. 9. 1950.
Berger F. scp. 150.
Berger J. D. scp. fec. 432 (1772). 2527.
Bergeret pxt. 2125 (1808).
Berghem Nic. pxt. scp. del. 1143 à
    1146. 1725.
Bernardy scp. 720.
Bernhardt Sarah. 2065.

Bernhard F. del. 2565 (1848).
Bernigerath M. fec. 325.
Berres Jos. V. pxt. 2069.
Bertall del. 79. 498. 1949.
Bertet scp. 481.
Berthelier Max del. 987.
Bertin pxt. 1771.
Bertonnier scp. 673. 738.
Bertoud et Berthoud H. aq. f. 904. 1004.
    1014. 1215. 1708. 1970. 2002. 2021.
Bertrand scp. 2943.
Besnard del. 826.
Bessmer xylog. 1748.
Besson C. grav. 2005.
Beutler C. L. inv. 22 (1622).
Beyel D. del. 483. 484. 486.
Beyer J. D. & Beyer fec. pxt. del.
    544 (1827). 2482. 2540. 2549. 2580
    (1825) 2627. 2628. 2842. 2870. 2904.
    2990. 3222.
Bichebois lith. 860. 2785. 2804. 2863.
    2894.
Billoin Ch. sp. 1440.
Biondi scp. 439.
Bitsch F. del. 2755.
Blanchard O. del. pxt. scp. 595. 691.
    721. 789. 1372. 2825.
Blangrain F. scp. 3303.
Blary E. del. & scp. 1951 (1866).
Blass J. del. 71.
Bloettner pxt. 484.
Blois A. de, scp. 313.
Blomaert Corn. scp. 1535.
Blondel del. scp. pxt. 1772. 2874.
Bock C. W. 483.
Bocker A. scp. 2509.
Bocourt del. 457. 716. 774.
Bodin scp. 2168.
Bodemer del. 18.
Boecklin Ar. pxt. 8. 38.
Boecklin J. C. scp. 450.
Boehm A. G. W. 2918.
Boehm M. F. lith. 470. 2317. 2318. 2322.
    2323. 2362. 2486. 2629. 2836.
Boener J. A. scp. 27.
Boetzel grav. 2716. 3105.

Boilly Alp. scp. 355 bis. 1520. 2137. 2171.

Boilly J. pxt. scp. del. 634. 656. 787. 831. 832. 2067. 2137. 3319.

Boilvin aq. f. 689.

Boissieu ou de B. J. J. inv. & scp. 1149 à 1151 (1763).

Boizat A. del. 350 bis. 351. 352.

Bol F. 1773 (1640).

Bollinger ft. 642

Bolt F. scp. 2981 (1799)

Bolswert fec. 1639.

Bong R. xylog. 1952.

Bonisson inv. & scp. 2194.

Bonington R. P. pxt. 1225 (1844).

Bonnard R. del. 1769.

Bonnat pxt. 625.

Bonnet ou Bonet scp. 1162. 1163.

Bonneville del. 2596.

Boquet Aug. del. 1281. 1265.

Boquet Ch. del. 1359.

Bordier scp. 1739.

Borel F. A. del. 1828.

Bornert J. del. 2432.

Bose scp. 846.

Bosio (Giac.) 14.

Bosselman scp. 697. 2115. 3329.

Bossert fec. 2545. Bossoli del. 1025.

Both J. & A. scp. pxt. 1774. 1775.

Bottschildt scp. 1776. 2272.

Boucher F. pxt. del. 1152 à 1170. 3393.

Bouillon del. 587.

Bouisson inv. & scp. 2194.

Boulanger Melle. El. pxt. 1333. 1982.

Bouquet Aug. scp. 1869. 1953.

Bour lith. 527.

Bourgeois E. & Eug. scp. 1954. 2138.

Bourneville F. del. 2089.

Bourtrois V. scp. 1552. 1629. 1667. 1672.

Boutet de Montvel del. 1955.

Bouthors comp. 3237.

Boyer B. scp. 41. 511.

Boze J. pxt. 412.

Brakenhoffer lith. 3259.

Brascassat pxt. 1777.

Breenberg B. scp. 1747.

Bregeon Mad. Angel. scp. 3402. (1764).

Brendamour xylog. 2801.

Breton J. pxt. 2061.

Breughel P. le v. P. le j. pxt. 1147. 1148. 3372. 3373.

Brion G. pxt. scp. 1540. 2919 (1861) 2920. 2921. 3260 (1858).

Brower pxt. 1778.

Brozic V. pxt. 2038.

Bruaubet del. 1807.

Bürck del. 2312.

Brunnel inv. 3853.

Brunn J. scp. 2346. 2355. (1617). 2360.

Bry Th. de. fec. 2623.

Bühler Seb. del. 2654 (1589).

Burdet scp. aq. f. 1524.

Burg del. 1076 (1840?)

Burk van der ou Burch del. 1779. 1780.

Burnand El. pxt. et scp. 3400 (1881)

Burkard scp. 483.

Busch G. P. scp. 318.

Butavand grav. 2050.

Buttura pxt. 1337,

Buttner P. del. 2490. 2678.

Butterwerk del. 827.

Cab Ad. v. der. scp. inv. fec. 1781.

Cadotin (?) scp. 401.

Calame Al. lith. del. grav. pxt. 1171 à 1180.

Calcar Jean de. pxt. 837.

Callot J. pxt. scp. aq. f. inv. 1181 à 1203.

Camasseus A. scp. 1761 (1692).

Caminade scp. & lith. 1007.

Campaglia Jo. Dom. del. 343.

Campiglia inv. & del. 459. 1782. 1783.

Canaletto pxt. 1028.

Canning pxt. 846.

Canot inv. 3397.

Carache Lud. Annib. Agost. pxt. 1204—1209. 1742. 2059. 2999. 3096.

Caran d'Ache del. 61. 76. 84.

Carey scp. 1131. 1937.

Fromentin Melle. del. lith. 600. 650. 806.
Frommel C. del. sep. 1087. 1977 (1815). 1977 (1837).
Furnius Petr. im. & fe. 3347. 3348.

Gabé pxt. 1096 (1862).
Gaillard R. sep. 1399. 1656.
Gaillot lith. pxt. 522. 812.
Gainsborough pxt. 2054 (1768). 2055.
Gaite ou Gaitte sep. 1522. 1523.
Galland P. V. 1.
Gallus Ph., Th. et Corn. le V. Corn. le J. sep. inv. fec. 1340 à 1345. 1645.
Gamble sep. 1717.
Ganier H. del. 6 (1889). 728. 2677. 3176.
Garcia pxt. 368.
Garon G. del. 1046. Garnier H. L. 1979.
Garneray del. 2057.
Gaspary N. pxt. 2860. 2861 (1878).
Gatine sep. 2713.
Gaucher Ch. grav. 308 (1774).
Gaucherel del. sep. 176. 947.
Gaujean aq. f. 2101.
Gaultier L. sep. 1796.
Gautier J. B. sep. 2129. 2165.
Gauvents des. sep. 506.
Gavard (pantog.) 488. 515. 516.
Gavarni S. G. P. del. pxt. 136. 689. 1346 à 1358bis (1810   16).
Geiter J. del. 1061.
Geistodt del. 2659.
Genilloud M. del. 906bis.
Geniole inv. 1980.
Geoffroy Ch. sep. 1289. 1290. 1292 à 1295. 1505. 1982.
Georges del. 916.
Gérard F. pxt. 496. 531. 761. 1981. 3175.
Géralez fec. 1117. (1835).
Géraud grav. 2961.
Gerhard del. 3291.
Géricault pxt. del. 1359. 1360.
Gericho ou Gericote fec. 1797.

Germain fec. 1147 (1771).
Germain P. S. del. 534.
Gerôme pxt. 2018 (1850).
Gersbacher G. del. 963.
Gessner S. sep. 48. — Gessner pxt. 809. 1807.
Geyser sep. 1799 (1777).
Giacomelli del. 11.
Gibele del. 968bis. 1806.
Gide H. pxt. 3403.
Gigoux J. F. pxt. lith. del. 636. 796. 1362 à 1366 (1833).
Gille A. & C. del. 63. 75. 634.
Gillot sep. 1905.
Ginus G. L. sep. 451.
Girard sep. 744 (1829).
Giordano Luc. pxt. 1651.
Giraud Eug. pxt. 1983
Gillot sep. 1905. 2533.
Girardet Ch., K., Ed., & P. pxt. del. sep. 1001. 1367 à 1373 (1841   1861) 1505. 2094. 2155. 2173.
Girodet-Trioson pxt. 1984 (1820). 1985.
Girodet pxt. 2110.
Giroux del. & sep. 698.
Girsch F. sep. 1966.
Gloss A. sep. 690.
Glück E. del. 2104. 2105.
Gmelin A. W. sep. 10.
Gmelin F. G. et W. F. del. et aq. f. 1391. 1800.
Godard sep. 1362. 1375. 1439.
Godefroy F. sep. & Godefroy pxt. 1801 (1804). 3127.
Godefroy-Durand del. 3306.
Godin H. grav. 3395.
Goeree del. 1802.
Goltzius H. inv. sep. divulg. 1803 (1585).
Gorbisa del. 1028.
Gosselin Ch. sep. 889bis. 3458.
Goulard sep. 1321.
Goulu Ferd. sep. 593.
Goussaincourt Louise de, del. 3406.

Parasol (?) del. 2683 (1885).
Paravicini fec. 25.
Paris sep. 3355.
Pasquier J. J. sep. 1853.
Patas sep. 3122.
Patout lith. 2503.
Pauquet sep. 1507. 2960.
Pavarin 2598 (1849).
Payen sep. 2126. 2127.
Payne A. H. sep. 1699. 2058.
Pazzi P. A. sep. 158.
Pecht Fr. gez. 50. 509. 561.
Pedraglio gez. del. 2183. 2239. 2309.
    2437. 2442. 2443. 2843.
Pedro F. sep. 1411.
Pée Th. van. pxt. 316.
Pelée sep. 1718.
Pellem del. 758.
Pelicier grav. 2194.
Pellegrini D. pxt. 1790.
Pennautier A. de, aq. f. 2028.
Perencino C. inv. & incid. 1854.
Perdoux sep. 1672. 1737. 1887. 2168.
    2173. 2174. 2205.
Pernhart M. gez. 861.
Perret sep. 1406.
Perrier F. pxt. & sep. 1855.
Perrichon sep. 2935.
Perrin del. 2311.
Perrot F. A. del. 929. 983.
Pesne Ant. pxt. 372. 127.
Petit Vict. & Petit del. & sep. 85.
    345 372 (1739). 961 (1860). 1950.
Petit Gérard pxt. 3260.
Petrak grav. 3144.
Peyron P. inv. pxt. sep. 1856.
Pfeffinger del. 2850. 2859. 2865. 2887.
Pfitzer J. B. grav. 1981.
Pfnor R. sep. 1834.
Philippe (élève de David). del. 586.
Philippi méd. 3158.
Philippoteaux pxt. del. 1176. 1505 à
    1508. 2093. 2116. 2168. 2173. 2174. 2205.
Piacetta Gio. Bap. del. pxt. inv. 1500
    à 1502.
Piaud sep. 2930. 2932.

Piazza P. pxt. 1863.
Pibarand sep. 1358. 3263.
Picard J. lith. 2395 (1832).
Picard & B. P. del. 1429. 1503 (1731).
    1504 (1731).
Piccini sep. 36.
Picot pxt. 1298.
Pierdon F. sep. 1554.
Pigalle Stat. 3008 (1776).
Pigeot fils sep. del. 171. 562. 651.
    686. 767.
Pille H. del. 604. 637.
Pillet del. sep. 500. 501. 550 (?) 715
    (1855).
Piloty pxt. 2029.
Pils pxt. 2070. 2736.
Pinaker pxt. 1888.
Piñhas H. sep. 666. 2161.
Pinssio sep. 350bis à 351bis.
Piquenot Euph. et son père aq. f.
    1730. 1731.
Pirodon del. lith. 842. 2030.
Pisarri Carls incid. 384.
Pisan sep. 2927. 2937.
Piteau Benj. 1097.
Piton F. del. 2279a. 2279b. 2669. 2776.
    3260.
Pitteri Marc. sep. 1501.
Pletsch del. 12. 111.
Plonsky M. f. 1818 et 856bis.
Plympton ael. 1082 (1888).
Poilly J. Bap. sep. 151. 3356 à 3361.
Poisson V. A. del. 58.
Pollart R. engr. 1857 (1781).
Pollet sep. 574.
Pontenier sep. 158.
Ponzel sep. 45.
Poorten W. D. fec. 2031. 2032.
Poppel gest. 872.
Porta Domen. del. 326.
Portier sep. 709.
Potter P. pxt. 1858.
Pouget sep. 776.
Pourvoyeur sep. 1217.
Poussin Nic. pxt. 1509 a 1516.

En-têtes. — Vignettes.

1 Specimen. L'oeuvre de G. V. Galland par Henry Havard.
2　　— 　　La sculpture française par Louis Gonse.
3　　— 　　Hist. de France par V. Duruy, dess. de J. P. Laurens.
4　　— 　　Mentzel par H. Knackfuss.
5　　— 　　La reine Marie Antoinette par Pierre de Nolhac, grav. par Moreau.
6　　— 　　Voyages aux châteaux histor. de la chaîne des Vosges par· H. Ganier 1889. Berger-Levrault.
7　　— 　　La neuvaine de Colette par Jeanne Schultz, dess. de E Bayard 1892.
8　　— 　　Oeuvres d'Arnold Boecklin 1892.
9　　— 　　Les Capitales du monde. Dess. de Florian, Zuber, Beraud, etc.
10　　— 　　Le 18e siècle (Greuze, Watteau). Hachette 1899.
11　　— 　　Holzschneidekunst. Dess. de Giacomelli, grav. de Méaulle.
12　　— 　　Holzhauerfawle, grav. p. J. Froelich 1885.
　　　　　　 36 Lieder dess. de Osc. Pletsch.
　　　　　　·Programme, dess. de Tiebault.
13　　— 　　Vinci (Leonardo da) par Eug. Muntz.
14 Société des sauveteurs de Belgique. — Blankenberghe. Dess. de H. Cassiers 1885.
15 Ancienne bible, 3 feuilles J. J. Saudel. L. Heckenhauer scp. 8^0, 1690.
16　　— 　　4　— 　　Cornel. Nicol. Schurtz scp. 1690. 8^0.
17　　— 　　3　— 　　(Temple des Philistins, tour de Babel, etc.) 8^0
18　　— 　　2　— 　　Merian inv. & del., Bodemer & Ulmer fec.
　　　　　　 1　— 　　4 Bêtes de l'Apocalypse.
　　　　　　 1　— 　　Midas.
19　　— 　　5　— 　　(Merian inv. et del.) 2 le Paradis. — Abraham & Isaac. 8^0.
20 7 feuilles illustr. d'un ancien Homère. — Encadrements div., grav. 8^0.
21 En tête pour les Devises pour les Tapisseries des 4 Saisons. Grav. 4^0.
22　　— 　　Lucerne 1664. C. L. Beutler inv. Melchior Kusell fec., grav.
23　　— 　　de livre de Théologie dédié à Guill. de Nassau par Pierre de Houdt. Gravé par T. Morellon de la Cave 1728. Dessiné par G. P. L. Debrie.
24　　— 　　de l'Istoria della sacra religione par Jacomo Bosio appresso Faciotto 1621. Grav. f^0.
25　　— 　　d'un Code de Justinien. Leipzig 1663. Paravicin fec., f^0.
26　　— 　　aux armes de l'Emp. rom. d'Autriche, f^0.
27 7 feuilles Naturbilder. J. A. Boener scp. Grav. bois, 8^0.
28 8　— 　　Kampe's Seelenleben. Rosmaester scp. & del. 12^0.
29 8　— 　　Illustrations par P. Yves. Grav. 12^0.
30 4　— 　　Télémaque. F. A. Fridrich fec. Grav. 8^0.
31 2　— 1. Heilige Mechtildis, bois 8^0.
　　　　　 2. Instit. philosophiae. Norimberga. — C. N. Schurtz scp. 1679. 8^0·

32 4 feuilles S. Carolus, Judacus, Stephanus, Catharina. Engelbrecht ex-
        cud. grav. 8⁰.
33 4   —   Joannes de Matta, Sᵃ Elisabetta, Joachimus, Johannes. Id. id.
34 4   —   Sᵃ Veronica, Stus Aloyssius, 2 feuilles de livre de prière.
        Klauber Cath. sc. & excud. 8⁰.
35 4   —   San Beato, Car. Boromaous, 2 feuilles de liv. de prière. Id. id, 8⁰.
36 2   —   Vie des Saintes. Suor Isabella. Piccini scpt. Grav. 8⁰.
37 6 Vignettes. Sᵗ Mathieu, 3 Saints, Mars, etc. Grav. & bois 12⁰ & 8⁰.
38 9   —   Livres de prières. (Boecklin, Gruber, Occhslin, Seeländer,
        Will, scp.) 12⁰ & 8⁰.
39 4 feuillets. Livres divers. Volcart scp.
40 6   —   —   Klauber, J. Hohr, A. N. Gmelin, scp. 8⁰.
41 4   —   —   Boyer, S. Gessner grav. 1815.
42 9   —   —   Rolfssen, Rouargue, Delignon, etc., grav.
43 8   —   —   Aveline, Krüger, Lindey scp., grav.
44 4   —   —   Danses, etc. Lebas scp. Grav. 8⁰.
45 7   —   —   Marillier, Walwerth, Ponzel scp. 8⁰.
46 6   —   —   Kilian 1765, Dambrun, Lorieux, Doebler scp. 12⁰.
47 6   —   —   Schleich, Leybold, Ribault sc. 1849, grav. 12⁰
        & 8⁰.
48 4   —   —   Jésus devant Pilate. Oiseaux bysantins, Sᵗ
        Pierre, Conrad. Grav. 8⁰.
49 4   —   —   Einheit. — J. C. Esslinger scp. — Maria. Stoelszi
        scp. — Christ d'ap. Lebrun.
50 12 Vignettes. H. Lips scp. & fec. — Schmidt, Pecht, etc. scp.
51 6 Grav. 1. Die Wappen des Königs in Frankreich (Montjoye St. Denis).
        2. Agrippa (cul-de-lampe) 1783.
        Quatre Grav. ovales.
52 5 Culs-de-lampe, vignettes & ex-libris. — Nilson 1750, Cicori (1782 —1868).
        (2 écussons sepia, etc.)
53 1 feuille. En-tête de la vraie Thériaque de Venise. Erben v. Joh. Bapt.
        Sylvestrini a la testa d'oro. Vers 1700.
54 24 feuilles de la Chronique de Schedel 1493. (Vente Reiber 1896).
55 8 vignettes. Ex-libris Degermann. — Ut fata trahunt. Mebl. — Les droits
        de l'homme. Edit. de l'époque.
56 6 feuilles Le Graphic, la Nature, le livre d'Amour. (Spécimens, facsimile
        d'aq. de J. M. d'Orice). Dipl. de la Soc. popul. des Arts de Paris,
        En-tête de Georg Hirth's Publicationen, Annonce angl. color.

Caricatures. — Imagerie.

57 Les Mensonges de la Photographie. Photogr. Siècle, 11 Janv. 1899
    (N⁰ poursuivi.)

58 La célèbre Entrevue. Chat noir 30 Août 1890. — Dess. de V. A. Poisson.
59 Lustige Blätter 1895. Gallische Ostereier, dess. de Juttner, Willms etc.
60 L'Antijuif 15 Janv. 1899. Les chefs de l'Antisémitisme, Cartes postales antijuives (Autriche). Photograv. & 2 dess.
61 Le Courrier franç. Histoire d'un rhume. Dess. de A. Willette.
62 Le Figaro. 1ʳ Janv. 1886. — Les joujous de l'année par Caran d'Ache.
63 La Lune rousse 5 Juill. 1877. — Mᵉ Thiers par André Gill.
64 Le Charivari 1886. M. Chevreul par Coll-Toc.
65 Le Sifflet 5 Sept. 1875. Franc. Sarcey par Henri Meyer.
66 Le Matin Janv. 1900. Reprod. d'une caric. de l'Ulk de Berlin (Boërs).
67 Le Charivari 22 Janv. 1835. Le Cᵗᵉ· de Marmitalivet et gâte-sauce (Daumier?)
68 Le Gilblas 11 Sept. 1896, „Dis que t'es médecin" par Guillaume.
69 Le Rire 6 Avr. 1895. Conseil de révision, etc. par Leonnec, Jeanniot etc.
70 Le Journal 1895. Montmartre par Luc Legey.
71 Le Soleil du Dimanche 31 Janv. 1892. Les lions du Président par J. Blass.
72 Le Charivari 1840. — Silhouettes. — Au dos: Mariage de Thiers.
73 La Lune. Décembre 1865. — Revue de l'année par Lix.
74 Le Magasin pittoresque 1850? Répétition & spectateurs en gaité par Hogarth.
75 L'Eclipse 27 Févr. 1870. Le député Ordinaire par André Gill.
76 **Caran d'Ache**: l'Armée de l'Alliance. Color.
77 **Stop.** 5 feuilles En-têtes. Lith. 1850.
78 **Regamey, Fx.** Les Artistes à la campagne. Grav. 1860.
79 **Bertall.** Hiver 1870. — Le Vin. — L'Amour.
80 **Granville, J. J.** 4 grav. Lettres d'une hirondelle, le 7ᵉ Ciel, etc.
81 **Cham (Cte. de Noë)** 1 Album (Spahis & Turcos). 1860. 8⁰, chez Martinet.
82 **Marlet.** Le Coup de vent, d'après Marlet. Reproduct. par Ch. Simond, chez Plon. Lith. 8⁰. Paris 1800 à 1900.
83 **Oberländer, Ad.** Der Konzert-Bildhauer. 4⁰, 1885.
84 6 feuilles specimen de l'Alb. de Caran d'Ache, Bac, Léandre, (du Rire, de la Caricature, 1896.)
85 3 — Dessins de Lemot 1850, Crafty 1865, Petit 1870. Grav. 4⁰.
86 Il capello Panama (don Sancio) Caricat. ital.
87 Randon, Ch. Jacque. Le Chat botté, l'Esprit des bêtes. (Journ. ill.)
88 Animaux travestis. Grav. color. 1840.
89 Traviès, Marcellin, Randon. 3 dessins (1840, 1850, 1860). Journ. ill.
90 The invisibles tète à tète or parisian dandies. Caric. col. angl. 1800. 4⁰.
91 Der Wein Jud. Grav. color. 1624.
92 Garde nationale sous Louis-Philippe.
93 Die Münchener Presse. — Rebus au dos. Eine Radfahrschule 1811.
94 Eulenspiegel Juill. 1863: „Er & sein Schüler" (Napoléon III & Bismark).
95 2 feuilles Images russes 1873.
96 4 — Illustration 1885, London News, etc. 1853, 54, 85. — Texte dess. de E. Matthis, Read, Thomas etc.

97   3 feuilles Republ. illustr. 1881, 1870 (Gust. Closs 1870, Cazado 1881, Montbard 1881 etc.) Texte.

98   2   —   Primavera (Lithog. sanguine de B. Guth). — Der Dorfarzt. Grav. 8⁰.

99   6   —   Grav. d'ap. Kaulbach, Haeberlin, Koegler, Keller, Hederich, Urban. 8⁰. Texte (Gesellige Lieder).

100   Catalogue illustré de Vomhoff, 8⁰, 1898.

101   2 feuilles Images peintes (1840). Aubert scp. (Le doux repos, L'époux indiscret).

102   3   —   Images color. & dorées. Vieilles bibles (1750). Albr. Schmidt excud. J. M. Motz.

103   Le Renard & le Corbeau. Imagerie de Metz. Gangel & Didion, 1860. Color.

104   Fleurs. Lith. color. Ed. Traviès del. 1850.

105   — & Papillons. Lith. color. Dopler lith., Barrois scp.

106   Petit Journal 2 Mai 1897. Pigeons voyageurs. — Guerre-turco grecque. Dess. de Meaulle & Meyer. — Grav. color.

107   — 29 Août 1897. Duel de H. d'Orléans & du Cᵗᵉ. de Turin. Dess. color. de Meaulle, etc. Voir au dos.

108   Balançoire. Hentschel's Skizzenbuch. Dess. photograv. 8⁰.

109   Ernst & Scherz. Id   id   id   8⁰.

110   4 Sujets d'Enfants. Image russe en noir. 4⁰.

111   4 Sujets de Pletsch, Eug. Krimsch, pour „Erzählungen" von Gumpert, Loehr, Dickens, Pletsch. Grav. en bleu. 8⁰.

112   4 Scènes d'Enfants. 3 zu Walther Crane's Bilderbücher.

113   4 feuilles photogr. (fleurs, etc.) 12⁰.

114   Petit Journal 16 Janv. 1896. Le Dr. Jameson prisonnier des Boers. Grav. color. p. H. Meyer. — Voir au dos.

115   Wegnahme eines gepanzerten Eisenbahn-Zuges durch die Buren. Imagerie de Wissembourg.

116   Affaire Dreyfus 7 Août 1899 Rennes. Imagerie de Wissembourg. Portr. de Labori, Dreyfus, Zola, Esterhazy (Carte post.) Jeu de l'Oie 1899 (Dreyfus & Vérité) Imagerie (Sceaux)

117   Affaire Dreyfus. Procès de Rennes. Les membres, les témoins. Croquis. Figaro 4 Sept. 1899.

118   Affiche color. Hellas & Rom. Dess. de Klimsch 1878.

119   —   —   Pornichet les Pins. Impr. Eug. Verneau 1890.

120   —   —   Le lac d'Annecy. Dess. de Tanconville.

Broderies sur papier.

121   Sᵗ Michel. Imagerie et grav. sur canevas. M. Engelbrecht excud.

122   Roses & oeillets. Recto & verso. — 2 broderies soie (18ᵉ siècle)

123   2 broderies. Recto & verso (Christ & Croix). 2 Images symboliques soie & papier (Couvents d'Allemagne 17ᵉ & 18ᵉ s.)

124   Dessin allégorique 17ᵉ siècle.

Costumes.

125 Zur Geschichte der Kostüme. — Frankreich 1778—1784. 1 feuille
München. Bild.-Bog. Herer & Kirmsee del.
126 Un Centenaire: Modes en 1794 & 1894. — Pet. Journ. 16/7 1894, dess.
de Lix.
127 Valet & Seigneur, 15e siècle. Aquarelle.
128 Jeune homme. Crayon, 12⁰. — Jeune femme. Cost. alsac. 18e s.
129 Types wurtembergeois. — Dess. de Th. Schuler. — Répub. illust.
1847, f⁰.
130 8 grav. Modes de 1799—1809. — 12⁰.
131 Maire de village 1830. — Aquarelle 8⁰.
132 Duel de femmes. — Grav. color. Chodowicky del. — St Valcry, 8⁰.
133 La famille tendre. — J. Th. Haid delineavit. 17e —18e siècle. 8⁰. Aq. t.
134 Uniformes franç. oubliés. Dess. de Draner. Lith. color. Annuaire ill.
1895, f⁰.
135 Sabre au clair. — Dess. de Morel. 8⁰ — Ann. illustré 1895. Dess. de
Draner. Lith. color.
136 2 grav. color. Costumes de femme par Gavarni 1830—1840. 8⁰.
137 L'Arrivée. Lith. par Eug. Lamy. Desmandril del. 1835—1840. 8⁰.
138 Costume de Marine 1860. — Mode 1851. Grav. color. 8⁰.
139 — d'hommes 1835 (Carillon). — Cadets de Neuchâtel (1806)
dess. de A. Bachelin. 8⁰.
140 — de Mad. Bellecourt, *Rôle* de Nicolle du Bourg. — Gentilhomme. — Dutertre px. Chapuis scp. — Grav. color. (18e
siècle). 8⁰.
141 — de femme. Sanguine. Guillaumot fils fec. Juin 1797. Lith. 8⁰.
142 5 feuillets: 3 Cost. de femme, 2 Cost. d'homme (Chodowicky del.) 12⁰.
18e siècle.
143 Une feuille avec une 60aine de coiffures & bustes de femmes grav. &
dess. 1830—1845.
144 2 feuilles avec une 40aine de costumes de femmes. — Lith. 1840.
145 3 — Altenburgische, italienische, spanische Trachten 1830. Grav.
146 5 — Cost. allem., franç. (Henri II), allem. — Moyen-âge, (17e &
18e s.) Grav. 12⁰.
147 13 — 8⁰. Cost. div. pays, vers 1820. Dess. à la main. Recto & verso.
148 3 — 8⁰. — — vers 1838—1839 — id.
149 2 — Strosburjer Helje (Schwarzwälder). — Théâtre 1830.
150 12 — Types & costumes moyen-âge, chinois, arméniens, etc. Grav
F. Berger, E. Chauveau. fec. Grav. 8⁰.
151 Costumes des grands ordres, 12 grav. de Poilly. 8⁰.
152 — de divers pays, vers 1820. — Grav. color.

Architecture, Mobilier, Ornements.

153 Colonne corinthienne du Temple de Salomon, tiré de Villalpan, 18e
siècle, grav. 8⁰.

5 planches d'un anc. traité ital. d'architecture, 17e s. Bois, 8⁰.

154 Vase romain et son développement (Combat de Centaures) grav. anc. 8⁰.

155 Obélisque de Louqsor. Grav. teintée (1840). - 8⁰.

Jagd & Fischfang der Aegypter d'ap. les Monuments. — Weisser.
Bilder-Atlas. f⁰.

156 Lit de Camp de Napoléon I. — Au dos: Vases, lith. par Julienne. 8⁰.

157 6 feuilles: Salière de Benven. Collini. — Mausolée de la Crosse de Stol-
berg, Canova inv., Verico incid. — Dieux anciens (Biblioth. de
Berne & de Lausanne) 8⁰.

158 6 — Divinités anciennes. J. P. Lebas grav. 8⁰.

159 Monument funèbre du Cas. Marchesi à Milan. — Dess. & grav. par
Sonnenleiter. 4⁰.

160 6 feuilles: 2 Mausolées, 4 Intér. d'Eglise (Grav. ital.) 18e. s., 4⁰.

161 7 — 7 plafonds divers. (Grav. ital.) 18e s., 4⁰.

162 2 — 6 socles (grav. ital., 18e s.) 4⁰. Au dos: Emblème, dess. à la sanguine 1840.

163 2 — Ornements Louis XIV & Louis XV à la main, E. Nilson
1769. Habermann. 4⁰. Sépia.

164 2 — Crédence grav. par X. Habermann. — Ornements par
Wagner. — 4⁰.

165 Fontaine Cuvier. Gravé par Jean Feuchère 1841. — 4⁰.

166 4 Monuments funèbres (J. J. Rousseau, Rois de France, runnique).
Grav. & photog. 8⁰.

167 2 feuilles Dessin au crayon: 1 Coupe 1568, un Cadre bois baroque. Curfess del. Dessin, 8⁰.

168 2 — 2 Projets de Monument à Napol. Ier par Petitot et par Levêque
et Buchot. Lith. p. A. Leloir & grav. p. Leroux. 4⁰. (l'Artiste.)

169 3 — 2 lettres d'ornement grav. par Marillier, 4⁰. — Au dos: Poire à
poudre en chéne, dess. de Curfess.

170 2 — St Zosime & Ste Barbe. — St Léonard. — Grav. p. Ksell et
A. v. Trambauer. 8⁰.

171 Eventail sujets chinois. — Dess. à la plume. (1850), f⁰.

172 Armoire renaissance de Berlin (Dess. à la plume de E. Curfess, 1/8e).
Au dos 2 brocs à bière. Ambre & argent. Exp. de Prague
1891, photo-grav.

173 4 feuilles: 2 Calices lith. 8⁰. — Ornements d'ap. Habermann 1780 et
P. S. Morisson 1797. — Au dos ornements div. grav. et à
la main.

174 4 — Gravures par Chaffard 1761 à 1772. Ornements.
Au dos gravures par Martin Riester. Expos. 1855.

175 Ornement allégor. — Fleurs de passion. Sépia 1845, 4⁰.

176 — baguettes ciselures en ivoire et bois (photog.) — Encensoir de

Trèves (Dict. du Mobil. Gaucherel & Sauvageot scp.) Divers de Riester 1842.

177　Die Familie des Tiberius auf dem Onyx Cameo der Nat.-Biblioth. in Paris. — Grav. anc. 8⁰.

178　Monument de Thiers à Nancy, 3 Août 1879. 8⁰.

179　7 feuilles: 6 Cadres sculptés. Grav. p. Guttenberger 1763—1790. 4⁰.

180　30　—　Monuments de France. — Graveurs divers. 8⁰.

Armoiries, Assignats, Ecriture, Monnaies & Médailles.

181　Ecriture cunéiforme et dessins. — Grav. 4⁰.

182　2 feuilles: 1. Die Schriftzüge auf dem sog. macaronischen Thurm (Böhmen). Aufgenom. 1828 von Legis. 8⁰.
　　　　2. Facsimilé d'une miniat. d'un manusc. s. vélin (1865). 8⁰.

183　6 — Journal japonais, Ecriture égyptienne démotique & hiéroglyph., vieux allemand, runnique, mexicaine.

184　3 — Une centaine de Lettres majuscules imprim. et écrites à la main (17ᵉ et 18ᵉ s.)

185　2 — 2 lettres chinoises provenant du Palais d'Eté (1860).

186　1 — Lettres initiales peintes à la main.

187　8 — Planches, Ecritures anciennes & étrang. d'ap. les documents. Lith. Simon à Strasbourg. Midolle scrips. 4⁰.

188　Charte de St. Louis. Photograv. 1256. — 8⁰.

189　Acte du 14ᵉ siècle. Reproduct., f⁰.

190　16 Assignats de 5. 10. 15. 50 livres.

191　6　—　de 500 et 1000　—

192　1 feuille. Livre de droit du 15ᵉ siècle. 2 coul., f⁰.

193　Monnaies belges, danoises, etc. Grav. color. (Das Geld aller Voelker, Lfg. 1.) 8⁰.

193bis Illust. Anz. für Contor & Bureau. 1877—78. — Timbres, monnaies, billets de banque.

194　Monnaies & Médailles, Gedenkmünzen, etc. grav.

195　　—　&　—　color. (Rois de France).

196　Médaille d'Ingres grav. par Colas, d'ap. Tarochon 1840. 8⁰.

197　Ordres divers, grav. color. (Brockhaus. 14ᵉ édit.) 4⁰.

198　Calendrier du moyen âge, nach S. Meyer. Anvers. Annal. de Belg. f⁰.

199　Le Zodiaque de Dendra. Grav. Normand fils scp. 1839.

200　Roue chronologique des Mexicains. Grav. 8⁰.

Cartes & Voyages.
Afrique.

201　Carte de Tunisie, 1880, color.

202　　— du pays des Kroumirs (Presse d'Al.-L.) 1880, color.

203 Carte d'Egypte (Bomb^t. d'Alex.) 1882 color.
204   —   —   & du Soudan. Le Temps 1884.
205   —   du voy. de Stanley   id.   1887 texte.
206   —   —   id.   id.   id.   id.
207   —   —   de Binger   id.   1889 color. et texte.
208   —   —   de Trivier   1890   —
209   —   du royaume d'Emin Pacha (Kettler) 1890 color. :
210   —   de la Casamance. Le Temps 1891 grav. & texte.
211   —   du Thouat   id.   id.   texte.
212   —   du Dahomey (au dos: Anniv. de la bat. de Mars la Tour) 3
                Sept. Petit Journ. 1892 color.
213   —   du Soudan franç. Le Temps 1893 texte.
214   —   de Madagascar 2 grandes feuilles. Le Temps 1895 color.
215   —   du voy. de Marchand   id.   id.   texte.
216 Carte générale d'Afrique de Handtke 1895 texte, montée.
217   —   —   voyage Coillard & Serpa Pinto.

Amérique.

218 Alaska-Klondike. Le Temps 1898.
219 Panama. Prospectus & Cie nouvelle. Photograv. 1879. 1901.

Asie.

220 Carte du Tonkin & Cambodge. 1882 Color. montée.
221   —   —   —   1883   —   —
222   —   —   Envir. de Hanoi. Le Temps 1883. Color. montée.
223   —   —   & Chine.   1885   —   —
224   —   du Tibet 1: 75,000. Voy. Bonvalot & H. d'Orléans. Le Temps
                1891. Color. Grav. & texte.
225   —   du Caucase. Voy. G. Pisson & Alb. Develay. Le Temps 1891, texte.

Océanie.

226 Neu Guinea. Hambourg, Friederichs 1885.
       —   —   Weimar, Kettler 1890.

Europe.

227 Carte de l'Empire Russe 1895.
228   —   de la Grèce.   Berger-Levrault 1826 montée.
229   —   de la Turquie d'Europe   id.   1827   —
230 Plan de Constantinople 1/20.000   id.   1827   —
231 Carte de la Morée 1/500.000   id.   1828   —
232   —   —   Roumanie & Turquie (Théâtre de la Guerre. J. d'Als.) 1877.

233 Allemagne. — Wurtemberg, Baden, etc. von Woehl 1854 montée.
234   Badische Baeder 1,135.000.   1865   —
235   Reise-Eisenbahn-Carte Deutschland, etc. 1871 montée.

236 Belgique & Europe. Carte de Ch. de fer. 1899, montée.

237 **France** routière p. Monin. Paris   1839   id.
    —   départ. phys. & polit. p. Drioux & Leroy. Paris 1850 montée.
238 —   Ost-Frankreich p. Sultzer. Berlin 1880, montée.
239 —   électorale (Boulangisme). Le Temps 1889.
240 —   et Europe du 6e au 19e siècle. 11 feuilles. Impr. & dess.
241 —   Paris 1/92.000. 3 Stunden im Umkreis. Herder Freiburg. Toile. 1870.
242 —   —   1/64.000 und Umgegend. Reimer Berlin, 1870.
243 —   —   1/10.000 & arrondissements. Dubreuil 1871.
244 —   —   Métropolitain. Soc. Eiffel. Le Temps 1890.
245 —   —   électoral. Le Temps. Av. texte 1881.
246 —   —   Hachette. Trams & Ceinture. Texte, 1896.
247 —   —   du Bon Marché, à ruban. Texte, 1897.
248 —   Bretagne ancienne par Ogée, grav. par Nion, toile, 1771.
249 **Hollande** & Belgique 1/500.000. Berg.-Levr. 1832.
250 **Suisse.** Carte physique & polit. Keller à Zurich, toile. 1832.
251 —   —   —   —   color. 1/600.000. Kettler 1897.
252 —   Vallorbe 1/25.000. 1892.
253 —   a. St. Gotthard 1/500.000. Ch. de fer. 1890.
          b. Interlaken — Thun. 1885.
          c. Lac des 4 Cantons 1881.
254 —   Carte ancienne (Sud du Lac de Constance) 17e - 18e s.
255 **Plan & Cartes** diverses. Cours du Rhin de Rotterdam à Bâle. 1825.
256   —   —   Carte du Pôle Nord d'ap. Gust. Lambert. 1867.

Alsace.

257 Carte du Bas-Rhin. Berg.-Levr. 1/150.000, toile, 1861.
258 —   Colmar. Etat maj. franç. 1/80.000.
259 —   Molsheim. Generalstab all. 1/80.000, toile.
260 —   Niederbronn.   id.   id.
261 —   Altkirch. Et. maj. fr.   id.
262 —   Türkheim. Et. maj. fr.   id.
263 —   Trois-Epis, Turkheim. Foltz. 1/20.000. 1866.
264 —   Ste Odile.   Lemaitre. 1/20.000. 1865.
265 —   Aubure, plan, vue Sanatorium.   1889.
266 —   Hohkoenigsburg (Carte d'hôtel).   1890.
267 —   Oberelsas d'ap. Specklin 1576. Reprod.
268 —   des Ober Elsas. Copie de la Carte de Dan. Specklin 1576. 4º.
          (Dict. Baquol-Ristelhuber.)
269 —   Supprimé.

Imprimés, Journaux, Prospectus.

270 Journal russe 1893, indou 1881, arabe, breton 1896.
271 Quelques Nos de l'En Avant avec illustrations. 1881. 1892.
272 1. Indépend. belge, dessins de Mars. 1885.
273 2. Villégiatures (Temps, etc.) Grav. 1890. 92. 94.
274 Parthénon de l'histoire. — Vie moderne, etc, Grav.
275 Petit Versaillais (Hoche & le Jeu de Paume) 1883. — Ligne de la
      paix, convocat. 1869. — Voeux d'un patriote, etc.

Machines, Plans, Tableaux d'étude.

276 Tableau des plantes utiles, chez Bouasse Lebel. Lith. color. gr. f⁰.
277   —   champignons   —   Basset   id.   gr. f⁰.
278   —   de Locomotive —   Ligerot   id.   gr. f⁰.
279 Modèle de 2 Maisons de Campagne à Rueil. Guérinot Archit. 1886.
      — Lith. 4⁰.
280 Pont de Gabarit. Coupe et vue. f⁰ long.
281 5 Plans de Jardins, 4 par Thouin. Lith. p. C. Motte, lith. color. f⁰.
282 Hist. des Ballons (1783—1851). — 10 grav. coloriées.

Portraits anciens.

283 **Allemagne.** — **Charles - Quint** (Gand 1500—1558). Gravé par Melle
      Coignet, 8⁰.
284 **Angleterre.** — **Maria Régina I**, fille de Henri VIII, 1516—1558. Ov. 12⁰.
285   —   — **Edouard VI**, Roi 1547—1553. Holbein pxt., gravé par
      Bazan.
286   —   — **Marie Stuart**, fille de Jacques V d'Ecosse. 1542—1587.
      Grav. 12⁰.
287 **Autriche.** — **Maximilien I** (1459—1519) Emper., et sa famille. Peinture
      de Striegel, galerie de Vienne, photogr. 8⁰.
288   —   — **Eléonore.** Impérat., femme de François Ier (1498—1558).
      Grav. holland., lég. flam. Ov. 8⁰.
289   —   — **Marguerite.** Fille nat. de Charles-Quint, femme d'Octave
      Farnèse (1522—1586). Chron. holland. Lég. franç
      Sichem fec. Grav., 4⁰.
290   —   — **Joseph I**, Empereur (1678—1711). Sichem fec. Grav., 4⁰.
291—299   supprimés.
300   —   — **Maria Theresia**, Röm. Kaiserin (1717—1780). Fille de
      Charles VI, femme de François-Etienne de Toscane.
      Ov., 1/2 f⁰.

301 **Autriche.** — **Matthias I,** frère de Rodolphe II (1557-1619). Imperat. rom. — F. M. Georg Dorchens. Argent. scp. Lég. lat. G^d. ov. in-f^o.

302 **Adam** (Jo. L. B. de Ickstatt). Cons. int. de l'Elect. de Bav. Grav. ov. 8°.

303 **Aguesseau** (Henri-François d') 1668—1751. Magistrat et orateur sous Louis XV. Grav. ov. 12°. Fr. Janet scp.

304 **Ancharan** ou **Ancharous,** Petrus, de la famille des Farnèse. Bononiensis. (Vers 1330—1410). Prof. de Droit. Grav. 8°. cadre ov. décoré. lég. lat. Virg. Solis scp.? Ach. Blois 1896.

305 **Argenson** (Marc-Pierre de Voyer de Paulme Chever Cte d'). 1722—1787. Ministre franç. Rigaud pxt. Petit grav. G^d ovale. Lég. franç. 4°.

306 **Bade.** — **Charles Frédéric** (G^d-Duc de) 1746—1811. A. Demarle fec. 1868. Ov., 4°.

307 **Bohême.** — **Frédéric V,** Elect. Palatin, élu 1619 roi de Boh. D'apr. une anc. grav. Edit. Lehr. Lith., 8°.

308 **Bourbon.** — **Charles de,** Ier du nom., duc de Vendôme, Connétable de Bourbon. 1489-1527. — Grav. ov. et armes. p. Ch. Gaucher 1774 d'apr. Fragonard. 4°.

309 **Beaumarchais** (Pierre-Augustin Caron de) 1732—1799. Ecrivain franç. — Médaill. grav., 8°.

310 **Benoit XIII,** Pape (1724). B. Jongelinx scp. & del. Antw. Lég. lat. Grav. ov., 8°.

311 **Blessig** (Dr. Joh. Lor.) 1747—1816. Sophie Deboyer pxt., C. Guérin scp. Grav. au pointillé, 12°.

312 **Boeckels, J.,** ou **Bockelson** (Johann a Leiden) Rex anabaptistarum † 1535. Grav. ov., 4°, lég. lat. (Hondius scp?)

313 **Boileau** (Nicolas), né à Crosne en 1636, † 1711. F. de Troy pxt., A. de Blois scp. Grav., 12°.

314 **Boehmer** (Justus, Henningius). Hanovre 1674—1749. Juriste all. — Rosbach scp. Lepsiae grav., 8°.

314bis — Même planche. P. Fehr scp. Grav., 8°.

315 **Bossuet** (Jacob. Benignus). Prédic. franç., né à Dijon 1627. † Meaux 1704. Grav., cadre, Syfang scp., 8°.

316 **Boyer** (Jean-Baptiste de, Marquis d'Argens) 1704—1771. Théod. van Pee pxt., J. v. Schley scp. Gr. ov., 12°.

317 **Brastenberger** (Imman. Gottlob), Pfr. in Nürtingen. Lég. all. Kretschmer scp., grav. ov., 4°.

318 **Breithaupt** (Joachimus Justus), 1658—1732. Prof. theolog. Hallens. etc., lég. lat. J. A. Rüdiger Acad. ital. pxt., G. P. Busch scp. à Berlin 1733. G^d ovale, grav., 4°.

319 **Breuner** (Joh. Jac.) Doct. Med., Nat: 1647 Torgau. Méd. grav. 12°.

320 **Brockes** (Barthold Heinrich), né à Hambg. 1680, † 1747. R. Hamburg.

        Senat. Poëte estimé de son temps. — T. M. Steidlin scp. Tübingen. Lég. allem. Grav. ov., 12^0.

321 **Buchan** (Guill.) 1729—1805. Méd. écossais. Lég. franç. Meyer scp. Grav. ov., $12^0.$

322 **Campe** (Joachim Heinrich) 1746—1818. Pédag. allem. Speck del., J. C. Krüger scp. Berol. — Méd. grav., 8^0.

323 **Catinat** (Nicolas) 1637—1712. Maréch. de France. Clar scp. Ov., 12^0.

324   —   —   Grav. par A. Massard 1822. Ov.. 8^0., marges.

325 **Cellarius** (Christophorus) Prof. d'hist. — Nat: Schmalkald. 1638, den. 1707 Halle. — M. Bernigerath fec. Grav. G^d ov., 4^0.

326 **Clemens VIII**, Pape né 1693. — Domen^{co} Porta del Roma. Joh. Mich. Probst Excud. Ov. vign. Grav., 8^0.

327 **Colonna** (Martin), Pape, mort 1431. — Grav. 8^0, Houdins scp.?

328 **Condillac** (Etienne Bonnot de Mably) 1715—1780. Philos. franç. de l'Acad. de Berlin. Grav. en 5 jours par Martinet 1776. — Grav., 8^0.

329 **Cook** (James), né 1728 à Marton, † 1779 Owaihi. Navigateur angl. — Gemalt v. N. Dauer, gest. v. J. J. Belt 1788. Grav., 4^0.

330 **Coster** (Laurent) 1370—1440. Invent. de l'impr. en Hollande. Gr. ov., $12^0.$

331 **Créquy** (Charles Sire de C. et de Canaples) 1570—1638. Maréch. de France. (Théâtre européen). Peter Aubry scp. — Grav. ov. 8^0.

332 **Czartoriskl** (Aug. Duc) 1764—1795. Roi de Pologne. Grav. ov., 8^0. Syfang scp.

333 **Danemark.** — **Christlanus rex.** suetic. norvegic. ze. 1517. —1481— 1559. Reprod. 4^0.

334   —   — **Carolina Mathilda** Queen of Denmark (1751—1775). 9e enfant de Christ. VII de Dan. — (Intrigues av. Struensee.) — Aquatinte, F. Cotes pxt., J. Watson fecit. In-f^0.

335 **Doederlln** (Joh. Alex.) Recteur du Collège de Wissembourg in Norin. Natus 1675. Grav. ov., 8^0.

336 **Espagne.** — **Philippe II** Roi. (1527—1598). Grav. ov., 8^0.

337   —   — **Philippe V** de France (Duc d'Anjou), Roi d'Esp. né le 10 Déc. 1683 à Versailles, † 1746. Peint par Van Loo à Madrid en 1742. Grav. par M. Aubert. Grav. ov., 8^0.

338 **Etrurie.** — **Marla ab Etruria.** Fille de Côme Ier, femme d'Alph. II duc de Ferrare. † 1567. Adriano Halluech scp. Grav. ov., in-f^0.

339   —   —   — Même planche. Epreuve plus claire.

340   —   — **Mattias ab Etr.,** fils de Côme II. Adr. Halluech scp. Grav. ov., in-f^0.

341   —   — **Joh. Gust. I duc d'Etr.,** fils de Côme III. G. M. Preisler scp. Nov. 1736. Grav. ov., in-f^0.

342 **Etrurle.** — **Franciscus Maria ab Etr.,** fils de Ferdin. II duc d'Etr
Halluech Adrian scp. Grav. ov., in-f⁰.

343 — — — Le même. Jo. Domen. Campaglia del., **Carolus Gregori** scp. Grav. ov., in-f⁰.

344 — — **Eleonora ab Etr.,** fille de François I duc d'Etr., femme
de Vincent I duc de Mantoue et de Montferrat.
Carol. Gregori del. & scp. Grav. ov., in-f⁰.

345 **Eck** (Johannes Mayer von). 1486 à Eck — 1543. Théologien hérét.
Advers. de Luther. Lég. allem. Grav. ov., 8⁰, à 43 ans.

346 **Erasmus** (Desiderius), Savant et écrivain. 1467 à Rotterdam — 1536
à Bâle. 2 grav. 8⁰.

347 **Ernesti** (D. Johann Aug.), Prédicateur, théolog. et philol. Né à
Tennstädt 1707, † à Leipzig 1781. Graff Ant. pxt.,
Fs. Baviri scpt. Londonii 1776. Grav. 8⁰.

348 **Escher** (Joh. Heinr. Alfr.) Homme d'Etat suisse. Zürich 1819—1882.
— A. Speisegger pxt., Joh. Lips del et scpt. Grav.
ov., in-f⁰.

349 **France.** — 10 portraits médaillons, anc. chronique 17e siècle. Grav.
32⁰

350 — — **Clodoveus III** Sohn Theodorici. Rex Franc. XVIe † 698,
Grav. p. Virgil. Solis 1566. — (Huber pg. 195). Lég
allem. Ov., 8⁰.

350bis — — **Jean Ier,** Roi de Fr. (Le Roi de France). 1319—1364. —
A. Boizat del., Pinssio scp. Grav. ov., 8⁰, marges.

351 — — **Charles V** dit le Sage, 1337—1380 (LIe Roi de Fr.) Grav.
ov., 8⁰.

351bis — — **Charles VI** le Fou, 1368—1422. (LIIe Roi de Fr.) Gr. ov., 8⁰.

352 — — **Charles VII,** Roi de Fr. (1403—1461). Thiriat scp. d'après
le tableau du Louvre de Jean Fouquet. Reprod·
grav. 8⁰.

352bis — — **Charles VIII,** Roi de France (1470—1498 à Amboise)·
Grav. 12⁰.

353 — — **Louis XIII,** Roi de France (1601—1643). Ph. de Champagne.
pxt., Guibert scp. Grav., gd ov., 4⁰.

353bis — — **Louis XIIII,** Roi de France et de Navarre (1638—1715)·
Ovale, armes, grav. 12⁰.

354 — — **Louis XIV,** Moreau scp. d'ap. le tabl. de Rigaud. Grav. 4⁰.

354bis — — — Ludov. magnus. S. Thomassin scp. et del. Grav. ov., 8⁰.

355 — — — dans les jardins de Versailles. — A. Paris chez Berry.
Reprod. 8⁰.

355bis — — **Philippe II** duc d'Orléans, dit le Régent (1674—1723). Fils
de Phil. I d'Orléans-Bourbon frère de Louis XIV
et de la princ. palat. Elisab. de Bavière. — A. Boilly
scp. 1822. Grav. ov.

356 **Fénélon**. — (François de Salignac de la Mothe 1652—1715). Jac. Andr. Fridrich. Ser. Duc. Wurt. Sculptor. — Grav. 8⁰, Ov., armes.

357 **Fleury** (André Hercules, Card. de). (1653—1715). H. Rigaud pxt. F. Chereau scp. Marges. G^d ov. G^d in-t⁰.

358 —   — H. Rigaud pxt. le médaillon, Antreau pxt. les attributs. S. H. Thomassin grav. G^d Ov. G^d in-t⁰. Marges.

359 **Fodéré** (Franç. Emmanuel) né 1764 Prof. de Médecine P. G. F. Desblancs fec. Goulu scp. Grav. 8⁰.

360 **Frantzke** (Georg.) Jc. Sacri palatii Caesar. Comes, etc. Grav. ov., 8⁰.

361 **St François de Sales**. — Evêque & Prince de Genéve (1567—1622). D. Oechslin scp. in Einsidlen. Gr. 8⁰.

362 **St François Xavier** Soc^tis Jesu, etc. (1506—1552) Mariatte exend. Grav. 4⁰.

363 **Franklin (Benj.)** (1706—1790) 3/4 à dr. Dess. & grav. par F. N. Martinet. Grav. 8⁰.

364 —   — Buste à dr. — Weber scpt. Grav. 8⁰.

365 **Gavricus** (Lucas) Grav. 8⁰ p. Virg. Solis. — Cadre ov. orné. Légende lat.

366 **Goltzius** (Dominicus) Past. Hindelopens. Grav. p. Schoenbeck. Légende holland. Grav. ov., 4⁰.

367 **Gueldre** (Louis I, duc de G., Cte d'Egmont Lamoral, etc.) 1528 † 1568 Bruxelles. P. Aubry excud. — Grav. 8⁰. Marges.

368 **Guise** (François duc de, 1519—1563) Gravé par Hotelin d'ap. Garcia. Ov., 8⁰, Lég. fr. Reprod.

369 **Hagedorn** (Friedr. von) 1708—1754. — Poëte allem. — Grav. méd. ov., 12⁰, attributs.

370 **Hahn**. Pfarrer zu Kornwestheim. — Grav. 12⁰.

371 **Hoffmannus** (Fridericus) Medic. Prof. Academ. Porussia. Nat. 1660 Halle — 1742. Ov., grav. 8⁰, W. Jongmann fec.

372 —   —   — Pesne Ant. pict. Petit sculp. Parisiis 1739. G^d Ov. In-f⁰. Grav.

373 **Hogarth** peignant (1697—1764). Grav. d'ap. son tableau. 8⁰. Reprod.

373bis **Huber** (Alricus) Frisius J. C. 1636—1694. G^d ov., 4⁰.

374 **Hutten** (Ulrich von) Ein Ritter & Poet aus Franken. (1488—1523). Armoiries. Grav. 8⁰.

374bis **Jerichous**. — Prédicateur. Grav. par Syfang. 8⁰.

375 **Jerusalem** (Joh. Friedr. Wilh.) Théolog. protest. Osnabrück 1709—1789. Médaillon, grav. 12⁰.

376 **Kepler** (Johannes) (1571 Weil· † 1630 Ratisbonne) Astron. allem. N. Dietz scp. nach einem alten Stich. 8⁰.

377 **Keler** (Gottfried von). — Ozetter scp. Grav. ou pointillé. Méd. 8⁰.

378 **Koenig de Koenigstein** (Gustavius, Georgius). Jacobus Schmutzer aeri incidit Vindobonnae 1759. — G^d in-f⁰, lég. lat. Armes·

379 **La Bruyère** (Jean de) Littér. franç. 1645—1696. — Seraucourt fecit. Ov. grav. 8⁰.

380 **La Fontaine** (Jean de) 1621--1695. — H. Rigaud pxt., Desrochers scp. Armes. Ov., 12⁰.

381 — — — Hiacinte Rigaud pxt., Edelinck scp. Armes. Gᵈ ov., in-f⁰.

382 **Lavater.** 1741--1801. Dess. & grav. par H. Lips. Médaillon & frontispice. 8⁰.

383 — — Méd. & légende allem. Grav. 8⁰.

384 **Lazarinus** (Dominicus) Profess. de littér. — Carlo Pisarri inci. — Ov., 8⁰.

385 **Leibnitz** (Godef. Guill.) 1646--1716. — Grav. par Desrochers? Ov. légende fr., 8⁰.

386 **Lichtwer** (Magnus Gottfried) Senat. polon. & saxon. Poëte fabuliste. Wurzen 1719--1783 Halberstadt. Grav. p. Desrochers. Ov., 8⁰.

387 **Linange** (Esther Juliane de). Dess. par Demarle 1867. Grav. 8⁰.

388 **Lipski** (Johannes). Evêque de Cracovie. Syfang scp. à Leipzig. Grav. Ov., 8⁰.

389 **Locke** (Johannes). Philos. angl. 1632 Wrington — 1704. G. Kneller del. Vertue scp. — Grav. Ov. & armes, 8⁰.

390 **Lorraine** (Henri duc de., dit le Cadet à la Perle). Gravé par Fiquet d'ap. Mignard. Ov., 8⁰.

391 **Loubeux** (frère Hugo de) Evêque. — Médaillon. 18⁰.

392 **Louvigny** (Jean Bernières de) Trésorier de Caen. 1602—1659. — J. G. H. fec. Grav. 8⁰.

393 **Lubomirsky** (Princeps Theodorus). Palatinus Cracoviae. Syfang scpt. Gr. 8⁰.

394 **Luther.** 1483 Eisleben — 1546. Dessin rehaussé de sépia. d'apr. l'original de Sᵗ Thomas à Strasbg. 8⁰.

395 — (Dr. Martin) d'ap. le tabl. de L. Cranach, f⁰., et div. grav. et portraits. „Illust. Ztg." 1883.

396 — d'ap. L. Cranach, grav. en pied 4⁰ s. bois par Resch. et div. portraits & grav. d'ap. d'anc. tabl.

397 — Doctor Martin Luther ist geb. anno 1483, ist gestorben 1546. Catharina von Bora des Hⁿ D. M. Luthers Ehe-Frau 1499—1552. J. G. Boeck exc. 2 Grav. 4⁰.

398 **Maillet** (Benoit de) Gentilhomme lorrain. Ecrivain. 1657 Sᵗ Mihiel — 1738 Marseille. Consul gén. du Roi en Egypte, etc. E. Jeaurat scp. 1735. Grav. 4⁰.

399 **Manuel** (Nicolaus) Poet: Piet: Sen: Reform: (Berne 1484—1530). — Grav. 8⁰.

400 **Marcus** (Otto). Grav. 8⁰. J. R. H. 1792.

401 **Matanasius** (Chrysostomus) Dʳ Predicat. Apeller pxt. Cadotin? scpt. — Grav. Ov. 8⁰. Armes.

402 **Mayence** (Ph. Karl von Erthal dernier prince électeur de) mort 1802. F. Hammer del. C. W. Müller scp. Armes. In-f⁰,

403 **Maupertius** (Pierre Louis Moreau de). 1698 St· Malo † 1759 Bâle. Mathémat. franç, Présidt· de l'Acad. de Berlin. Grav. p. Desrochers. Ov. Légende franç. 8⁰.

404 **Montagne** (Michel Eyquem Seigneur de) 1533—1592. Publiciste fr. J. Houbraken fec. Grav. ov., 8⁰.

405 **Montesquieu** (Carol de Secondat Baron de) 1689—1766. Moraliste franç. Grav. p. G. Th. Benoist d'après la médaille de Bassier. Ov., 8⁰. Marges.

406 **Motte** (Ant. Houdart de la) de l'Acad. franç. 1672—1731. Grav. 8⁰.

407 **Mutschler.** Wahre Abbildung der Monica Mutschlerin in Dunningen. Dr Hofer del. Grav. 8⁰.

408 **Nassau. — Maurice** duc de Nass. & d'Orange 1567—1625. Grav. & lég. holland. ov., 8⁰.

409 **Necker** (Jaques) 1752 Genève † 1804) Homme d'Etat. J. B. Duplessis pxt. Aug. de St· Aubin scpt. Grav., gd· ov.

410 **Noailles** (Louis Ant.) 1651—1729. Archev. de Paris. — Hyacinthus Rigaud pxt. Petrus Drevet scpt. Gd· ovale, gd· in-f⁰. Armes.

411 **Newton** (Isaac) Physicien et astronome angl. 1642 † 1727. E. Seemann pxt. Baumann scp. Grav. 4⁰.

412 **Otto** (Louis Guill.) Minist. franç. J. Bose pxt., Ant. Cardon scp. Ov., grav. au pointillé.

413 **Otto** (Marcus). Grav. ov., 8⁰. J. R. H. 1792.

414 **Oxenstierna** (Axel Cte d') 1583—1654. — Homme d'Etat suéd. — Grav. 8⁰.

415 **Paracelsus** (Aurelius, Philip. Theophrastus Bornbast ab Hohenheim, dictus) Méd. & Chim. suisse 1495 † 1541. J. Tintoret ad vivum pxt. T. Chanuéau scp. et J. E. Kuntz copav., Mogunt. — Aquatinte. 4⁰.

416 **Pellicanus** (Conradus Küssner). Theologus Tigurinus. Rouffach 1478 —1555 Fribourg. Savant alsac., auteur de la plus ancienne grammaire hébraïque. Grav. bois, 8⁰. Lég. lat.

417 **Petion** de Villeneuve (1753 Chartres † 1793) 1er Présid. de la Convention. Girondin. — Médaillon encre de Chine. 12⁰.

418 **Pic de la Mirandole** (Jo.) Savant ital. 1463—1494. — Grav. p. Virgil. Solis? 8⁰.

419 **Pius VII, Pape.** (Gregor. Barnaba Chiaramonti) 1742—1823. — Zu finden bei Gebrüder Klauber. — Grav. ov., 4⁰.

420 **Pilâtre** (François P. des Roziers) Savant fr. 1756—1785. John Russel pxt. Jos. Collyer engrav. — Grav. angl. 4⁰. Légende angl.

421 **Poli** (Reginald) Cardinal 1500—1558. — Grav. ov., 8⁰. Armes.

422 **Pomarius** (Samuel) Prédicat. & Prof. à Berlin 1624—1683. — A. Stoetterup scp. 1784. Lég. lat. Grav. 8⁰.

423 **Pope** (1688—1744) Poëte angl. Traduct. de l'Illiade. Moreau pxt. & fecit 1766. Grav. Ov.

424 **Prusse. — Frédéric I** Roi de Prusse. 1657—1713. Grav. ov., 8⁰.

425 — - **Fréd. II (Charles)** Roi de Pr. 1712—1786. Grav. en pied 4⁰. p. Moreau d'ap. un tabl. ayant appart. au Cᵗᵉ de la Tour d'Auvergne.

426 — — **Friedrich II,** Koenig v. Preussen. Sichling scp., grav. 8⁰.

426bis — — — Koenig von Preussen 1712—1786. Grav. ov., 8⁰.

427 — — **Elisabetha Christina** Regina Borussiae nata 1715. Grav. p. J. E. Nilson 1745 d'ap. Ant. Pesne. Ov. & vig-nette. 4⁰.

428 — — **Aug. Wilhelm** Prinz v. Preussen. Nat. 1722. Grav., 8⁰.

429 **Pufendorf** (Samuel) 1632—1694. Publiciste & histor. allem. T. A. Stoerklein scpt. Basil., D. Klöcker Ehrenstrahl del. Gᵈ· ov., in-f⁰.

430 — — Même planche. Epr. plus pâle.

431 **Quistorp** (Joh. Christ. edler von) Juriste suéd. — Grav. pointillée. Ov., 8⁰.

432 **Rabner** (G. W.) Ecriv. satirique allem. 1714—1771. — Ant. Grast pxt D. Berger scpt. 1772 Berol. — Grav. Méd., 8⁰.

433 **Rambach** (Joh. Jacob.) Dr et Prof. Theolog. Giessensis, etc. T. Lip-poldt pxt. 1730. J. G. Wolfgang scp. Berlin 1732. Grav. 4⁰.

434 **Raynal** (Gᵐᵉ Thᵐᵃˢ) de la Soc. roy. de Londres & de l'Acad. de Prusse. Grav. Ov., 8⁰.

435 **Reinhard** (D. F. V.) Savant allem. Théol. prot.—Bohenstrauss (Bav.) 1753—1812 Dresde. Domiani pxt., C. G. Krüger scp. Grav. ov., 8⁰.

436 — (D. Franz Volkmar) Savant. allem. George v. Charpentier pxt. C. F. Stölzel scp. 1813, grav. au point., 4⁰.

437 **Rigaud** (H.) Peintre franç. 1659—1743. — Grav. par Fiquet d'ap lui-même. Grav. ov., 8⁰.

438 **Rollin** (Charles) Rect. de l'Acad. de Paris, 1661 † 1741. — Grav. 8⁰. Légende franç.

439 **Rosa** (Salvator). Peintre italien. 1615—1673. Grav. ital. à la sang. par Biondi. 8⁰.

440 **Rousseau** (J. J.) Philosophe. — Genève 1712—1778 Ermenonville. La-tour pxt. Dupréel sculps. Grav. ov., 8⁰.

441 **Sarto,** Andrea del., dit aussi Vanucchi. Peint. ital. 1488 Flor.—1530. Son portrait peint par lui-même. Grav. par Sᵗ Eve Soc. des amis des Arts de Stbg. Grav. f⁰, marges.

442 **Savoie. — Thomas François** Prince de Carignan et de. — 1596—1656. Turin. Theatrum Europ. 1643. Peter Aubry excud. Ov. Texte.

443 **Saxe. — Frédéric** (Prince de Saxe-Gotha). Grav. ov., 8⁰.

443bis — - **Magdalena Sibylla,** Herzogin zu Sachsen Jülich, Cleve, etc. (Häublin 1660—1730 Fᶠᵒʳᵗ) fc. Jena. (Voir Nagler & Naumann.) — Lég.

444 **Schaitberger** (Joseph) Grav. 8⁰, Lég. allem.
445 **Seyffartus** (Erasmus). Ffort 1660. Du Conseil de la Rép. de Ffort.
     Ammon scp. Gᵈ ov. Lég. lat.
446 **Schellenberg** (Gottlob). Grav. & dess. suisse, Winterthur 1740. 32 Jahr
     alt. — Bois, ov., 8⁰.
447 **Schmolke** (Benjamin) Prédic. suisse. 1672—1737. — Joh. Jos. Klein-
     schmidt scp. Grav., ov., 8⁰. Lég. allem.
448 **Schoeltzer** (Dorothea). J. Fiorelli del. 1789. H. Schwesterley scp. 1789
     Grav. point. ov.
449 **Schoubart** (Joh. Christ.) Edler v. Kleefeld. Econome et commiss. des
     guerres à Berlin 1734—1787. Dessiné au physiono-
     trace et gravé par Guénedey, R. neuve des pet. Champs
     ov., 12⁰.
450 **Schrevelius** (Cornelius). Savant hollandais. J. C. Boecklin sculp. En-
     tête d'un Lexique. — Grav. ov., 8⁰.
451 **Sobiesky** (Jean) 1624—1696. Roi de Pologne. G. L. Grinus scp. —
     ov., 8⁰.
452 **Staphilus**   (Fridericus)   1565.   (Cranach del?) Grav.   ov. 8⁰.
     Lég. lat.
453 **Suède. — Gustav Adolf.** (Roi de) 1594—1632). — 2 grav. ov., 8⁰.
454 **Theodoric V** Roi des Ostrogoths. 455—526. En pied. Sichem fecit
     Gravure 4⁰.
455 **Tilly** (Johann Tserclaes, Graf von) 1559—1631 Ingolstadt. Grav. ov., 12⁰.
456 **Tizian Vercelli** 1479—1576. Cadre. (Galer. berühmter Meister) Pontenier
     scp. Bocourt del. Grav. ov. 8⁰.
457 **Trenk** (Frédéric baron de) Koenigsberg 1726—1794. Gravé à Vienne
     par G. Mansfeld. Grav. 8⁰.
458 **Trescho** (Seb. Friedr.) Prédicat. allem. nat. 1733. — Reich pxt.
     Schleuen sculp. Grav. 8⁰.
459 **Troy** (Giovanno Francesco de) Pittore. Toulouse † 1752, fils de
     François. Buste à dr. Campiglia Giov. Dom. del. --
     P. A. Pazzi scp. — In-f⁰.
460 **Tzschirner** (Dᵣ Heinr. Gottlob) Superintendent. Auf Stein gez. v.
     Thamisch. Buste, 8⁰.
461 **Voltaire** (Franç. Marie Arouet de) Châtenay 1694—1778 Ferney. Buste
     à g. — Delorieux del. Lith., 12⁰.
462 **Wallenstein** (Albr. Wenzel Eusebius v. Waldstein, Herz. v. Friedland)
     1583—1634. — Buste, ov. Grav. 12⁰.
463 **Vinci** (Leonardo da) Peintre ital. Vinci 1452—1519 Amboise. Buste à g.
     Raphael Morgen pxt. F. Weber scp.
464 **Wolf** (Christianus Liber Baro de) Mathém. & Philos. all. Rect. de
     l'Acad. de Halle. Breslau 1679—1754. Buste à g
     Grav. 8⁰.
465   — Même planche.
466 **Wurtemberg. — Fredericus** dux, etc. 1593—1608. Gᵈ ov. in-f⁰. Buste
     à g. Bartholome Kilian scp. ₁₆₃. — Armoiries.

467 **Wurtemberg.** — **Johannes Freder.** dux, etc. 1608—1628. Buste à dr. Grav. 8⁰. ov. Lég. lat.

468 — — **Eberhardus** dux, etc. 1629—1644. Buste à g. Peter Aubry sculps. Theatrum europ. 1636. Grav. 8⁰.

469 **Zwingli** (Ulrich). Wildhausen (St Gallen) 1484—1531 Kappel. Buste à g. — Lith. 8⁰.

470 — (Ulr.) & Calvin Joh. Noyon 1509—1564 Genève 2 Bustes lith. par Boehm à Stbg. 8⁰.

Additions.

471 **Baron** (Michel) Acteur franç. 1653—1729. — Deveria del. Pigeot fils scp. d'ap. un tabl. de l'époque. Grav. 8⁰.

472 **Boileau** (Nicolas) Poëte franç. 1636—1711. Photograv. d'ap. un tabl. de l'époque. 8⁰.

473 **Bourgogne,** Louis de (père de Louis XV) 1682—1712. Rigourd pxt. Delaistre scp. Grav. ov. 8⁰.

474 **Brahé** (Ticho de) 1546—1601. Astron. dan. L. Appold scp. d'ap. une grav. de 1588 de Greyn. Grav. 8⁰.

475 **Lichtenberg** (Georg. Christoph.) Deutscher Physiker & satirisch. Schriftst. 1742—1790. Buste à dr. Grav. 8⁰.

476 **Schoeffer** (Peter) Miterfinder der Buchdr.-Kunst? 1449—1502. — Buste à g. Grav. 32⁰.

477 **Woltersdorf** (Ernst. Gottl.) Evang. Pred. in Bunzlau 1725—1761. — Buste à g. Grav. 8⁰.

Divers portraits anciens sur une feuille.

478 8 feuilles 12⁰. Personnages grecs et rom. Médaillons. Weis, Ant. Karcher scp.

479 7 — 12⁰. Personnages grecs et rom. Médaillons. Weiss, Prévost scp.

480 4 — 12⁰. 4 Portr. au trait: **Mengs Raph.,** peint, oll. Aussig 1728— 1778 Rome. — **Milton, J.,** poëte angl., Londres 1608 —1674. — **Vinci, Leonard.,** peintre, sculpt., archit. ital., Vinci 1452—1519 Amboise. — **Winkelmann, J. Joach.,** Archéol all., Stendal 1717—1768.

481 6 — 12⁰. 6 Portr. gravés: **Affrl** (Wilhelm v. Freiberg). — **Cromwel** (Gᵃˡ angl.) 1599—1658, Bertet scp. — **Gusman** (Don Diego Phil. de). — **Hume** (David) 1711—1776.

       Hist. angl. Villerey fils scp. — **Soult**, Maréch. de France. St. Amans (Tarn) 1769—1852.

482 4 Portr. gravés par Houdins Hendr. le Vieux 1573—1610. 8⁰. (Joh. **Bugenhagius, Joh. Dlasius, Aretius, Lambertus**: Bustes, légendes lat. (Le Blanc 361.9).

483 6 feuilles 12⁰. 6 Portr. gravés: **Ammon, Griesbach, Hermes, Rau, Staeudlin, Velthusen.** — 6 Méd. grav. par Burkard, C. W. Bock, D. Beyel, H. Lips, J. G. Schmidt 1790 -1794, Strantz 1788/91.

484 6   -   12⁰. 6 Portr. gravés: **Eckermann, Hufenagel** (Schmidt scp. 1790 à Dresde), **Loeber** (Bloettner pxt.), **Tittemann, Semler** (Beyel ad viv. del.), **Westphal** (Beyel del., Schmidt scp.) — 6 Méd.

485 6 — 12⁰. 6 Portr. gravés par Falke. (**Demme, Herder, Koppe, Morus, Pignotti.**

486 2 Portr. grav. par Bartsch. **Johannes**, Archimandrita Kovilensis (D. Beyel fec.) — **Bodhan**, Chmielniezky Praefectus. — 2 bustes, grav. ov., 12⁰.

Portraits modernes.

487 **Agar.** Made Florence-Léonie de Charven Valence 1836. — Tragéd. franç. en 1880 à Stbg. — Photog. alb. 8⁰.

488 **Albret** (César Phébus d'A. Cte de Miossens). Maréch. de France 1652 † 1665. — En pied à g. grav. 8⁰. Mauzaisse pxt. Diagraphe & Pantographe de Gavard.

489 **Angleterre.** — The royal family party. — Wo is he? Guess! **Her Majesty. — Duchess of Kent. — Duc of Sussex.** Lith. angl. 8⁰. 1839. F. Elias del.

490 —   — **Alexandrina Victoria** Koenigin von Engl. Lith. Hochdanz del. 1839.

491 —   — **Victoria** Reine d'Angl. — Our future Queen 1837. — Grav. angl. Gᵈ in-f⁰. — Painted by Will. Hayter, Roberts engrav.

492 —   — **Victoria.** — For fifty years, our Queen. — Chromolith. angl. 1887. — Painted by F. Sargent from life. Gᵈ in-f⁰.

493 —   — **Henri V.** 1388—1422. — Grav. buste à g., in-12.

494 **Anhalt-Dessau.** — **Léop. Fréd. Franç.** (prince d') 1740—1817. A. Lefèvre scp. Grav. buste à dr. 8⁰.

495 **Arago** (François) 1786—1853. — Physic. franç. Mi-corps. à g. Grav. inf⁰. sur bois p. H. Dochy d'ap. H. Scheffer, Sixdeniers scp.

496 **Arcet** (Jean Pierre Jos. d') Physic. & Chimiste franç. 1777—1844. Buste à g. Gérard. pxt. C. Compey del. 1834. In-8⁰.

497 **Arnoldson** (Siegrid.) Prima donna ital. et franç., née à Christiania.
10 photograv. Gaillard. — Texte.

498 **Balzac** (H. de) Littérat. franç. (1799—1850) Bertall del. Mi-corps.
Grav. 8⁰.

499 **Barras** (P. J. F. N. Cte de) Présidt de la Conv. nat. 1755—1829.
Lith. de Ducarme. Buste à dr. 4⁰. (Gal. univ.)

500 **Bart** (Jean) 1651—1702. Chef d'escadre franç. En pied. T. Johannot
del. Pillet scp. Grav. 8⁰.

501 — — Pillet scp. Buste à g., ovale. Grav. 8⁰.

502 **Baur** (Samuel). Gemalt v. L. Kirner, gest. v. F. Fleischmann. Buste à
g. Grav. 8⁰.

503 **Belgique**. — **Léopold Ier** (Saxe-Cobourg) 1790—1865. Roi des Belges
(1831) d'ap. la statue de Geefs. Ad. Marie scp. 8⁰·

503bis — — id. Koenig der Belgier. T. Schmidt del. — Hütter
Jos. scp. 16⁰.

504 **Belling** (Wilh. Seb. v.) 1719—1778. Preuss. Gal Lt. — Menzel del. 1854.
Ed. Kretschmar scp. Mi-corps, f⁰.

505 **Belzunce**. Evêque de Marseille 1672—1753. — Dequevauviller scp.
Buste à g. Grav. 8⁰.

506 **Bentam** (J.) Juriste angl. 1748—1832. W. J. J. des Gauvents scp.
Buste à g. Grav. 8⁰.

507 **Béranger** (P. J. de) Chansonnier fr. 1780—1857. Dess. de Monnin
En pied. 2 vers, autogr. Grav. f⁰.

507bis — — Charlet del. H. Lavoignat scp. — En pied, Bois. 16⁰.

508 **Bérat** (Fréd.) Compos franç. Rouen 1801—1855. Paris. Tony Johannot pxt. Alophe lith. 8⁰. Buste à g. (l'Artiste.)

509 **Berlichingen** (Goetz v.) 1480—1562. Chevalier allem. Fr. Pecht gez.
G. Jaquemot gest. Mi-corps. Grav. 4⁰.

510 **Bernardin de St Pierre** (J. H.) 1737—1814. Johannot del? Vignettes. Grav. f⁰.

511 — (jeune) Médaillon 16⁰. Grav.
— (agé) id. B. Boyer scp. d'ap. Lafitte.
Buste face. Grav. 16⁰.

512 **Berryer** (Pierre Antoine) Avocat franç. 1790—1868. Julien del. De-
charme lith. 8⁰.

513 **Bert** (Paul). 1833—1886. Savant franç. Résidt du Tonkin. Photog.
album 1886.

514 **Berthollet**. Savant franç. 1748—1822. Conquy scp. 1833. Buste face.
Grav. 8⁰.

515 **Bertrand** (Henri Cte Clarisel) Chateauroux 1773—1844. Maral de Fr.
Peint p. Champmartin Diagr. & Pantogr. Gavard.
Gal. de Vers. En pied. Grav. 8⁰.

516 **Biron** (père) (Armand de Gontaut baron) Maréch. de Fr. 1524—1592.
— Manzaisse fec., Lith. f⁰.

517 **Bismarck** (Othon) Min. allem. Schoenhausen 1r Avril 1813 — 30 Juill.

1898. — Lichtdr. Carl Ebner. Buste à g. Photograv.
f⁰, cadre.

518 **Biron** (Lord) George Gordon 1788—1824 Missolonghi, in seinem 19en
Jahre. J. A. Schuler scp. En pied. Grav. 8⁰.
519   —   —   Hopwood scp. Buste à g. Grav. 8⁰.
520 **Blanc** (Louis) Histor. de la Révolut. fr. Madrid 1811—1882 Cannes.
Gravé p. François. P. Mercury dis. 1845. Buste à dr.
Grav. 8⁰.
521 **Blücher** (Gebhard Lebrecht von, Fürst v. Wallstadt). Rostock 1742—
1819 Krieblowitz. Von Ad. Mentzel 1882. Grav.
(Die Hohenzollern v. Stillfried & Kugler 1884). Pap.
jaune. 4⁰.
522 **Bourbon. — Charles III** duc de B. † 1527 Connét. de Fr. Peint p. Gaillot. Dess. p. Trimolet. (Gal. de Vers.) En pied. Grav. 8⁰.
523 **Braunschweig. — Ferdin.** Herz. v. B. — 1721—1792. Menzel del, 1855
Kretzschmar scp. Mi-corps, Bois. f⁰.
524 **Brentano** (Lorenz) Republic. politic. 1813—1891. Dess. p. Alophe.
Lith. f⁰.
525 **Brentano** (Clemenz) Dichter. 1778—1842. C. L. Grimm del. 1837. —
Mi-corps à g., Bois. 8⁰.
526 **Bourgelat.** 1712—1779. Savant lyon., fondat. de l'hyppiatrique. —
Pigeot scp. Buste face, Grav. 8⁰.
527 **Buchez.** Présidt de l'Ass. nat. en 1848. Lith. d'ap. nat. p. Bour.
Autogr. Buste Lith. 4⁰.
528 **Bugeaud** (d'Isly) Thomas Rob. Marquis de la Picconnerie, 1784—
1849. Mal de Fr. — Desboutin scp. Buste face.
Grav. 8⁰.
529 **Buffon** (George Louis Leclerc) Natural. fr. 1707—1788. A. Lefèvre
scp. Buste à dr. Grav. 8⁰.
530   —   —   1707—1788. Sichling scp. Buste à dr. Grav. 8⁰.
531 **Canova** (Antonio) Sculpt. ital. 1757—1822. F. Gérard pxt. C. S. Pra-
dier scp. Buste à g. Grav. 4⁰.
532 **Cathelineau** (Jacques) Gal en chef des Vendéens 1759—1793. Ballin
del. & scp. Buste à g., Grav. 8⁰.
533 **Caron** (Mme Rose) Née 1857. Cantatr. de l'Opéra de Paris. Rôle de
Brunhide. Grav. de Dochy. (Monde illust. 1891). —
Bois.
534 **Chateaubriand** (Franç. René Cte de) 1769—1848. — Littér. & homme
d'état franç. 1822 Min. des aff. étr. — P. S. Germain
del. Trichon scp. Mi-corps. Bois, 8⁰.
535   —   (agé) Waltner del & scp. Buste à g. Grav. 8⁰.
536 **Charost** (Arm. Jos. duc de Ch. — Bethune) Versailles 1728- 1800)
Philanthrope & Economiste. J. F. Lebreton del. E.
Conquy scp. Buste à dr. Grav. 8⁰.

537 **Chénier** (enfant) 1762—1794. Poëte fr. — Bauchart fec. d'ap. Cazes·
Buste à dr. — Bois. 8⁰ (de l'ouvr. de P. Morillot).

538 **Cheverus** (Lefèvre de) Cardinal 1668—1738. L. Dupré del. J. Bein
scp. Buste à dr. Grav. 8⁰.

539 **Clementi** (Muzio) Pianiste & Comp. ital. 1752—1832. Buste à dr. Lith.

540 **Coigny** (Marie Franç. Henri de Franquetot duc de) 1816 Maⁱ de Fr.
† 1821. Peint p. Rouget. Diagr. & Pantogr. Gavard
— En pied. Grav. 8⁰.

541 **Cologna** (Abraham) Gᵈ Rabbin de Turin. — Dess. d'ap. nat. p. Marchand, Mariage scp. (Biblioth. impér.) Mi-corps.
Grav. 4⁰.

542 **Condé** (Henri II Prince de) 1558—1646. — Lith. de V. Rodier. —
Buste Lith. f⁰.

543 **Constant.** (Benjamin) 1767 Lausanne † 1830 Député & Présidᵗ du
Cons. d'Etat. — Jacques del. Couché fils scp. Buste
à dr. Grav. 8⁰.

544 — (agé) — Dess. d'ap. nat. par Beyer 1827. Buste à dr.
Lith. 4⁰.

545 **Coquerel** (Athanase) Amsterdam 1820 † 1876. Past. et Represᵗ à
l'Ass. Nat. Alophe del. Mi-corps. Lith. f⁰.

546 **Coram** (Thomas) Buste à g. Dutillois scp. Grav. 8⁰.

547 **Corday** d'Armont, (Charlotte). 1768—1795. Patriote franç. Markl del.
Mad. Fournier scp. Buste à g. Cadre. Grav. 8⁰.

548 **Corneille** (Thomas) Poëte fr. 1625—1706. Médaillon. — Buste à dr.
Edit. Fouquet. Grav. 18⁰.

549 **Corneille** (Pierre) 1606—1684. Poëte franç. Buste à g. Grav. s. bois, 8⁰.

550 — — id. Buste à dr. (Pillet del?)
Grav. 8⁰.

551 **Corot** (Jean Bapt. Camille). 1796—1875. Peintre franç. Buste. Bois, 16⁰.

552 **Corvisart** (1755—1821) Médec. franç. Fauchery del. Buste à g.
Grav. 8⁰.

553 **Cossé-Brissac.** Maⁱ de Fr. 1594. Dess. p. Chasselat. Grav. par Delaistre.
En pied. Grav. 8⁰.

554 **Courbet** (Gust.) Ornan 1819—1877 Tour de Peilz. ¹/₂ corps. Autogr.
Grav. 4⁰. Vers 1850.

555 **Couture** (Thomas) Senlis 1815 † 1879. Peintre franç. M. Alophe del.
— Lith. 4⁰. (l'Artiste).

556 **Cublères** (Simon Louis Pierre) 1747—1821. Gᵃⁱ franç. — Troveaux
del. C. Moll lith. Buste à dr. lith. 8⁰.

557 **Darwin** (Charles) Natural. & philos. angl. 1809—1882. — Nach dem
Gem. von John. Collier. Grav. p. Frank. Bois 8⁰.

557bis **David d'Angers.** Sculpt. franç. 1789—1856. Signat. autog. Grav. 4⁰.
Vers 1840. Buste à g.

558 **Davy** (H.) Chimiste angl. 1778—1829. — Jottet grav. 1834. — Buste
à dr. Grav. 8⁰.

559   **Decamps (Alex. Gabr.)** 1803 - 1860. Peintre fr. Signat. autog. Buste à dr. Grav.

560   **Decazes (Elie)** 1780—1861 Pair de Fr., Minist. de Louis XVIII. Lith. de Villain. Buste à g. Lith. f⁰.

561   **Delavigne (Casimir).** Poëte lyr. & dram. fr. 1793—1843. Lith. de Delpech. — Buste à dr. Lith. 8⁰. Sign. autog.

562   **Desaugiers.** Chansonnier franç. 1772—1827. Lith. 8⁰. Delpech. Buste à dr. Sign. autog.

563   **Devéria (Eug. Fr. Jos.)** Peintre franç. 1805—1865. Signat. Buste à g. Grav. 8⁰.

564   **Doria (Andreas)** Doge 1418—1560. Fr. Pecht gez. G. Jacquemot gest. Mi-corps à g. Grav. 8⁰.

565   **Dorval (Marie Amélie Thomas Delaunay)** 1801—1849. Tragéd. franç. Darby del. Riffaud scp. En pied à g. Lith. 8⁰.

566   **Dumas (Alex.)** père. Romancier franç. 1803—1870. — V. Beaucé del. Hébert scp. Buste à g. Bois, 8⁰.

567   —   (agé) Jahyer del. & scp. Buste à dr. Bois, 4⁰.

568   **Ducis (Jean Franç.)** Poëte & littér. fr. 1733—1816. Buste à dr. Grav. 8⁰

569   **Duperré (Vict. Guy baron dit.)** M^al de Fr. 1830. Peint par Court En pied à dr. Grav. 8⁰.

570   **Dupin (André Marie J. J.)** 1783—1865. Prés^t de la Ch. des Dép. Procur. génér. Julien del. Buste à dr. Lith. 8⁰. (Voleur 1840).

571   **Duprez (Gilb. Louis)** né 1806—1896 Paris. Chanteur franç. Em. Bayard del. Buste à dr. Bois. 8⁰.

572   —   (jeune) Chanteur franç. Deveria del. 1840. Mi-corps à dr. Lith. f⁰.

573   **Dupuis (Pierre)** 1610—1682. Peintre du Roi. Mignard Nic. pinx. Hagemann del. Buste à g. Lith. 4⁰.

574   **Duquesne.** 1610—1688. Lieut^t génér. des armées navales. Raffet del. Pollet scp. En pied à g. Grav. 8⁰.

575   **Epée (l'abbé de l', Ch. Mich.)** 1712—1789 Philanthrope. franç. Buste à dr. Grav. 8⁰.

576   **Essex (Rob. Devereux Cte d')** 1567—1601. Mauzaisse f^t Lith. de Ducarme. Buste à g. Lith. f⁰.

577   **Faure (Félix)** Présid^t de la Répub. franç. 1841—1899. V. Tilly scp. Journ. d'Als. N⁰ 29. Buste à g. Bois. f⁰.

578   —   —   des Affiches de Stbg. N⁰ 9   id.   id.

579   **Fouqué (Ferd. Heinr. Karl Freiherr de la Motte)** Brandenbg. 1777—1843 Berlin) Ad. Mentzel del. 1855. Kretzschmar scp. f⁰, pap. j.

580   **France. — Saint Louis (Louis IX)** Roi de Fr. 1229 - 1270. Mauzaisse del. Buste à dr. Lith. 4⁰.

581   —   **Charles VIII (Roi de France** 1483—1498). Dess. p. Chasselat. Gravé p. Allais, en pied à dr. Grav. 8⁰.

582   —   **Louis XII Roi de France** 1498—1515. Ducarme. Lith. 8⁰

582bis **France. — Louis XII** (Roi de France 1498—1515). Dess. par Chasselat. Grav. 8⁰, p. Allais, en pied assis à g.

583 — — **Francois I**er (Roi de Fr. 1515—1547). Ballin del. & scp. Buste à g. Grav. 8⁰.

584 — — **Henri VI** (Roi de Fr. 1589—1610) W. J. M. des Hauvents scp. Buste à dr. Grav. 8⁰.

585 — — **Louis XV** (Roi de Fr. 1715—1774) Mauzaisse ft. Lith. de Villain. Buste. Lith. 4⁰.

586 — — **Louis XVIII** (Louis Stanislas Xavier) Roi de France 1755 † 1824. Dess. d'ap. nat. par Philippe élève de David. Gravé par Riotte. — Buste à dr. Lith. f⁰, ov.

587 — — — Dess. p. P. Bouillon d'ap. le buste de Valois, Gravé p. P. Audonin de Vienne. Buste à dr. Grav. ov., f⁰.

588 — — **Louis Philippe I**, Koenig der Franzosen 1830—1848. T Schmidt del. Jos. Hütter scp. Augsb. Buste à g. Bois 16⁰.

589 — — — Roi des Français. Légende. Lith. de Houbloup. Buste à dr. Lith. 8⁰.

590 **Franklin** (Benjamin) Savant & philanth. amér. 1706—1790. E. Lemaitre del. Lith. Engelmann. Buste à dr. Lith. 4⁰.

591 **Franz** (Rob.) Comp. Chanson. allem. Halle 1815—1892 ibid. Buste à g. Bois 8⁰.

592 **Freycinet** (Ch. Louis de Saulci) Foix. 1828. Présidt des Cons. des Min de Fr., Min. de la Guerre. F. M. scp. (Suppt de la Pet. Rép. N⁰ 5093). Buste. Bois f⁰.

593 **Fulton** (Robert) Ingén. angl. 1765—1815. Adèle J. de Mancy pinxt. Ferd. Goulu scp. Buste à g. Grav. 8⁰.

594 **Fürstenberg** (Egon III Guill. Charles Prince de) 1820—1892. A. H 1891 scp. Héliograv. 8⁰.

595 **Gaimart** (Paul Joseph) Natur. & homme polit. 1793—1858. Durupt pinxt. Blanchard scp. Buste face. Grav. 8⁰.

596 **Gambetta** (Léon) Homme polit., patriote franç. Cahors 1836—1882 Ville d'Avray. Buste à g. Photog. alb. 1875.

597 **Garcia-Viardot** (Made Pauline) (1821—) fille de Manuel Garcia cantatrice ital. Devéria lithog. 1840. F⁰, mi-corps. Lith. Gal de la Gaz. music.

598 **Garcia** (Mad. Eugénie) née Meyer, mère de Made Malibran & de Mad. Pauline Viardot. Devéria del. (1840?), f⁰, mi-corps. Lith. Gal. de la Gaz. music.

599 **Geibel** (Emmanuel) Poëte lyr. allem. Lübeck 1815—1884. Bois. Buste à dr., 8⁰.

600 **Georges** (Marg. Joséphine George Weimer dite Melle) Tragéd franç Bayeux 1787—1867 Passy. Imp. lith. le Melle Fromentin. Buste à g. Lith. f⁰.

601 **Gérard** (le père) d'ap. un portr. original. Lith. de Engelmann. Buste
à dr. Lith. 8⁰.

602 **Gérard** (Maurice Etienne Cᵗᵉ) 1773—1852. Mᵃˡ de Fr. 1830. — Peint
p. Larivière. En pied. Grav. 8⁰.

603 **Gerson** (Jean le Charlier dit.) 1363—1429. Chancelier de l'Univ. de
Paris. François scp. Buste à dr. Grav. f⁰.

604 **Glaize** (Léon) Peintre d'hist. franç. Né à Paris 1842. Photogr. dans
un cadre à vignettes. H. Pille del., f⁰.

605 **Goethe** (J. W.) Francfort s./M. 1749—1832. R. Hochstetter scp. 1882.
— Buste à g. Bois 4⁰.

606 **Gollmick** (Carl) Lith. en 1833. Dédicace orig. au pasteur Michel à
Eckworsheim. Buste, in-f⁰.

607 **Gonne** (Miss Maud) Agitatrice irland. Annales 1893. H. Meyer scp.
Buste. Bois 4⁰. — Voir au dos.

608 **Gotthelf** (Jeremias, Alb. Bitzius dit) Littér. & past. suisse 1797—1854.
(Portr. contemp.) Florian del. Lith. p. Anker. — Buste
à g. Lith. 4⁰.

609 **Gournai** (Marie Léjars de) Femme de lettres, amie de Montaigne.
Paris 1566—1645. N. H. Jacob del. Buste à g. Lith. 4⁰.

610 **Grétry.** Composit. franç. 1741—1813. Isabey del. Guth grav., en pied
assis. Grav. 8⁰.

611 **Greuze.** Peintre franç. 1725—1805. — Lith. Alophe d'ap. le tabl. peint
par lui-même. Buste à g. Lith. 4⁰.

612 **Grisi** (Carlotta, la Giselle) 1725—1805. Danseuse ital., cousine de Giulia.
Peint par Chalon. H. Robinson scp., en pied. Grav. 8⁰.

613   - (Giula) Chant. ital. 1811—1869, femme du Ténor Mario. — Lith.
8⁰, en pied. — Avec un rondeau, paroles de Des-
augiers.

614 **Guenther** (W. v.) (Fürst v. Schwartzenb.-Rud. 1852?) Héliogr. alb.

615 **Guizot** (Mᵐᵉ née Pauline de Meulan) 1773—1827. Femme de lettres. —
Buste à dr. Grav. 8⁰.

616 **Guize—François** duc de, de Lorr. 1519—1563 et Assas. par Poltrot de
Méré. Fritzmuller del. Leclère scp. — En pied. Grav. 8⁰.

617   — — **Henri I** duc de, dit le Balafré, fils de François. 1550—1588.
Goutière scp. Markl del. Buste. Grav. 8⁰.

618 **Hase** (Karl Aug. v.) Théolog. allem. Steinbach 1800—1890 Jena, Au
dos Hase jeune 1852. Illust. aus Koenecke Bilderatlas
Buste. Bois, 4⁰.

619 **Hauff** (Wilh.) 1802—1827. Nouvelliste allem. — D'ap. une miniat. de
Michael Holder. Buste. Bois, 8⁰, sign.

620 **Heine** (Heinrich) Poëte & Ecriv. allem. 1799—1856. Buste à dr. Bois. 8⁰.

620bis **Hervé**, Edouard (né 1835 à la Réunion). Littérat. dramat. franç.
Cost. d'académicien. Guth del. Florian scp. Grav. 8⁰,
mi-corps.

621 **Hugo** (Victor.) 40 ans 1802—1885. Gravé et dess. p. A. Masson. Buste
Grav. 8⁰. Autogr.

622 **Hugo** (Victor.) Grav. 8⁰.
  —   70 ans. Yves & Barret scp. Vignette, sign. Méd. Bois 8⁰.
623 —   40 „ Gravé & dess. par A. Masson. Bois. Grav. 8⁰.
  — —   25 „ Lith. de Ratier. Buste à g.
624 —   70 „ J. d'Als. 1881. Yves & Barret scp. Bois. 8⁰.
625 — —   Surson lit de mort par Bonnat, à divers âges, sa
                      maison, dess. par Riou, etc. Supplᵗ du Figaro. 1895.
626 supprimé.
627 **Humbold** (Alex. v.) Savant allem. 1769—1859. Buste à g. Grav. 16⁰.
628 **Hussein-Pacha** dernier dey d'Algeri (1773—1838) Jungmann del. Buste
                      à g. Lith. 8⁰.
629 **Jeanne d'Arc.** 1410—1431. Imagerie d'Epinal. Olivier-Pinot., f⁰.
630 —   Iconographie, Nancy Illustration. Juin 1890.
631 —   Revue des Musées 15 Avr. 1891. Tabl., statues, repro-
                      ductions. N⁰ consacré à J. d'A.
632 —   A. Deveria del. — T. M. Fontaine scp. Buste à g. d'ap.
                      le tabl. de 1581 conservé à Orléans. — Grav. 8⁰.
633 **Janin** (Jules) Ecriv. & phil. franç. 1804—1874. — Grav. ³/₄. 4⁰.
634 **Jecker.** Mécanic. all. Hirtzfelden 1765 – 1834. J. Boilly del. Gille scp.
                      Buste à dr. Grav. 8⁰.
635 **Jenner** (Edward) Chirurg. angl. 1749 – 1823. Jacquemot scp. Buste
                      à g. Grav. 8⁰.
636 **Jouffroy** (Théodore) Philos. franç. 1796—1842. J. Gigoux del. Mi-corps.
                      à dr. Lith. f⁰.
637 **Judic** (Anna Damiens, nièce de Montigny) Chanteuse franç. — Née
                      1850. Programme vignette de Henri Pille. Photogr.
638 **Julius** (Heinrich) Herr zu Braunschweig & Luneburg, Wolfenbüttel
                      1564—1613. Dramat. & Juriste (psendon. Hibal ditia.)
                      Lith. de Frackert & Co. f⁰.
639 **Kell** (Ernst) Edit. de la Gartenlaube. Langensalza 1816 –1878. Anker
                      del. A. Neumann scp. Buste à g. Xylogr. f⁰.
640 **Keith** (Jacob) Feldmarchal pruss. 1696—1758. Menzel del. 1851. Ed.
                      Kretschmar scp. Mi-corps à g. Xylogr. f⁰.
641 **Koerner** (K. Thécd.) Deutscher Dichter 1791—1813. Buste à g. Sign.
                      Bois. 8⁰.
642 **Krusenstein** (Adam Joh. v.) Voy. & marin russe. 1803—1846. — Buste
                      à g. Légende. Bollinger fᵗ· Grav. 16⁰.
643 **Kuhlmann** (Fréd. père) 1803—1881 & K. (Frédér. fils) 1841—1881. Indu-
                      striels de Lille. Photogr. du Nord Contemporain 1882.
644 **Laboulaye** (Ant. René Paul de) né à Fontenay-aux-Roses 1833. Amb.
                      de Fr. à Sᵗ Pétersbourg. H. Meyer scp. Méaulle del.
                      Buste in-f⁰. (Xylogr. Au dos: C a m b o n, Ambass. de Fr.
                      en Espagne. H. Meyer scp. Navellier del. Buste, 8⁰.
645 **Lafayette** (Gilbert Mortier Marq. de) 1757—1834 Paris. Gᵃˡ franç. E.
                      Lemaitre del. Buste à dr. Lith. 4⁰.
646 —   Gᵃˡ en chef de la Gᵈᵉ Nat. 1830. Lith. Menhouse. Buste à
                      g. Lith. f⁰.

647 **Lamartine** (Alph. de) Poëte & homme polit. fr. 1790—1869. Médaillon.
     Buste à g. 8⁰. Photogr. Imprim. Lemercier.
648   --   (jeune) Buste à dr. Lith. de V. Ratier. 8⁰.
649 **Lamennais** (abbé de) Ecriv. franç. 1782—1854. Julien del. Buste à g.
     Lith. 8⁰. (Voleur 1840).
650   —   Lith. de Melle Fromentin. Cadre. Buste à dr. Lith. f⁰.
651 **La Pérouse** (J. Fr. Galaup de) Navigat. franç. 1741—1788. Pigeot scp.
     Buste à dr. Grav. 8⁰.
652 **La Rochefoucault** (Duc de Liancourt) 1747—1827. Philanthr. Pair de
     Fr. — E. Gontière scp. Buste à g. Grav. 8⁰.
653   —   Pair de France. id. Buste à dr. Lith. 4⁰.
654 **Laudon** (Freiherr) Feldmarchal autrich. 1716—1790. Appold scp. Buste
     à dr. Grav. 8⁰.
655 **Lavallière** (Duchesse de) 1644—1710. E. Devéria del. Sixderniers scp.
     Mi-corps à dr. Grav. 8⁰.
656 **Lavoisier**. Chim. franç. 1743—1794. — J. Boilly. Delaitre scp. En pied.
     Grav. 8⁰.
657 **Ledochowsky** (Jan) G^al polon. Peint par Lecler à Paris 1832. Lith
     de Villain. — Buste à g. Lith. 4⁰.
658   --   (Ignace) G^al polonais. Llanta del. 1834. Villain lith.
     Lith. f⁰.
659 **Ledru-Rollin**. Homme polit. fr. (1807—1874) Casse à St Gaudens, lith.
     f⁰. (1840).
660 **Lekain**. Tragéd. franç. 1728 -1778. Chasselat del. Couteneau scp., en
     pied assis. Grav. 8⁰.
661 **Lesdiguières** (de). Connét. de Fr. sous H. IV & L. XIII, 1543—1626.
     — Mauzaisse del. Lith. f⁰.
662 **Lesseps** (Ferdin. de) Ingénieur fr. & ambass. né 1805. L. Mossard
     scp.
663 **Leuchtenberg** (L. A. R. le duc de) Prince d'Eichstädt, fils du G^al
     Al. Beauharnais et de Joséphine Tascher de la Pagerie.
     N. H. Jacob dess. G^d ov. 2 teintes Buste. Grav. 8⁰.
664 **Lichtenstein** (Ulrich v.) Minnesänger. Styrie vers 1200—1275 ou 76.
     Selbst auf Holz gez. von E. v. Luttich. Bois. 8⁰.
665 **Linné** (Carolus à) Natural. suéd. 1707—1778. Buste. Lith. p. Kirn.
     — (Carl)   Gravé par Falke.
666 **Littrow** (J. J. v.) 1781—1840. Astron. autrich. — Krichube pinx^t. H.
     Pinhas scp. Buste à dr. Grav. 8⁰.
667 **Liszt** (Franz) Raiding (Ungarn) 1811—1886 Bayreuth. A. Schubert
     del. Grav. bois. 8⁰.
668 **Lotte** (Werther's, im grauen Haar) Charlotte Antoin. V. Lengenfeld.
     1766—1826. Gedicht v. Ernst v. Wildenbruch. Bois.
669 **Louise Koenigin v. Preussen** (geb. Meckl.-Strel.) Hanovre 1776—1810
     Strelitz. Von Marie Heuer nach einem wiederaufge-
     fundenen Original der Mad. Vigée. Lebrun. Grav.
     color. ov., f⁰.

670 **Lückner.** M^{al} de Fr. né à Campé en Bavière 1722, mort à Paris 25/1 1794. Dessin de Maurin, Lith. Delpech. Autogr. Buste à g. Lith. f⁰.

671 **Maintenon** (Françoise d'Aubigné, femme Scarron, Marq^{se} de) Niort 1635—1719 St Cyr. Dess. de P. Serin. Grav. p. Elisab. Fouchet 1685. Reprod. (Hist. de Michelet) 16⁰.

672 **Marsillac** (Franç. prince de M. duc de Larochefoucault). Ecriv. fr. 1605 ou 1613—1680. Mauzaisse fec. 1825. Buste à g. Lith. f⁰.

673 **Massillon.** Prédic. fr. 1663—1742. Devéria del. Bertonnier scp. Buste à dr. ov. grav. 16⁰.

674 **Maugin** (M.) Député en 1848. Julien del. Delarüe lith. Buste à dr. Lith. 8⁰.

675 **Mazarin** (Jules) Cardinal & Ministre fr. 1602—1662. — Mauzaisse del. 1824. Buste à g. Lith. 8⁰.

676 **Manuel** † 1827. Proc. g^{al} s. l. Restaur. Lith. de Delpech. Buste à dr. Lith. 8⁰.

677 **Meilhac,** (Henry) Paris 1832. Auteur dramat. franç. — Mi-corps. Bois. 16⁰

678 **Mérault** (l'abbé) Grille scp. 1835. Buste à dr. Grav. 8⁰.

679 **Mina** (don Franç. Epos y) Chef de partisans espag. 1781—1836. Lith. Marlot. Buste à g. Lith. f⁰.

680 **Miolan Carvalho** (Marie Caroline Miolan femme de Carvaille dite Carvalho). Marseille 1827. Alf. Lemoine lith. 1866. Ov. Buste à dr. Lith. 8⁰.

681 — — Cantatrice franç. — Alf. Lemoine del. 1866. — Ov., en pied. Lith. 8⁰.

682 **Mirabeau** (Cte Honoré Gab. de) Orat. & homme pol. fr. 1749—1791. Markl del. Ad. Ethion scp. Buste à g. Grav. 8⁰.

683 — Réville del. & scp. Buste à g. Grav. 8⁰.

683bis **Molé** (Math.) Premier présid^t 1584—1656. Julien del. Buste. Lith. 8⁰.

684 **Molière** (J. B. Poquelin dit) Poëte comique. Paris 1622—1675. Gravé p. T. Johannot. Buste à g., vign. Bois. 8⁰.

685 **Montbason** (Mad. Marie de Rohan, duchesse de Chevreuse de) 1600 —1679, femme de Ch. de Luynes puis de Claude de Lorr., duc de Char. Buste. Lith. 8⁰.

686 **Montgolfier** (les frères Jos. Michel 1740—1810, Jacq. Et. 1745—1799). Pigeot del. & scp. Buste à dr. Grav. 8⁰.

687 **Montyon** ou **Monthyon** (Baron de) 1733—1820. Ecriv. & Philanth. Léon Noel del. Buste à g. Grav. 8⁰.

688 **Moore** (Thomas) Poëte irland. 1780—1852. — Hopwood scp. Buste à dr. Grav. 8⁰.

689 **Musset** (Louis Ch. Alf. de) Poëte fr. 1810—1857. Eau-forte de Boilvin d'ap. Gavarni. Buste à g., 16⁰.

690 **Nansen** (Fridjof) près Christiania 1861. Explorat. norwég. Grav. p. A. Gloss. Buste à g. Bois. 8⁰.

691 **Necker** (Mme Suzanne) 1739—1794. Blanchard scp. Buste à dr. Grav. 8⁰.

692 **Nemours** (Jacques d'Armaguac duc de) 1537 -1577. Buste à g. Lith. 4⁰.

693 **Nodier** (Charles) Grammairien & littér. fr. 1780—1844. Buste à g. Lith. 8⁰.

694 **Oberkampf.** Manufacturier suisse naturalisé franç, 1758—1815. Grav. p. J. M. Fontaine. Buste à g. Grav. 8⁰.

695 **Oberländer** (Adolf). Romancier allem. (1845). Nach dem Gem. v. Fr. v. Lenbach. Meisenbach scp. — Mi-corps à dr. Bois 4⁰

696 **Obrist.** Profess.? 1828. Silhouette. 16⁰.

697 **O'Connell** (Daniel) Agitat. écoss. 1775—1847. Allen Duval pinx^t Bosselmain scp. — Buste. Grav. 8⁰.

698 **Odillon-Barrot** (Cam. Hyac.) Ministre de la Just. en 1848. Chef de l'opposit. 1791—1873. Ary Scheffer pinx^{t.} Giroux del & scp. Buste à dr. Grav. 8⁰.

699 **Pac,** L. Gal. Maurin del. Villain lith. Buste à dr. Lith. 4⁰.

700 **Palmerston** (Lord) Homme d'Et. angl. 1784—1865. W. Mearsom del. David scp. Buste à dr. ov. Bois. 8⁰.

701 **Pasteur** (Louis Jean) in seinem Laborat. Arbois 1822—28 Sept. 1895. Nach dem Gem. v. Edelfeld. Bois. 16⁰.

702   —   Photograv. Manias. Buste à dr. 8⁰.

703 **Pastrana** (Miss Julia) femme incas à barbe. Druck v. F. Silber. Lith. color. 4⁰.

704 **Penthlèvre** (Louis de Bourb. duc de) fils légitimé de Louis XIV. 1725—1793. A. Lefèvre scp. Buste à dr. Grav. 8⁰.

705 **Pestalozzi** (J. H.) Pédag. suisse 1746—1827. J. B. Jngold del. Buste à g. Lith. 8⁰.

706 **Piccini** (Alex.) Composit. ital. 1728—1830. A. Wagner del. 1846. Mi-corps. Lith. 8⁰.

707 **Pie IX Pape** (Cte Mastai Feretti) 1792 - élu 1876 † 1878. Rapporté du Vatican 7bre 1875. Ov. 8⁰. Photog. Braun.

708 **Piloty** (Karl v.) Historien-Maler. 1826. (Maiseloker N⁰ 10. 1893.) Buste à g. Bois.

709 **Pitt** (William) le Jeune, homme d'état. angl. 1759—1806. Eug. Lamy pxt. Portier scp. En pied. Buste à g. Grav. 8⁰.

710 **Poivre** (Voyag. franç. 1719—1786) E. Conquy scp. Buste à g. Grav. 8⁰.

711 **Prudent** (Emile Maxime Gauthier dit.) Composit. franç. Angoulème 1817—1863. M. Alophe del. Buste. Lith. f⁰.

712 **Prusse** (Heinrich Ludw. Prince de) Frère de Fréd. II. 1726—1804. Menzel del. 1854. Kretschmar scp. Bois. f⁰.

713   —   Guillaume III Roi de Prusse 1770—(1797)—1840. Eug. Lamy pxt. Lechard scp. En pied à g. Grav. 8⁰.

714 **Racine** (Jean) Poëte fr. 1639—1699. — Gravé p. Hopwood. Devéria del. Buste à g. Ov., vignette. Grav. 16⁰.

715   —   Pillet del. 1855. Buste à dr. Grav. 8⁰.

716 **Rachel** (Melle Elisa Rach. Felix) Tragéd. franç. Mumf (Suisse) 1821—1858.

Cannes. Bocourt del. Pannemaker scp. Ov. 8⁰, mi-
corps. Grav. Au verso: 2 portraits, etc. (Galerie publ.
de l'Europe).

717 **Rechberg** (Cᵗᵉ Jean Bernard) Minist. autr. 1806. — Em. Bayard del.
Buste à dr. 8⁰. Biogr. au verso.

717bis **Récamier** (Mad. Jeanne Françoise Adelaïde. Lyon 1777—1849). Fath
del. Maindron scp. Grav. 8⁰.

718 **Reuter** (Fritz) Plattdeutsch. Schriftst. 1810. — C. Kolb del. Buste.
Bois. 8⁰.

719 **Richard** (J. M.) Membre de la Soc. roy. des Sciences. 1822. — Nargeot del. & scp. — Ov. Buste. Grav. 8⁰.

720 **Richelieu** (Armand Duplessis de) 1585—1642. Cardin. & Min. de Louis
XIII. Markl del. Bernardy scp. Buste à g. Grav. 8ᶜ·

721 **Riquet**. Ingénieur franç. 1604—1680. Blanchard del. & scp. Buste à
g. Grav. 8⁰.

722 **Ritter** (Karl) Géogr. allem. 1779—1859. A. Valentin del. Trichon scp
Biogr. au verso. Buste à g. Bois. 8⁰.

723 **Roberts** (Fréd. Slaigte, Lord) Irlande 1832. Génér. angl. — En pied,
héliograv. Album.

724 **Roger** (Gust. Hyp.) 1815—1879. De l'Académie imp. de Musique
Privé d'un bras en 1859. Em. Bayard del. Biogr. au
verso. — Buste à g. Bois. 8⁰.

725 **Roland** (Manon Jeanne Phlipon Mᵐᵉ) 1754—1793. Femme de lettres
franç. Buste à g. Bois. 8⁰.

726 — — peint par Heinsius, Musée de Vers.
Tiré de la Rév. franç. chez Flammarion. Buste à g.
héliog. f⁰.

727 **Ross** (Sir John) Cap. in the royal navy. 1777—1856. Painted by Faul-
kner. Engraved by Rob. Hart. Mi-corps à dr. Grav. 8⁰.

728 **Royer-Collard** (Alb. Paul.) 1795—1865. Présidᵗ de la Ch. des Dép. 1828
& Ecriv. fr. — H. Garnier lith. Buste à g. Lith. f⁰.

729 **Rohan** (Pierre de, Seignʳ de Gié) Mᵃˡ de Fr. 1476 † 1514. Peint par
Monvoisin. Grav. p. Huot. A chev à g. Grav. 8⁰.

733 **Rubinstein**. Ant. Greg. (12 Jahre) Russischer Clavierkünstler. Wesch-
wotinetz 1829. Clara Wieck-Schumann. — H. v. Bu-
low. — Au dos: das Clavier & seine Meister v. Osc·
Bie. — Zincograv.

730 **Russie. — Nicolaus I** Kaiser v. Russl. 1796—1855. — Jos. Hutter scp. 12⁰.

731 — — **Alex. II** Emp. de Russie (1818—1855 † 1881 assassiné). —
Marie de Hesse Impér. de R. depuis 1841. Alex III
Prince impér. Pannemaker, del., H. P. de la Chaslerie
scp. 1861. — 3 Médaillons.

732 — — **Nicolas II** (fils d'Alex III) né czar 1868—1881. — La Czarine
Alexaadra Feodorowna. Alice de Hesse Darmstadt
1872. Messager évang. Oct. 1896. (Faure & le Czar)·

732bis **Russie.** — **La Czarine** (Alex. Feodor.) Le **Czar** (Nicolas II) f⁰ d'après la Photog. de Donwey. — L'hymne russe du G⁹ˡ Lwoff. — Illustrat. de R. de la Nézière. Univ. Illust. 1896.

734 **Sand** (Georges Baronne Dudevant) Littérat. fr. 1804—1876. — Photog. Alb. Sign. autog. Hader pinxᵗ

735 **Saint-Saëns** (Camille) Comp. franç. 1835. — P. Renouard del. Florian scp. En pied. Bois. Petite Républ. N⁰.5160.

736 **Say** (Léon) Min. des finances fr. (1882) 1826 1896. A. Richard del. Bois. Mess. évang. 1896.

737 **Simon** (Jules François Suisse dit) 1814—1896. Min. de l'Inst. publ. Mess. évang. 1896.

738 **Ségur** (Louis Ph. Cᵗᵉ de) Histor. fr. 1755—1830. Bertonnier scp. C. W. Dien scp. Buste à dr. ov. Grav. 16⁰.

739 **Sévigné** (Marie Rabutin Chantal Marqˢᵉ de) 1626—1692. Femme de lettres. Méd. rond. Buste à g. Grav. 12⁰.

740 **Schaeffer** (Léopold) Poëte allem. 1784—1862. Buste à dr. 4⁰. Lith. de G. Nehrlich.

741 **Shakespeare** (William) Dramat. angl. 1564—1616. Buste à g. Bois. 4⁰. Sign.

742   —   Rose del. & scp. Buste à g. Grav. 8⁰.

743 **Scheffel** (Joseph Victor von) Poëte allem. Carlsruhe 1826. Kolb del. Buste à g. Bois. 8⁰.

744 **Schiller** (Friedr.) 1759—1805. Grosherz. Hofrath, gemalt von Ludowike Simanowitz (35ᵗᵉⁿ Lebensjahre). — Schiller's Nannette, Korona Schroeter (Dramat. Sängerin) 1748—1802, Reinwald (Schiller's Schwager), Minna Koerner, Bertuch, etc. Aus Schiller von Wuschgram (1894) Lichtdrücke (16⁰, 8⁰).

745 **Schiller's Frau** (Charlotte v. Lengefeld). Buste à g. Bois. 8⁰. Schiller's Mutter (Dorothea Kodweis) Buste à dr. Bois. 8⁰.

746 **Scott** (Walter) 1771—1832. Romanc. écoss. d'ap. le buste de Chantrey. Buste à g. West scp. Sign. Grav. 8⁰.

747   —   L. Siegling scp. Buste à dr. Grav. 8⁰.

748 **Schlegel** (Karl Wilhelm Friedr. v.) Dichter & Gelehrter 1772-1829. Grav. 8⁰.

749 **Soblesky** (Jean III) Roi de Pologne 1624—1696. Franç. Smuglewicks del. James Hopwood scp. Collect. de L. Chodeko. — Buste à dr. Grav. 8⁰.

750 **Southey** (Robert) Poëte angl. 1794—1843. — Th. Lawrence del. Hopwood scp. Buste à dr. Grav. 8⁰. Sign.

751 **Spindler** (Karl) Romanc. allem. 1796—1855. G. Nehrlich del. Buste. Lith. 8⁰.

757 **Steckl** (Louis) G⁹ˡ et patriote polonais (1845—48) Léon Noël del. 1833. Lith. de Villain. Buste à dr. Lith. 4⁰.

752 **Stephan** (Dʳ v.) Generalpostmeister allem. 1831—1896. Dreher scp. Biogr. Buste à dr. Bois. 16⁰.

753 **Stuart** (Maria) femme de Franç. II de France, fille de Jacques V
d'Ec. 1542—1587. gez. v. A. v. Rämberg. L. Siech-
ling gest. Grav. 8⁰.

754 **Suède. — Charles VII** Roi de S. 1682—1718. Daniel Chodowiecky del.
James Hopwood scp. Buste à g. Grav. 8⁰.

755 **Suffren** (le Bailli de) Marin fr. 1726—1788. — Pellene del. Grille scp.
En pied. à g. Grav. 8⁰.

756 **Sussex** (Aug. Fréd. duc de) fils de Georges III d'Angl. 1773—1843.
A. Lefèvre scp. Buste à g. Grav. 8⁰.

758 **Szemioth** (François) Gᵃˡ & patriote polon. A. Devéria del. Lith. de
Villain. Buste à dr. Lith. 4⁰.

759 **Szetter** (Jakób) Gᵃˡ & patriote polon. Desmaisons del. Lith. de Villain. Buste à dr. Lith. 4⁰.

760 **Taglioni** (Jeune) (Marie, femme Gilbert des Voisins) Danseuse, Stock-
holm. 1804. Delpech lith. Signat. Buste à dr. Lith. 8⁰.

761   —   Em. Bayard del. Buste à g. Bois. 8⁰. Biogr. au verso.

762 **Talleyrand** (Charles Maurice duc de T. — Périgord, prince de Béné-
vent 1754—1838. Ministre franç. Grav. par Karl
Meyer. Buste à dr. Grav. 8⁰.

763 **Talma** (F. J.) Acteur fr. 1763—1826. Fath del. Weill scp. Buste à g.
Grav. 8⁰.

764   — (François J.) Peint par Gérard 1810. Gravé par Girard en 1829
Buste à dr. Grav. 4⁰.

765 **Thiers** (Adolphe) Présidᵗ la Rép. franç. Ecrivain (1797—1877. 3 Sept.)
Photog. Nadar. (Galer. Contemp. 4⁰.)

766   — Sa statue élevée à Nancy 1ᵉʳ Août 1879. Bois. 4⁰.

767 **Tournefort.** Botaniste franç. 1656—1708. Maulet del. Pigeot scp. Buste
à g. Grav. 8⁰.

768 **Tourville.** Amiral franç. 1642—1701. Grav. par Chevenon. Un vaisseau
mis à l'eau, du même (France marit.) Grav. 8⁰.

769 **Treillet-Natan** (Valentine) Chanteuse franç. Vidal del. W. H. Mote
scp. Cadre, Mi-corps à g. Grav. 8⁰.

770 **Turenne** (Vicᵗᵉ de) Gᵃˡ franç. 1611—1675. Manzaisse fec. 1825. Buste
à g. Lith. 4⁰.

771 **Twaine** (Marc Samuel Lenghorne Clemenz dit) Humoriste améric.
En Floride 1835. Buste à g. Bois 12⁰.

772   —   — Grav. 8⁰, en bleu.

774 **Vernet** (Horace) Peint. de batailles fr. 1789—1863. Bocourt del. Biographie. Buste à dr. Bois. 8⁰.

775   — Buste à g. Signat. Grav. 8⁰.

773 **Vésale** (André) Anatom. flamand. 1514—1564. Gravé par J. J. W.
Hauvents. Buste à dr. Grav. 4⁰.

776 **Victor** (Claude Perrin dit V., duc de Bellune) Mᵃˡ de France 1764—
1841. Beaucé del. Pouget scp. Bois. 8⁰.

777 **Vigée-Lebrun** (Mᵐᵉ) Peintre de portraits franç. 1755—1842 & sa fille

       d'après son tabl. du Louvre. Grav. p. L. Quavente. Buste
à g.   Eau. f. 8⁰.

778 **Villars** (Louis Hect.) M^{al} de Fr. 1653 –1734. Dess. p. Desmaisons.
Buste à dr. Lith. 16⁰,

779 **Villeroi** (Duc de) M^{al} de Fr. 1643 1730. Mauzaisse fec. Lith. 4⁰.

780 **Villiers de l'Ile Adam** (Phil. de) G^d M^{tre} de St J. de Jérus. 1464—
1531. Dess. par Dupré. Grav. p. Strutt. En pied à
dr. Grav. 8⁰.

781 **Wagner** (Richard) Leipzig 1813 1883 Bayreuth. Comp. allem. Zincogr.
8⁰, d'ap. Lenbach. (Illust. Gesch. der Musik 1901).

782 **Winkelmann** (Jean Joachim) Savant allem. Stendal (Saxe) 1717—
1768. Assassiné à Trieste. Appold sep. Buste à g.
Grav. 8⁰.

783 **Winterfeld** (Hans Karl v.) Preuss. Feldherr 1709—1757. Menzel del.
1850. Ed. Kretschmar sep. — Mi-corps à g. Grav. f⁰,

784 **Woodsworth** (William) Poëte angl. 1770—1830. Carruthers pxt. Hopwood sep. — Buste à g. Grav. 8⁰.

785 **Wurtemberg** Karl I (Koenig von) 6 März 1823 † 6 Oct. 1891. Grav.
bois. f⁰. (Illustr. Zeitung).

786 **Zimmermann** (Joh. Georg Ritter v.) Leibarzt zu Hanover 1728 - 1795.
— Buste à dr. Grav. 16⁰.

Portraits modernes. Divers sur une feuille.

787 1 feuilles. **Dessault** (Pierre Jos.) 1744-1795 & **Bichat**: 1771-1802 Chirurg.
fr. J. Boilly pxt. Grille sep. Buste à dr. Grav. 8⁰.

788 2   ,,   **Clairon** (Melle Hippolyte Lerys dite) Artiste de la Coméd.
fr. 1723 à Condé s. Escault — 1803. **Lecouvreur** (Ad-
rienne) Traged. franç. 1692 – 1730. Chasselat, Dupont
del. Grille grav. En pied. Grav. 8⁰.

789 2 flles. **Deinsac** (Madame) Gravé p. Conquy 1835. — **Vignon** (V^e)
Adèle J. Nancy née Lebreton pxt. Blanchard sep.
2 Bustes. Grav. 8⁰.

790 2   ,,   **Delorme** (Philibert) 1515? –1570 Archit. franç. Jacquard
del. Leclerc sep, **Paré** (Ambroise) Chirurg. fr. 1517
–1590. Jacquand del. Leclerc sep. En pied. 2 Grav. 8⁰.

791 2   ,,   **Fry** (Elisabeth) Philanthr. angl. 1780—1815. Buste à dr.
Grav. 8⁰. **Anaïs** (Melle) Singry sep. Langlumé lith.
Buste à g. Lith. 8⁰.

792 2   ,,   **Geoffrin** (Mad.) Femme de lettres 1699—1777. Chasselat
del. Delaistre sep. **Catherine de Médicis**, femme de
H. II, mère de Ch IX. 1519 –1589. Fritz Millet del.
Leclerc sep. En pied. Grav. 8⁰.

793　2 feuilles **Jussieu** (Bernard de) Bot. fr. 1699—1777. Guilleminot del.
　　　　　Langlois grav. **Marg. de Navarre** (ou de Valois)
　　　　　femme de H. d'Albret roi de Nav. mère de J. d'alb.

794　2　　,,　**Kapello** (Bianca) femme de Franç. de Médicis 1542—1584.
　　　　　Buste à g. ov., Grav. 8⁰. **Siddons** (mistress.) 12⁰.

795　2　　,,　**Kniaziewiez** (Charles) Gᵃˡ polon. 1762. Jos. Korosowsky del.
　　　　　Hopwood scp. Buste à g. 8⁰. **Pulaski** (Kasimir) Gᵃˡ
　　　　　polon. 1748—1779.　　　id.　　　Buste à dr. Grav. 8⁰,
　　　　　¹/₂ corps.

796　2　　,,　**Löhn** (Anna) Chant. allem. **Milde** (Rosa v.) 1827 Chant.
　　　　　allem. sign. aut. 2 Grav. 8⁰, p. A. Weger à Leipzig.

797　2　　,,　**Loga** (Adam Abbé) E. Desmaisons del. **Sierawsky** J. patri-
　　　　　otes pol. 2 Bustes. Lith. Villain. 4⁰.

798　2　　,,　**Montespan** (Françoise Athaénaïs Marqˢᵉ de) fille de Roche-
　　　　　chouart duc de Mortemart 1641—1707. — Gigoux
　　　　　del. Sixdeniers scp. Grav. 8⁰. **Ninon de Lenclos**
　　　　　(Anne dite N.) Paris 1616—1706. Mᵉ Colin pxt. Allais
　　　　　scp. Grav. 8⁰.

Portraits modernes. Divers réunis.

799　2 feuilles. **Metfessel** (Alb.) Compos. allem. 1784—1869. — **Schmitt**
　　　　　(Jacques) 2 grav. 8⁰, par Karl Meyer Nurenberg.
　　　　　Buste à dr.

800　2　　,,　**Ochsenstierna,** homme d'Etat suéd. 1583—1654. — **Forsten-**
　　　　　son Gᵃˡ suéd. — 2 Grav. 12⁰. Buste à dr.

801　7 Photographie. cartes faites 1862—1872. **Judic** (Anna Damiens) Co-
　　　　　méd. franç. Semur 1850. — **Lucca** (Pauline) Coméd.
　　　　　allem. femme de Wallhofen Vienne 1842. **Patti** (Ade-
　　　　　line) Chant. franç. ital. Madrid 1843. — **Rose** (Marie)
　　　　　Art. franç. — **Schiller** (1759—1805). — **Wildermuth**
　　　　　(Ottilie) Romanc. allem. Tubingen 1817.

802　9 Photograph. cartes. — Célébrités allem. **Beyschlag** (Franz) Théolog.
　　　　　allem. Francf. s/M. 1823. — **Gerock** Litter. allem.
　　　　　Vaihingen 1805—1890. — **Koerner** (Th.) Poëte allem.
　　　　　1791—1813. — **Kapf,** Prédicat. allem. — **Mühl,** Dr.
　　　　　(Gust.) Poëte allem. 1819. — **Werner** (Vater Gust.)
　　　　　Philanthr. allem. Würtemberg 1809. — **Wildermuth**
　　　　　(Ottilie) Rom. allem. Tübingen 1817. - **Wildermuth**
　　　　　(Adelheid) Rom. allem. Tübingen 1846. — **Uhland**
　　　　　(Ludw.) Litter. allem. Tübingen 1787—1862.

803　6 Photogr. cartes Non montées, d'ap. les tabl. origin. de Versailles
　　　　　etc.: **Fontange** (Mᵉˡˡᵉ Marie, Ang. de Scoraille 1661—

1681). — **Lavallière** (Melle Marie Louise, Franç. de la Baume 1634–1710). — **Maintenon** (Me de, Franç d'Aubigny 1635–1719). — **Marion Delorme** (Châlons 1615–1706). — **Montespan** (Mme de Rochechouard, de Mortemart, 1641–1707). **Marie Tudor,** femme de Phil. II 1515–1558.

804 6 Photogr. cartes, non montées. d'ap. les tabl. origin. — **Conchat** (Melle) Artiste franç. — **Mars** (Melle fille de Monel). Tragéd. franç. 1779–1847. — **Rachel** (Melle Elisab. Félix.) Tragéd. franc. Mumpf, Suisse 1821–1858. — **Tallien** (Mad. née Thérèse Cabarrus 1775–1831). — **Sombreuil** (Melle de, femme Villelum † 1823). — **La Fornarine.**

805 7 feuilles. 7 Portraits gravés: **Brettschneider** (H. Gottf. v.) Ecriv. satir. allem. (Gera 1739–1810. — **Knikke** (Ecriv. allem.) **Herbert** (Reginald) Locillot sep. 1831. **Mercator** (Gerardus) 1512–1594). — **Hondius** (Judoeus) 1546–1611. Cartographes. — **Raikes** (R.) 1844.

806 7 .. 7 Portraits: **Kant** (Emman.) Philos. allem. 1724–1804. — **Masque de fer** † 1703 sous le nom de Marchiali, d'ap. M. J. J. Regnault. — **Scott** (Walter) 1771–1832. — **Washington Irving** Ess Ecriv. améric. 1783–1859. Lith. Fromentin.

807 4 .. Portraits divers: **Arkwright** (Rich.) Mécan. angl. 1732–1792. — **Fulton** (Rob.) Ing. amér. 1765–1815. **Jacquard** (Jos. Mar.) Ingén. franç. 1752–1834. — **Watt** (James) Ing. angl. 1736–1819. — (Bois, Das Buch der Erfindungen). Médaillons.

808 3 .. Portr. et reprod. de tabl.: die Meister der Kunst, Philosophen, zur Gesch. v. Frankreich. — Bois.

809 1 f-lle. 37 Portr. Le jury de peint du Sal. de Paris 1882. Républ. ill. 1882. Bois fo. (16^0, 8^0).

810 1 „ 26 Portr. contempor. auteurs, collab. de la „Woche" 1899 Médaillons div.

811 1 „ 14 Portr. Actrices & danseuses 1830–1840. Méd. Bois & lith. (16^0, 8^0).

812 1 „ 6 Portr. Artistes du Théat. ital. (Opera buffa) 1834. Melle **Grisi** (1811–1869) Melle **Amigo,** Melle **Ungher, Tamburini, Rubini, Santini.** — Llanta del. 1834. Bustes. Lith. f^0.

813 7 flles. 7 Portr. **Vischer** (Fr.), **Stieler** (Karl), **Bulow B** (Hans Arnold), **Weilbrecht** (Karl), **Werner** (A. v.), **Ganghofer** (D. Ludw.), **Scheffel** (Jos. Vict.) 1826 Aut. contemp allem. Signat. Grav. bois 12^0.

814 4 „ Envir. 70 Figures contemporaines. Le Temps illust. 1896. Mars 1896. Sign. Dess.

814bis 8 fenilles. Envir. 80 Figures contemporaines. Le Temps illust. 1900
              Avec Dessins & autograph.
815 8   „   Envir. 70 Figures contemporaines. Le Temps illustré
              Déc. 1899. tiré di l'**Album Mariani**. Signatures
              autogr. Dessins.
816 1 flle. 6 Portr. Lith. p. Lassalle 1840. **Cavaignac, Ingres**, etc. (8⁰)
817 4 flles. 11 Portr. Lith. p. Julien, Alophe 1835 -1840. **Pellini,**
              Rossini, Mad. de Girardin, Rachel, etc. (8⁰).
818 1 flle. 8 Portr. Lith. p. E. Lassalle 1840. **Willemain, Béranger,**
              P. d. **Kock,** etc.
819 1   „   Portr. Lith. chez Casse frère à S¹ Gaudens. Les Répu-
              blicains démocrat. social. de l'Ass. nat. en 1848.
              Ledru-Rollin, Blanc, Considérant, Caussidière, etc. 4⁰.
820 1   „   Les souverains de la Conf. éd. german. en 1866. Carte au
              verso. f⁰.
821 4 flles. 4 Portr. gravés: **Baudin** (Nicolas) 1750 -- **Beechy** (Fréd.
              Will.) 1796--1856, **Krusenstern** (A. F. de) 1770--1866.
              — **Raspail** (F. W.) 1794--1870. B. Grav. 12⁰.
822 5   „   5 Portr. Navigateurs: **Bougainville** (Louis Ant.) 1729 --
              1811. **Dumont d'Urville** (Jul. Séb. César) 1790—1842.
              -- **Duperre** (Louis Jul.) 1786--1865. -- **Cook** (James)
              1728—1779. — **La Pérouse** (J. Franç. Galaup de)
              1741--1788. Grav. Bustes. 12⁰. — Voy. pittor. 1840).
823 8   „   8 Portr. de Généraux polon. & homme d'Et, grav. par
              Meyer. 12⁰. 2 Vues des Batailles d'**Ostrolenka,** Mai
              1831 -- de **Stoczeck** Fév. 1835.
824 6   „   7 Portr. 16⁰. **Bellini, Mascagni, Balzac, Verne, Hetzel.** etc.
825 3   „   3 Portr. 8⁰. **Léon Bourgeois, M. Ricard. Vict. Duruy** Mi-
              nistres franç. (Panthéon de l'Indust. 1895).

Portraits modernes, divers sur une feuille.

826 11 Portr. d'artistes 1885—1890 Rev. illustrée. Dess. de Besnard,
              Guth, Raffaeli: Grav. par Ruffé, Florian, etc. 4⁰,
              en pied.
827 7   „   Hommes illustres. Dess. de Dupré, Bonterweck, etc. Grav.
              p. Allais, Migneret, etc. En pied. 8⁰.
828 8   „   **Hommes de guerre,** etc. (Galer. de Vers. Dess. de Chasse-
              las, Rouget, étc. Grav. p. Huot, Allois, Delaistre
              etc. En pied. 8⁰.
829 7   „   divers. Dess. de Wattier: **Condé, M**elle **de Montpensier,** etc.
              Bois 8⁰.
830 6   „   divers. Dess. de Beaucé, Markl, etc. **M**r **de Tréville,** etc.
              Bois 8⁰.

831 13 Portr. Hommes célèbres: Dess. de Boilly, Lefèvre, etc. Grav. 8⁰
     p. Conquy, Gontière, etc.: **Beauvisage, d'Arcet**, etc.
     Bustes.

832 33   „   Lith. p. Jules Boilly 1820—1822: **Membres de l'Instit.** royal
     de France: Bustes. Lith. 4⁰.

833 Panorama du Tout Paris peint p. Castellani Ch. 500 portr. contem-
     porains. 1889.

Portraits inconnus.

834 Portr. d'homme. Mi-corps. Sur la table: „Alètheien. en Agathè“.
     Grav. 4⁰. (Savant).

835   „   „   Buste à dr. Edité à Munich. Imp. p. Lacroix. Lithog.
     (Gᵃˡ ,vers 1840) 8⁰.

836   „   „   à grand col. Buste à g. Eau forte 8⁰. (Cromwel?)

837   „   „   Dessin au lavis. Mi-corps. à g. 8⁰. Armoiries. (d'après
     Jean de Calcar, élève du Titien † 1540. Musée du
     Louvre) 4⁰.

838   „   4 Silhouettes à g. 18e siècle.

839   „   4   „   „   „   dont une marquée W.

840   „   6   „   3 à dr. 3 à g.   „   „   „   Hz.

841 2 feuilles. 2 portr.: 1 Méd. Buste à dr. **Portr. de femme** 18e siècle.
     C. Cochin del. St Aubin del. 1764, Légende franç.
     reprod. Bois. 8⁰. — Portr. **de jeune homme.** Buste
     à dr. Tony Johannot del. Eau forte. 12⁰. (Lord
     Biron?)

842 4   „   4 portr. lith. 8⁰. Bustes. 1 Edité à Ffort. s/M. Lith. Schertlé.
     — 1 Imprim. Bestants, Paris, dess. p. Pirodon. —
     1 Lith. Guillet. Paris. A. Lemoine d'ap. Bazin. (les.
     4 vers 1840). — 1 lith. (Reformat).

843 4   „   4 Portr. 3 Portr. de femme, 1 Portr. d'homme. Dess. et lavis

844 2   „   7   „   de femmes. Mi-corps. Lith. Alophe. (1840).

845 4   „   4   „   Médaillons (17e & 18e siecle 12⁰ dont 1 drawn by life
     by Du Simitiers in Philadelphia, engraved by B.
     Prévost. at Paris.

846 4   „   4   „   1. Titien pxt. Rose scp. grav. — 1 Médaillon. Lang-
     lumé lith., Montant del. — 1 port. d'homme, van der
     Helst pxt· Bazin scp. — 1 port. d'homme. (Charles.
     Canning pxt. de Villiers aqua fort.

847 6   „   8   „   Bustes à g. Mᵐᵉ **Manson, J. Janslon, Bastide Gram-
     mont.** 1 gravé p. Nusbiegel.

Vues.

848 2 flles. 1. Ansicht des ehemal. Gotteshauses Allerheiligen. Aufgen.
v. Abbé Félix. Echler lith. Lith. 8⁰. (1840)

„ 2. Ansicht der Ruine Allerheiligen. Aufgen. v. Walter. Lith. 8⁰.

849 3 „ Trois vues du Buttensteinfelsen bei Allerheiligen, mit ihren
Wasserfällen. B. Walter aufgen. Echler del. 1840.
Lith. 8⁰.

850 **Boppart.** Gem. v. Sigmund. Gest. v. J. J. Tannes. Grav. 8⁰.

851 **Cassel.** Vue panoramique. Atzner del. W. Frensch sep. Grav. 4⁰.

852 **Dresden.** Vue de la Ville assiégée 1750, chez. Basset. Grav. color. f⁰.

853 **Eistet.** Vue de la Ville. Chronique de Schedel 1493. Bois 4⁰.

854 **Francfort.** Vue persp. de la ville & du superbe pont de pière sur
le main, en Allemagne. A Paris chez Mondhare. Gr.
col. f⁰.

855 **Fürth** 1837. Le 1er chemin de fer en Allem. V. au dos & la „Nature" 1893
Bois 4⁰. — Costumes.

856 **Hamburg's** Schreckenstage. Brand am 7. Mai 1842. Lith. & del. par
Ad. Schwalb. 1842. Dedicace. Lith. f⁰.

857 **Johannisberg.** (der) Georg Adam sep. Nürnberg. Grav. col. 4⁰.

858 **Koenigstein & Lilienstein.** V. persp. de la Ville et fortes. Elector. de
K. et de la Mont. de L. avec ses envir. du côté du
couchant, des Etats de Saxe appartenant à S. M. le
roy de Pologne. A Paris chz. J. Chéreau Grav. color. f⁰.

859 **Lahneck, Stolzenfels** u. **Niederlahnstein.** Gez. v. L. Robach. W. Lang
gest. Grav. 8⁰.

860 **Landeck.** Peint p. F. M. Ring d'ap. nat. Lith. Bichebois f⁰.

861 **Léonhard.** (Bad St.) ob Himmelberg. Gez. v. M. Pernhart.

862 **Martino.** (San M. di Cartrozza) Pala Dolomiten. Grav. p. Meissner.
Bois 8⁰.

863 **München.** Pferderennen am Octoberfeste 1830. H. Adam. fec. Grav.
(Costumes) 4⁰.

864 **Oppenau.** (Grossh. Baden). Aufg. v. B. Walter. (1840) Echler del.
Lith. 4⁰.

865 **Schwarzenberg.** Vue du Jard. du Prince de S. du côté du Bassin rond
vers le Palais. A Paris chez. Chereau. Grav. color.
f⁰. vers 1790.

866 1. **Thorn.** Maison de Kopernik (1473) visitée par Nap. 1807.
2. Haus des Landwirths Hofer in Tyrol. Grav. 8⁰.

867 **Weinheim** im 17. Jahrh. nach Merian 1645. Aufl. bei Buchbinder
Miltner Mannh. 1845. Lith. f⁰.

868 4 flles. Ansichten: **Berlin** Koenigliches Schloss. Vickers. del. Düsseld.
Nürnberg (Rouargue del). — **Ober-Mühl** a. d. Donau
4 grav. (1840) 8⁰.

869 2   „   „   **Petersthal – Andernach.** Stahlst. 4⁰.

870 5   „   „   **Lambrecht – Bergzabern – Leiningen.**
                        Durkheim – Wachenheim. Holzschn. 16⁰.

871 2   „   „   **Darmstadt** (der Markt) — **Cöln.** C. Froehlich del J.
                        J. Tanner sep. — Stahlst. 8⁰.

872 2   „   „   **Baden** (das alte Schloss) gez. v. R. Hölle. Stahlst.
                        v. Poppel 8⁰.
                        Lützen (Gust. Ad. Denkmal) Lith. 8⁰.

873 2   „   „   **Heidelberg** (Schloss) 2e moitié du 17e s. d'ap. une
                        vieille grav. d'Ulr Kraus. Grav. — **Altenburguns**
                        (Duco-Saxo-Gothan.) anc. grav. 32⁰.

873bis 1 flle.   „   Heidelberg. Schloss. Lith. coloriée 32⁰ (1860)

874 4 flles.   „   **Zweibrücken** (Verhaas del) Stahlst. — **Boppart** (L.
                        Lauge gez.) 8⁰. — **Griesbach.** Neue Brunnen u. Bade-
                        anstalt von F. Dollmätsch. 1835. Stahlst. 8⁰.

875 2   „   „   von ? St. Georgen-Hospital. — Ein Theil der Cather-
                        Strasse 18es Jahrh. Holzschn. 8⁰.

876 6   „   „   **Petersthal** (Nilson scp.) **Walburg** (Emminger gez.)
                        Bad Ems (Chamoin scp.) **Eeser. Bastey?** G. C. B.
                        del. & scp.
                        Martins-Loch. — Trierberg (Thurm). — 6 Stahlst.
                        8⁰-16⁰.

877 7   „   „   **Darmstadt, Cöln, Mainz** etc. gez. von Lange, Asbeck.
                        grav. 8⁰.

878 8   „   „   **Aus Tyrol.** F. Mercey scp. aq. fort. (Malz, Landeck,
                        etc. 16⁰.

879 Angleterre.   **Londres.** Vue persp. des Jardins du Ranelagh, dans
                        le temps du bal. (1760) Grav. color. chez. Hucqued. f⁰.

880 id.   id. Vue du Pont neuf sur la Tamise à Hampton-Court
                        (1760) chez Basset. grav. col. f⁰.

881 id.   id. Vue génér. de la ville de Londres. Chez Daumont.

882 id.   id. Vue de la Douane & d'une partie d. la Tour. Chez
                        Chereau. Grav. color. f⁰.

883 id.   id. Vue de la ville & du Pont de Londres. Chez Dau-
                        mont 1760. Grav. color. f⁰.

884 id.   id. Vue de l'Abbaye de Westminster & de l'Egl. de Ste
                        Marguerite. A. P. chez J. Chéreau. Grav. color. 1760 f⁰.

885 id.   id. Le Choeur de la Cathéd. de St. Paul. Chez Dau-
                        mont. 1760. Grav. color. f⁰.

886 id.   The **Waterloo Gallery.** Allom del. Lequeux scp. Grav.
                        Worcester. Dess. & grav. p. Le Petit. grav. 8⁰.

887 id.   **Gibraltar** en 1858, ou se trouvent en ce moment des flottes
                        franç. angl. & espagnole aussi qu'une corvette pruss.
                        E. de Bérard del. Bois f⁰,

888   id.   **Carlsbrook,** Vue du Chateau (Ile de Wight), Coiny scp. 8⁰.
St. Paul. De Saule aq. fort. 8⁰.

889bis Guernesey. Les endroits aimés de V. Hugo. Bois f⁰. Dess. p. Gosselin.

889 Espagne.   **Tanger.** Vue du port. Dess. de Noel: Bois. 8⁰.
id   „ de la mer Dess. de Bérard: id.
Alhambra (Cour des Lions) Dav. Roberts del. Grav. 8⁰.

890   4 gravures espagnoles, Ruines, Temples. 8⁰.

891   **Minorque** 2e Vue d. l'Isle & de Port Mahon grav. col. f⁰.
chez. Basset.

892 **Allevard** (Forges d') en Dauphiné. — Sonmy del & scp. A. Cadart.
Impr. Edit. — 2 eaux. f.

893 **Alger.** Vue intér. — W. Wyld del. Lith. 4⁰.

894 **Amboise.** (Chateau) Bois p. Th. Frere. Grav. 4⁰. p. Rouargue (1850).

895 **Ars s Moselle.** Ateliers Dupont & Dreyfuss. Lith. 8⁰.

896 **Barjols** (Papeterie de, Var.) Grav. 8⁰ p. Le Petit. (l'Artiste 1840).

897 **Bellevue** (Ferme du Parc de) Lith. 4⁰. Bacler d'Albe del.

898 **Blois** Ancienne Vue 1750. Chez. Crépy. — Grav. col. 4⁰.

899 **Bône** Mosquée. Dess. de W. Wild. Lith. 4⁰.

900 **Bordeaux.** Vue du Chapeau rouge. Claveau del. Bachelier lith. 4⁰.

901 **Boulogne.**   „   „ port. Peint par E. Isabey Lith. 4⁰.

902 **Brest.**   „ de l'Arsenal, Vue du port. Karl Fichot del. J. ill. 1886. f⁰.

903 **Briançon.** Les forts (Dauphiné) Sabatier del. E. Ciceri scp. Lith. f⁰.

904 **Blossac.** (Chateau de, Près Rennes.) Nousveaux inv. & fec. Salon de
1839. Bertoud aq. fort. 8⁰. Aq. tinte.

905 **Caudebec.** Dess. de L. Alophe. Lith. 4⁰.

906 **Cherbourg.** Vue prise à v. d'ois. du poste milit. 1857. J. Jllust. Guesdon
del. Bois f⁰.

906bis **Charenton-le-Pont.** Le Dimanche. Dess. de M. Genilloud. Bois 8⁰.

907 **Dampierre.** (Chateau de Vallée de Chevreuse) appart au duc de
Luynes. Dess. de F. Thorigny vers 1860.

908 **Dieppe.** Vue du port. Fond teinté. W. Wyld. del. Lith. 4⁰.

909 **Javelle.** Vue de la Seine. Bacler d'Albe del. Imp. Villain. Lith. 1/2 f⁰.

910 **Lyon.** Place Bellecourt. Fond teinté. Dess. d'ap. nat. p. Chapuy
Lith. 1/2 f⁰.

911 **Marly.** La Machine en 1790. Grav. color. f⁰. Légende.

912 **Marseille.** Les nouv. ports. 1858. Guesdon scp. Bois. f⁰.
2 Vue du Port. Rouargue fec. scp. & del. Grav. 8⁰.

913 **Meudon.** Le Chateau. Bacler d'albe del. Lith. 4⁰.

914 **Morlaix.** W. Wyld del. Lith. 4⁰.

915 **Moulin.** Chateau du Moulin (Sologne blésoise) Melle Lina Jaunez del.
Lith. 4⁰.

916 **Nancy.** Place de la Carrière 1845. Dess. de Georges. Lith. f⁰.

917   id.   „ St. Epvre. Dess. de Ch. de Meixmoron 1885. Gr. 4⁰. (La
Lorraine chez Berger Levrault 1884).

918 **Nantes.** L. Wyld del. Lith. 4⁰.

919 **Nice.** Avant 1860. Schroeder del & scp. Grav. 8⁰.

920 **Pierrefonds.** Vue prise de la forêt de Compiègne. Villeneuve del 1824. Grav. 4⁰.

921   id.   „ de la Chapella & ruine du Chateau 1840. Lith. 4⁰. Guyot del. C. Motte lith.

922   id. 4 Vues du Chateau. Riou del 1858. Bois. f⁰.

923bis   id. Vue perspective du Chateau d'ap. le proj. de restauration de M. Viollet-Leduc (vers. 1870).

923 **Rennes.** Vue perspect. de la nouv. Pl. du Palais. — Grav. col. vers 1750. f⁰.

924 **Rouen.**   id.   id. la Ville & la Pont. Grav. color. f⁰.

925 **Saint Denis.** 1) Le Choeur 2) Le Caveaux. — Arnout del. Lith. 8⁰.

926 **Saint Denis.** (Vue prise à). C. Pozier scp. Cadast. Imp. Eau. f. 4⁰.

927   id.   Palais de la Légion d'honneur 1802. — Libr. Renouard. 4 Zincogr.

928 **Saint Cloud.** Le Deport. — Bacler d'Albe del. Lith. 4⁰.

929 **Saint Nazaire.** Embouch. de la Loire. Perrot del. Alès. scp. Grav. 4⁰. (France maritime.)

930 **St. Yve** entre Quimper & Rosporden. Lith. 4⁰. par. A. de Laroche.

931 **Sedan.** Cathédrale. — Hostein del & lith. Fig. par Bayot. Lith. 4⁰.

932 **Sèvres.** (La nouv. place du pont de) Bacler d'Abbe del. Lith. 4⁰.

933   id. Vue du coteaux de Sèvres & de St. Cloud) id. Lith. 4⁰.

934 **Toulon.** Le Portneuf & Parc d'Artillerie. — Grav. color. f⁰. (1750)

935   id.   Port. — Fond teinté. W. Wyld del. Lith. 4⁰.

936 **Tréport.** (Chapelle prés du) Villeneuve del 1824. Lith. Engelmann. Lith. 4⁰.

937 **Versailles.** Vue du Chateau roy. de Trianon. Dess. par le Paultre. Grav. color. f⁰. vers. 1750.

938   id.   26. Vue d'optique nouv. représ. la grande Avenue de Paris à Vers. prise de la grille. A Paris chez Basset. Vers 1750. f⁰.

939   id.   Le Chateau & ses deux aisles, veues du côté des Jardins. A Paris chez le Sr. desnos av. priv. du Roy. 1760. Grav. col. f⁰.

940 **Ville d' Avray.** Monum. élevé à Gambetta en 1890. Bartholdi scp. Légende en vers de P. Marrot. Photogr. 8⁰.

841 **Vincennes.** Le chateau (attaque de 1790) Roux del. Grav. 8⁰.

942 **Vizille.** Le chateau de V. prés Grenoble brulé en **1825**. Peint par Ch. Duchesne **1823**. Lith. en 1825. f⁰.

943 **Divers sur une feuille ou brochés.**

    1. **Abbeville** (Faubg. St. Vulphran) Rouargue del & scp. Grav. 8⁰.

    2. **Bar le Duc** Fleury del. Desaulx scp. Grav. 8⁰.

944 France. 1. **Marly**. (Route & Machine) Lith. 8⁰. Jacout del.

2. **Montmorency**. Die Ermitage von J. J. Rousseau. Martini. scp. Grav. 8⁰.

945 1. **Nice**. Schroeder del & scp. Grav. 8⁰.

2. **Puy**. (Chateau de) L. Daut scp. Nbg. Grav. 8⁰.

946 6 Estampes. **Graville**: Eglise, Cutbert del. Grav. 8⁰. — G^de **Chartreuse**: Chapelle. Deroy del. Lith. **Ste. Helene**. Skelton scp. grav. — **Ajaccio**. Maison d. Napol. Rauch d'ap. Despois. **Toulon**: (Räumung von) Schubert del. Grav. — **Vichy**: Vue des bords de l'Allier. Lith.

947 37 **Vues de France. Monuments** anciens Grav. 8⁰. Vers. 1840 par Lemaitre, Cholet, etc. Dess. de Morel Fatio, Gaucherel etc.

948 15 Vues de **l'Est de la France**. Vers. 1840. Rauch del. 8⁰. Grav. p. Schroeder, Skelton etc.

954 **Paris. Bastille** (Prise de la) Testart del. Doherty scp. Gr. 8⁰.

955 „ **Chambre des députés** 1840. Bacler d'Albe del. Lith. ½ f⁰.

956 „ **Champ de Mars** Vue de l'Ecole royale militaire Grav. color. f⁰. vers. 1750. chez Mondhare.

958 „ **Gros Caillou** (la pompe à feu du) Bacler d'Albe del. Imp. Villain. Lith. 4⁰.

959 „ **Marché du Innocents**. Restaur. des pieds humides. 1851. Godefr. Durand del. Bois. f⁰.

960 „ **Montmartre** (un coin de la butte en 1858.) Anastasi del. Grav. Bois. f⁰.

961 „ **Plaine des Sablons**. Revue de la Maison du Roi vers 1750. chez Chereau. Grav. color. f⁰.

962 „ **Point du Jour**. Bacler d'Albe del. Lith. 4⁰.

963 „ **Pantheon** (das neue Fronton des) de David. G. Gersbacher del. Grav. g. d. in-f⁰.

963bis „ **Louvre** grand Salon Carré. — Exposit. de 1787. Reprod. d'une grav. de la Bibl. nat. Bois f⁰. P. A. Martini faciebat.

964 „ **Palais de l'Industrie** (1856—1899) Vict. Petit. del. 1860. Lith. teintée. f⁰.

965 „ „ des **Tuileries** (Jardin) 1865. Gransire del. Linton sc. Bois teinté. f⁰.

966 „ „ „ des Tuillerien Pallast 1835 Weiss del Metzeroth sc. Grav. 8⁰.

967 „ „ „ vue perspect. du chat. roy. des Thuilleries vers. 1760. Grav. color. f⁰.

968 „ „ „ Tuileries du côté du Pont Royal. vers 1760. — A Paris chez. Daumont. Grav. color. f⁰.

968bis France **Paris. Palais** des **Tuileries** (Ansicht des) Gibele ad nat. del 1806. Grav. 4⁰.

969 „ „ des **Invalides** Vue persp. de l'Intér. du Choeur. A Paris chez Basset. Grav. col. vers. 1760. f⁰.

970 „ **Palais Royal** du côté du Jardin. Chez Chereau Grav. col. f⁰. vers 1760.

971 „ **Place de Louis XV.** dont la Statue Equestre a été posée la 14 Fév. 1763 (puis Pl. des Nations, de la Révol. en 1792, de la Concorde 1832) chez Mondhare r. St Jacques à l'hotel Saumur. Grav. col. f⁰. vers. 1760.

972 „ id. chez. Daumont. r. St Martin. Grav. f⁰.

973 „ id. Vista en Perspectiva de la Piaza Maior de Lodovico XV. en Paris f⁰. chez. Basset.

974 „ id. Statue de la Ville de S..asbg. Lith par Aug, Wittmann 4⁰.

975 „ Le Pont Marie & le Pont Rouge à Paris. Grav. col. vers. 1760. f⁰.

976 „ Le Pont Neuf du coté du P. St Michel. Ches Daumont vers 1760.

977 „ L'Isle St Louis & le Pont de la Tournelle vers 1760.

978 „ Le nouveau pont St Michel 1858. Thorigny scp. Bois f⁰.

979 „ Porte St Denis en sortant de Paris. Vers. 1760. Chez. Basset. Grav. col. f⁰. vers. 1760.

981 „ St Germain des Prés (Anc. abbaye) Dess. de Testar, gravé p. Larbaletrier. Grav. 8⁰. — 2. Bois de Boulogne. Chalet. Eau forte de A. de Bar 1854. — Grav. 8⁰. (Rev. de B. Arts.)

982 „ 1. St Germain l'Auxerrois. Lith. 8⁰. 1852.
2. St Philippe du Roule. Grav. vers. 1780.
3. Tour de Nesle. Arnout del. Lith. 8⁰.

983 Paris an 14. & 15. s. vue des Tours Notre-Dame. Dess. p. F. A. Perrot Grav. per Champin. — Grav. f⁰.

984 „ au 15. & 16. s. Vue prise de la Tour d. Nesle id. id.

985 „ Plan de Melchior Tavernier 1630. double f⁰. Heliogr. Dujardin. Vol d'oiseau.

986 „ 1. **Exposition** de 1855. Palais de l'Industrie. Calendrier 1896. Lith. color. p. Simon f⁰.
2. id. id. Schroeder scp. Grav. 8⁰.

987 **Exposit.** de 1855. Palais de l'Indust. H. Plon. Max Berthelier del, gravé en coul. p. A. Féart. Lith. color. f⁰.

988 **Exposit.** 1887. Vue générale. A. Deroy del. Electrotypie, Monde illust. 1867. Double f⁰.

989 France. **Exposit.** 1878. Impr. Herenet. Plan coloré.
    id.   id.   id.   id.
990 4 Plan Guide. **Exposit.** 1889. (Temps, Ph^{ie}. Centrale, Lassailly.)
991   **Exposit.** 1900. Vol d'oiseau. Alb. du Bon Maché. Grav.
992   id. id. 50 Vues coloriées Publiées p. le Petit Journ. Grav.
993   id. id. Maison Kammerzell & plan. Carte de menu. Lith. col.
994   3 Esquisses lith. Envir. de Paris aprés le siége 1870–71. Ernest Hussenot del 1871. Lith. f^0.
995 **Paris.** 8 Vues de Paris. Dess. p. David, A. de Bars, Dupré, etc. Typog. 8^0.
996 „ 10 Vues de Paris. Gravées & dess. vers. 1820. chez. Genty à Paris. Grav. 4^0.
999 „ 2 Vues, 1. Paris im Jahre 1620. 2. Paris 1899. Place de la Concorde & Ch. Elysées. Dess. de Clerget Oeuv. all. moderne.
998 „ 3 Vues de Paris. 1. Hotel de Ville neuerbaut. — 2. Arc de Triomphe. — 3. Porte St Martin & P. S; Denis Dess. de Clerget Oeuv. all. mod. 8^0.
997 1. **Cassel.** (Dép. du Nord) Rauch del. Schroeder scp. Grav. 12^0.
    2. **Tarascon.** Chateau du roi René d'Anjou. Derov del. De Benard scpt. Grav. 12^0.
1000 France. **Martinique** (Antilles) Vue du Mouillage. N. Ozanne del. 178). Jua F^{ca} Ozanne scp. — Grav. 1/2 f^0.
1000bis „ French shore.: 5 Vues Bois 16^0 & 8^0 par Tilly, Bell, (Illustr.)
949 **Grece.** — **Athênes.** Vue de l'anc. & nouv. ville" Von dem venitian. geographo H. Pat. Coronelle del." Grav. f^0.
950 **Corinthe** & Acro. Corinthe, Corinthe (Temple de Pallas) 2 grav. de Fernique.
951 **Athênes.** Acropole (Reconstruction par Rehlender). Parthenon (sud) Temple d'Apollon à Pigalia, Temple de Pallas & Acropole de Corinthe. Bois. 4^0.
952 4 Vues. Chéronée (le Lion de) Patras (Vue de la mer) Mycènes (Porte des lions) Euripe. — 4 Grav. 8^0.
993 13 Vues gravées p. Wemig, Kuantb, Baugan, etc. Pyraeus. — Theseus Tempel. Grunewald. del. Grav.
1001 Italie. — **Capri.** Karl Girardet pxt. Paul Girardet scp. Grav. 4^0.
1002 **Caprée.** Michallon del. Renoux lith. 4^0.
1003 **Casal** ou St Vas dans le Monteferrat. Avec Notice all. Hodeneker fec. & ex. A. V. Grav. 4^0.
1004 **Florence.** Chapuis del. Berthoud. H. Grav. 4^0.
1005 **Gondo** (Premier regard de la galerie) E. Hostein del & lith. 1831. An hant: Aere Italo 1805 Nap. imperat. Lith. 1/2 f^0.

1006	Italie. —	**Milan.** (Vue perspect. de la cathéd. de) chez Mondhare. Grav. col. vers. 1760. f⁰.

1006 Italie. — **Milan.** (Vue perspect. de la cathéd. de) chez Mondhare.
Grav. col. vers. 1760. f⁰.
1007 **Naples** (Baie de) Michallon del. Caminade sp. & lith. f⁰.
1007bis id. 1. Vue prise du cours Vict. Emman. 2. Vue du
Môle. 2 photogr. 1895. 4⁰.
1008 **Pouzzoles** (Vue de l'Amphithéatre de). Appo. Filip. Morgh.
à Florence. 1766. — Grav. ital. f⁰.
1009 **Rome** Egl. St Pierre. Grav. col. vers 1760. f⁰.
1010 „ Porta Romana. J. Caravaglia del. Grav. ital. f⁰.
1011 „ Maison du Belvédère dans la Vatican auprès de
Rome. Grav. color. f⁰. Chez Daumont.
1012 „ Vue du Mausolée d'Adrien (auj. chat. de St Ange)
Achil. Porboni incid. 1825. — Grav. ital. 4⁰.
1013 „ Egl. St Pierre. Chez. Daumont. à P. Gr. col. f⁰.
1014 „ Campo vaccino. — Chapuis del. Berthoud aqua f.-4⁰.
1015 „ Vue de l'Egl. de l'Assomption. Gio. Batta. Falda dif
& fec. — 1/2 f⁰. grav. ital.
1016 4 ills. 8⁰. „ 1. Stierkämpfe (1840) Lemaitre del. Lith. Engelmann
2. Forum G. Kern. scp. — 3. Roma (Vue génér.) 4. Via
Appia. —
1017 „ Vue de Rome. Chronique de Schedel 1493. — 12⁰.
1018 **San Pier d' Arena** près Gênes. S. Ricardi Lith. color. 4⁰.
1019 **Sorrento** Plage. Dess. de W. Wyld. Lith. teintée. 4⁰.
1020 **Sorente** Michallon del. — Renoux. Lith. 1/2 f0.
1021 **Sublaco** Will. Wild pxt. Le Petit sp. Salon de 1841. (l'Artiste) grav. 4o.
1022 **Tivoli** (Tibur) 1. Vue. Hor. Lib. III. Od. 4. — 2. id. Maison d'Horace. Grav. 12o.
1023 **Taormina** (Ruines du Théatre de) Michallon del. Renoux.
lith 1/2 f0.
1024 **Tivoli** (Cascatelle de) id. id.
1025 **Torino** (Vue générale) Borsoli del. dal vero. — Salathé
incid. Grav. acier. 4⁰. long.
1026 **Venise** Vue du Gᵈ Canal, du Palais Balbori, et de la fête.
des Gondoles. Chez Chereau. Vue 1760. Grav. col. f⁰·
1027 id. Egl. St Georges. W. Wyld. del. Lith. teintée. 4⁰.
1028 2 flls. id. 1. Pont Rialto. — Rouargue fe. scp. — 2. Quai des
Esclavons Grav. à l'eau f. p. Réville. Gorbisa del. —
d'ap. Canaletto. — 2 Grav. 8o.
1029 3 flls. id. Place St Marc, Palazzo Rezzonico. — Cima del. 4⁰.
(Voir au dos). — Vue générale 1848. Keemann del.
Palais ducal. Drawn by Sam. Prout. Engrav. by West-
wood.
1030 3 flls. id. Markus Platz. — Rialto. — Dogenpalast. 3 Grav. 8o.
1031 2 flls. 1. **Lac Majeur.** Statue de St Charles Boromée. — 8o.

		2. **Lac d'Albano** près Rome vue de Castel Gandolfo propr. des Papes depuis 1580. — Dess. de E. Moriu. 4o.
1032	2 flls. 8o.	1. **Civita Vecchia** Débarqt. des Francais. Coppin del Lalaisse scp. Grav. 8o.
		2. **Puzzuoli.** C. Reiss. del. Grav. 8o.
1033	3 „ 8o.	1. **Ancône** 1832. Débarqt. des Français Jeanson del.
		2. **Lugano** 1840.
		3. **L'Oreille** de Denis.
1034	2 ,. 8o.	1. **Tempel des Jupiters.** Patulejus in Ostia. C. Reinhart Roma 1810.
		2. Das **alte Laurentium** (Torre Paterno). id.
1035	2 „ 8o.	1. **Temple d'Apollon** sur le lac d'Averne. Grav. 8o.
		2. **Pompei**: das Forum. — Grav. 8o.
1036 à 1039		supprimés.
1040		**Pays Bas** (Belg. & Hollande). **Amsterdam.** Vue du Binnekannt, de l'Isle neuve & de la Tour du Mt Albaan. Grav. vers. 1760. A Paris chez. Basset fo.
1041		**Amsterdam.** — Vue de la Maison de Ville & les Pompes pour éteindre le feu. Grav. col. fo. Publisched 1762
1042	flls. 8o & 12o	id. Vues flammandes du 17. s. — 1. La Maison de Ville. Harrwyn fec. — 2. La Maison de derrière. De Vel scp. — 3. la Vieille Eglise — 4. l'Egl. neuve. — 5. La Bourse. — 6. Le Pont sur le Dam. 8o.
1043		id. (Vue prise à) Dess. p. W. Wyld. Lith. teintée. 4o.
1044	3 flls. 8o	**Anvers.** — 1. La Maison de Ville. — 2. Egl. Cathédr Notre-Dame. — 3. Abbaye de St Michel. 3 Grav. de Harrwyn. 8o.
1045		id. Maisons des Corporations du 16. siècle. Van Opstal del. (Monuments d'Anv. 1844). lith. teintée. 4o.
1046		id. Hotel de Ville. Renaiss. flam. du XIIIe s. G. Garon del. Heliogr. — (Rev. gén. de l'Archit. Ces. Daly.) 1886. 4o.
1047		**Bruges.** Le Beffroi. — Strobant del. d'ap. nat. 1840. Lith teint. 4o. (Monuments de la Belg.)
1048	3 flls. 8o.	**Bruxelles** 17. siècle 1. La maison de Ville de Bruxelle. 2. Egl. Ste Gudule „ 3. Plan d'Anvers par Harrwyn. Grav. 8'.
1049bis		id. La maison du roi. Lauters del. d'ap. nat. 1842. Lith. teint. 4o.
1050		**La Haye.** Vue de la Cour. du Prince Stathouder d'Hollande ou se tient l'assemblée des Et. Génér. A Paris chez. Huguier. Grav. Color. Vers. 1760. fo.
1051		**Rotterdam.** La Bourse de Rotterdam. Chez. Dammont. Grav. col. vers. 1760. fo. (Vue d'optique).

1052 **Pays-Bas. Rotterdam.** Vue des rives de la Meuse. Ed. Hostein dc.. Fig. par Bayot. Lith. 4⁰.

1053 5 fils. **Russie. Sebastopol.** (Siège) Hist. contemp. 1850—1860. Lith. 4o. 4 Vues de la Russie-Monuments. Grav. vers. 1840. 8⁰

1054   **Suisse. Altorf.** Dess. d'ap. nat. p. Chapuy. Lith. p. Joly. Lith. ¹/₂ fo.

1055   **Bâle.** Cathédrale. Dess. & Lith. p. Voulot. Simon à Stbg. Lith. fo. teintée.

1056   **Brigg.** Vue générale. — Dess. p. Villeneuve 1820. Lith.

1057   **Genéve.** Vue prise du côté du Lac. — Chez. Daumont. Grav. col. f⁰. vers. 1760.

1058   **Jungfrau.** (Cime de la J. vûe près d'Unterséen) peint. d'ap. nat. & gravé p. H. Rieter. Grav. color. 4o.

1059 fils.   **Lucerne.** 1. Vers le Mᵗ Pilate. Dess. d'ap. nat. p. F. Schmidt grav. p. J. Kull. Aq. tinte. — 2. Felseucapelle. Dess. de Jaime. Lith. 8o.

1060   **Lutschinen** (la L. sortant du Glac. infer. de Grindelwald). Wolf pxt. Jaminet scp. Dedié à M. Vernet peintre du Roi etc. — Grav. color. fo.

1061   **Pantenbrücke,** (Glarus). J. Geifer del. Rüdishüli scp. Grav. 8o.

1062   **Rütli** vues div. vign. & légende. Rohbock del. Grav. 4o. Légende all.

1063   **Saas** (Vallé & crête de) peint p. Ch. Oppermann d'ap. M. Engelhardt en 1840. Lavis aquatinte Brev. d'inv. de E. Simon. Grav. color. fo.

1064   **Schaffhausen** (Strasse in) G. Bauernfeind del. A. Closs. W. J. Meyer scp. Cois ¹/₂ f⁰.

1065   **Stanz.** Dess. d'ap. nat. p. Chapuy. — Lith. 4⁰. Lith. par Joly; les fig. par Bayot.

1066   **Vevey** (au lac de Genéve) Dess. par Frey & Lith. par Hostein. Lith. 4⁰. les. fig. par Bayot.

1067 2 fils.   Andermatt. Rohbock del. Lang. scp. Grav. 8⁰. Splügen   id.   L. Oede scp.   id.

1068 2 fils.   Lauterbrunnenthal, a. d. Kunstanst. in Hildbgh. Grav. 8⁰.

1069 3 fils.   Mer de Glace & Aiguilles de Charmoz Photogr. 1894. Heiden (Appenzell)   id.   1894. Montanvert (& Aiguilles de Charmoz vers 1830) grav. 8⁰.

1070 2 fils. **Suisse.** 1. **Morges.** Sorrieu lith. Lith. color. 8⁰. 1865. 2. **Coppet.** Loppé del.   id.   id.   ,,

1071 2 fils.   1. **Aus der Schweiz.** Rosal pxt. Heawood scp. Grav. 8⁰. 2. **Blonai** vue du Chateau. Gravé p. Aubry?   ,,   8⁰. 3. Glacier des **Bossons.** Fähnlein d'ap. Dubois ,,   12⁰. 4. Mᵗ· **Jule** dans l'Engadine.   ,,   12⁰.

1072 7 fils.   7 Grav. 8⁰. Hattingen, Clarens, Interlaken, Zurick, Matten, une avalanche. — Vers. 1830. Grav.

1073 3 fils. **Suisse.** 3 Grav. 8⁰. **Lausanne.** (Ancien plan du 17. S.) —
      Zurich. (Entrée des notables 18⁰. s. — **Gruers** (Thor)
      3 Grav. 8⁰.

1074 4 fils. **Vues de Suisse.** — Verey, Tell's Capelle, der Rhone
      Gletscher, le Glacier d'Aletsch. — **Grav.** (8⁰—12⁰)
      col. Lith.

1075 2 fils. **Turquie.** **Constantinople.** Chronique de Schedel. 1493.
      Autre ville   id.   1493 Grav.

1076 2 fils.   id.   Constantinople (Die Solimann Moschée. Burg del. vers
      1840. — Lith. 4⁰.
        id. Grav. 8⁰.
      Jerusalem. Chronique de Schedel. 4⁰.

1077   3 Grav. **Jerusalem** de l'ouvr. Ebers & Guthe „Pales-
      tina" Bois. — ¹/₂ f⁰.

1078 4 fils. 8⁰. 4 Grav. **Ararad** (von der Höhe bei Eriwan) Grav. angl.
      St. Jean d' Acre (Syrie) Schroeder del.
      Tyr (Ruines) — Halicarnasse (Ruines)

1079 2 fils. 8⁰. 2 Grav. **Jerusalem.** Deitel scp. Nbg.

1080   **Palmyre** (Tadmir en Syrie). Ruines du Temple du
      Soleil vers l'Orient. Grav. color. f⁰. vers. 1760.
      Autres pays. — Amérique. — Australie. — Egypte.
      Inde. — Perse. — Divers.

1081 2 fils. 8⁰. **Amérique.** 2 Vues du **Niagara.** 1. Grav. angl. et. 2. Grav.
      p. Chaillot 1840. 8⁰.

1082 20 fils. 8⁰. 1. 18 Vues de **Cincinatti.** — Plympton del 1833. 16⁰.
      2. **Rio Janeiro.** V. d. Höhe der Wasserleitung. Grav. 8.
      3. **Susquehanna** (der) Grav. améric. 8⁰. d'ap. nat.

1083   **Chine.** 1. 6 Grav. 8⁰. Sujets chinois. — 2. Nanking
      (la Tour de Porcelaine. Schroeder del. Grav. 8⁰.

1084   **Egypte.** 6 Grav. Sujets d'Egypte. Wagner scp.

1085   **Inde.** Casmirus (Cachemire) Chron. de Schedel 1493.
      4⁰. Bois.

      Divers sur une feuille.

1086   8 Grav. 8⁰. div. **Temple de Minerve** Chalinitis. Couv.
      de **Closter Neuburg.** — **Place á Moscou** etc. Lairaisse.
      Vernier del.

1087   8 Grav. 8⁰. diverses. **Larrise, M. Tabor, Baalbeck** etc.
      Dupré, Frommel del.

Dessins & aquar. d'artistes non alsaciens signés.

Fontainieu (H. B. de.) Peintre franç. fils du Chevalier. Ad. de F. peintre fr. 1760 Mareille à 1850. —

1088 3 Sepias. 1. N. D. de Vauclnse. 1857. 8⁰. 2. Ile. Ste Marguerite 1863. 8⁰. La Tour d'Aigues (Vaucl.) 8⁰.

1089 id. 2 Aquar. 1. A Tourves (Var.) 8⁰. — 2. Rade de Marseille, Quartier de la Madrague, (1851) 4⁰.

1090 id. 2 Aquar. sepia. 1. Tour de Ste Paule à Mars. 1891. 4⁰. 2. Vue près de Marseille. 4⁰.

1091 id. 3. „ 1. Royan. — 2. Fort. — Saut du Prince Charles (Alsace) 8⁰.

1092 id. 2. „ 1. Marseille (Fort.) 1891. — 2. Femmes en prières, 8⁰.

1093 id. 3. „ 1. Mont-Redon près Marseille (démoli depuis). 2. Agde. — 3. Cigognes 1897. 8⁰.

1094 id. 3 Sepias 1. Rade d'Agay 1863. 2. Golfe d'Agay 3. Fréjus: Redoute. 8⁰.

1095 id. 3 „ 1. Chateau de Villeneuve 1863. 2. Vue de St. Victor à Marseille. 1891. — 3. Vue d'un Chateau. — 8⁰.

Gabè (L.) Nicolas Edw.) Peint. franç. Paris 1814—1869. (Bellier 596)

1096 „Les greouilles qui demandent un roi" Encr. de chine; panneau envoyé de Paris à l'Exposit. de Londres 1862. copié en 1875. 4⁰.

1097 **Heller** (Alb.) — Place du Marché à Bâle. Aquar. 1859. 4⁰.

Jacottet (Julien Louis) Paysag. franc. Paris 1806. —

1098 Pont. — Dess. au crayon. (Muller & Singer 248).

1099 **Klever?** (Aug.) Receiving Compagny. Aquar. angl. 1830. ½ f⁰.

1100 **Muller** (T.) Grav. et lithog. — Bois & rochers. Encre de Chine. ½ f⁰.

1101 **Réveillod** (Georges), Versailles. — Soldat de l'Empire. Sepia 1896 ½ f⁰.

1102 Divers sujets de Lud. Adr. Richter. Dess. Grav. all. Dres. de 1807 —1884. (M. & S. V. 4) & Ad Frz. Schroeder. Grav. all. Hambg. 1809—1869. Sépias. (M. & S. V. 4.)

Dess. & aquar. non signés.

1103 Louis XI. Dess. au crayon 8⁰.
1104 Une mare le soir. Encre de Chine 8⁰.
1105 Bouquet de Roses & Giroflées Aquar. 4⁰.
         Roses. Aquar. 8⁰.
1106 Christophore Anc. dess. à la plume ital. Lég. ital. ½ fo.
1107 Etude d'homme assis (Ach. à Milan.) Ecole des Beaux Arts. Cray. 1848-
1108 Jeune femme à turban. Dess. à 2 cray. 4o.
1109 Jeune fille à boucles. Dess. au conté 1840. 4o.
1110 Enfant arabe. Encre de Ch. 2 teintes. 4o.
1112 2 Caricatures 1830. Aquar. 8o.
1113 2 Dess. Encre de Chine 8o. Le Banc d'absence d'ap. Germain. Le Bon-
         homme Dimanche.
1114 2 Dess. à la plume. Cuirassiers 1610 & 1666. — 16o.
1115 Joconde. — Richelieu. — 2 Sepias. 12o.
1116 Prisonnier blessé. — Sepia & blanc. — Juin 1842. — Père au lit de
         mort de sa fille. — Dess. 8o.
1117 Allégorie (Amours) Encre de Chine. 8o. — Tête de jeune fille, dessin
         (Geralez fec. 1839) 12o.
1118 3 dess. pap. gris, noir & blanc. 4o. — Clair de lune. — Ecrivain. —
         Le Temps.
1119 2 portr. Dess. au conté. Homme & paysanne. C. R. 1891. fo.
1120 5 flles. Saule (crayon.). Femme buvant (id). Famille (estompe).
1121   „ Paysage (sepia). Tête d'ap. nat. (crayon).
1122 2 „ Croquis, crayon. Danse, chiens.
1123 2 „   „ crayon. (Types d'Orient, Moyen âge.)
1124 2 „   „ cray. & plume (Ronde, Chevaux).
1125 2 „   „ id.   id.   (Scène de mort, adieux)
1126 St. Jean (Crayon estompé.) fo.
1126bis Viva l'Italia. (Aquarelle.) 8o.

Estampes lithographies, photographies de ou d'après des artistes connus.

1127 **Baron** (Henri Charles Antoine) Peintre franç. Né à Besançon 1817.
1128   L'Enfance de Ribera. Salon 1841. B. del & scp. Lith. 4o. (L'Ar-
         tiste 1840).

1129	Les Oies du père Philippe Balducci. Sal. 1848. B. del & scp. 4⁰. (Moniteur des Arts).
1130	Condottieri, H. Baron pxt. Français del.
1131	Des Condottières id. C. Carey scp. Grav. 4⁰. (L'Artiste)
1132	Giorgione Barbarelli faisant le portr. de Gaston de Foix. Lith. 4⁰ H. B. pxt. & lith.

Bartolozzi (Francesco) Gravere ital. 1630 à Florence 1713 à Lisbonne. --

1133	Saint à genoux et ange avec l'Ampoule. -- Puercino da Canto invent. Fr. Bartolozzi fec. Grav. en bistre. f⁰. De Pinacotheca Gennariorum Equitis J. F. Barberii Centensis Nepotum Bononiae.
1134	Enfant & vieillard. — Puercino da Conto inv.: Fr. Bartolozzi scp. Ex Collectione D. Joseph Smith Venetys. — Grav. en bistre. f⁰.

Bellangé, (Louis, Joseph Henri Hippolyte) Peintre d'hist. franç. né à Paris le 17 Janv. 1800, mort le 12 Févr. 1866.

1135	„Après vous la Quotidienne." Lith. 4⁰.
1136	L'Espion. — hte. Bellangé del id. 4⁰. Imp. Villain.
1137	1815 id. id. 4o. id. id. 4o. id.
1138	Les Faucheurs polonais 1831. id. 4o. id.
1139	Moscowa (7 Sept. 1712). Prise de la G^de Redoute russe par la div. de cuirassiers du Gal Wathier; mort du Gal Caulaincourt. H^te Bellange 1832. Lith. f⁰.
1140	Montereau (18 Fév. 1814) Nap. Emper. — „Allez mes amis, leur dit il, ne craignez rien, le boulet qui me tuera n'est pas encore fondu". H^te Bellangé 1832. Lith. f⁰.
1141	Marengo (29 Prair. an 8, 14 Juin 1800.) Bonaparte 1er Consul. hte. Bellangé 1832. Lith. f⁰.
1142	Arcole (15 Nov. 1796) Bonap. G^al en chef. -- hte B. 1832 Lith. f⁰.

Berghem (Nicolas) Peintre & graveur flamand Harlem 1624. † 18 Fév. 1683. --

1143	Bergers. Grav. par le Vte de Senones d'ap. le tabl. de Bergh. Grav. 4⁰.
1144	3 paysages, B. pxt. L'Ane rétif, le gué, le village fortifié. - Grav. p. Baltard, Laneau, Devilliers jeune, Grav. 8⁰
1145	Le four à briques. B. pxt. Aliamet scupt. Tiré du Cabinet de Mons. gr. Alex. de Villeneuve. — Grav. f⁰. Dédicace, armes.
1146	Troupeau prés d'un pont. Berghem delineavit N. Le Mire scpt. 1/2 f⁰.
1147	**Breughel.** Une attaque. — Du Cabinet de M. le Duc de Choiseul Breughels pxt. Germain 1771 fecit. Grav. p. jaune. 4⁰.
1148	Vue de Flandre. Du Cabinet de Mad. la Ctesse de Verrue. Breugel pxt. Beaumont scpsit. 4⁰. Grav.

Boissieu, (J. J.) (ou de B.) Grav. franc. Lyon 1736—1810.

Paysage. — Boissieu inv. & sculps. Ds. 1763. — Grav. 4⁰.

1149	Ane au repos. J. J. Boissieu f. Eau. forte. id. 4⁰.
1150	4 Etudes de têtes. De Boissieu f. id. id. 4⁰.
1151	6 id. id. De Boissieu id. id. 4⁰.

Boucher, (Franç.) Peintre franç. 29. Sept. 1703 † Paris 30. Mai 1770.

1152	Etude pour un St. Joseph. Crayon p. F. Boucher? 8⁰ Ach. à Versailles 1886.
1153	Etude de draperies de femme ; id. id. (?) Déc. 1740 f⁰. id.
1154	Jeune fille assise & enfant. Sanguine. O'Rior del. 8⁰.
1155	Jeune fille & jeune homme. id. id. id.
1156	Les Pêcheurs (enfants). Reprod. heligr. d'un tabl. de B. (Illustrat.) 4⁰.
1157	Pastorale. Grav. color. H. Meyer scp. Tabl. de B. au Louvre (Petit Journ.) f⁰.
1158	id. Glyptotypie Silvestre & Cie. id. id. 4⁰. (Rev. des Mus.)
1159	Diane sortant du bain 4⁰. (Rev. des Mus.)
1160	Allégorie id. id.
1161	Le But id. id.
1162	Les Nymphes au bain F. Boucher 1734. F. Boucher. scp. Grav. color. 4⁰. (Louvre).
1163	Les Gâces au bain. F. Boucher del. Bonet sculp. id. id.
1164	La Peinture. F. Boucher inv. G. L. Hertel sculps. Grav. 4⁰.
1165	Isméne & Daphnis. Dessiné par F. Boucher. Grav. par E. Eberts. Armes dédic. — Grav. bleutée. 8⁰.
1166	Hangar. — Grav. 12⁰. Boucher?
1169	Seconde vue de Beauvais. Fr. Boucher pinxit. Jacq. Ph. Lebas. sculp. Grav. f⁰. Dedicace. 1744.
1170	Fête de Campagne. Dess. de F. Boucher au cray. noir rehaussé de blanc. (Imprim de l'Art.) f⁰.

Calame, (Alexandre) Lithogr., grav. & peintre suisse Vevey 28. Mai 1810 † Menton Mars 1864.

1171	Une Sapinière. Peint & gravé par A. Calame. Grav. 4⁰.
1172	Wetterhorn & Wellhorn del & lith. p. id. id. Lith.
1173	Près d'Amsteg. lith. id. id. f⁰.
1774	Le Mont Cervin lith. id. „ „
1175	Vieille Maisson. Etude peinte id. id. id. id.

1176	Rochers. Eau. f. Grav. id. id. Genéve 1838 Grav. 12⁰ Marges.
1177	Mare id. id. id. id. id. id. „
1178	Arbres id. id. id. id. id. id. 8⁰. „
1179	Vue du Hautes Alpes après un orage. Calame pinxt. & scp. Salon de 1841. Grav. 4⁰.
1180	A Lauterbrunnen. A. Calame del. 4⁰. Lith.
1180bis	Bout de lac. A Calame ft. Genéve 1840. aq. f. 8⁰. Marges. av. l. l.

Callot, (Jacques). Peintre & graveur franç. Né à Nancy 1593 † 1635

1181	Un grand Seigneur, en pied, âgé, Grav. 8⁰.
1182	1. Un joueur de vielle. grav. 8⁰. 2. Un gueux en pied à dr. Reprod. 8⁰.
1183	Vue du Louvre avec la Tour de Nesle. Jac. Callot sculp. 1629. Israel excud. Parisiis. Grav. 4⁰. Ach. à Lorient. 1898.
1184	Parterre du Palais d. Nancy 1er état. — Taillé en eau forte par Jacque Callot le 15. Oct. '624. — Grav. f⁰. Légende fr. dédic., armes.
1185	Le Grand arbre. Ja. Callot fec. Nancy. Grav. 4⁰. (Ach. Lorient 1896.)
1186	Les Bohémiens 1. Le Départ. — Callot inv. Grav. 8⁰. Légende fr.
1187	id. 2. Le Repas id. id. id.
1188	id. 3. La Halte id. id. id.
1189	Passage de la Mer rouge. Jacob Callot fecit. id.
1190	Prédication du Christ No. 2. id. id. 32⁰ lég. lat.
1191	Le Christ interrogé par les Pharisiens sur le sabbat. No. 3 Grav. lég. lat.
1192	Le Christ & ses 12 disciples. No. 4. Grav. in 32. id.
1193	4 Grav. de l'Enfant Prodigue No. 3. 3. 8. 9. id. id. id. lég. franç.
1194	3 flles. de la Gde Passion. 1.—3 (1. 6. 5.) — Callot id. 8⁰. long. Lég. lat.
1195	4 „ „ „ (4. 7. 8.) „ „ „
1196	21 Planches: 1 Cahier: Les gueux, Capitano de baroni, Jacomo Callot inv. J. Boormaestr. excud. Grav. 8⁰.
1197	22 „ 1 Cahier les Bossus Varie figure gobbi de Jacopo Callot fatto in Firenza anno 1616. — Grav. 12⁰.
1198	10 Feuilles Bossus. L. Fruytiere. — Légende flamande. — Grav. 16⁰.
1899	24 Grav. Les Danses (Balli di Sfessania) Jaco. Callot inv. & fec. Israel Sylvestre excud. Grav. 16⁰. (V. Larousse).
1201	12 Feuilles. — La Petite Passion. J. Callot. Lég. lat. Grav. in 16⁰.
1202	12 id. La Passion: J. Callot. chez Pasquier. Lég. lat. Grav. 8⁰.
1203	12 „ Costumes. Callot inv. & fec. Grav. 8⁰.

Les Carache (Caracci): Ludowigo Peintre ital. né 1535 à Bologne Grav. & peintre. † 1619. — Ses neveux: Agostino né 1558 † 1605, Annibale, né 1560 † 1609 à Rome.

1204 · Le Bac. A. Carache px., Guyot scp. Grav. 8⁰.
1205 Paysage. id. Gravé à l'eau. f. p. De Saulx. Dess. p. Gregorius. 8o.
1206 Flagellation. Annibal Carache. del. Reprod. 4⁰.
1207 Portr. d'Annib. Carache. Grav. par Denon. Eau forte. 32⁰.
1208 La Descente de la Croix. Peint par Hannibal Carache. — Prod. en relief. typ. H. Plon. 4o.
1209 La naissance de Jésus. Carrache pinxit. Grav. p. Mariage gd. f⁰.

Chapelin (Charles) Peintre & graveur franç. 8. Mai 1825 aux Andelys (Eure.)

1210 Pâtres des Cévennes. Ch. Chapelin pinxt & lith. 4o.
1211 Le Muletiers id. Lemaitre scp. Lith. 4o.
1212 La famille de Rubens. Gravé p. Chapelin d'ap. Rubens Grav. fo.

Charlet. Peintre, grav. & lith. franç.

1213 Croquis div. Charlet del (l'Artiste) 1840. — Lith. 4⁰.
1214 id. id. 4⁰. Grav.
1215 Le repos du conscrit. Dess. sur acier par Charlet. H. Bertoud aq. f. Grav. 8o.
1216 Napoléon au Marché des Innocents. — Napol. au Faub. St. Antoine 1813. 2 Grav. Charlet del. Trilley sculpt. 8o.
1217 1814. Charlet fec. Lith. de Delannois. 8o. — Bonap. après la bataille de Bassano. Charlet del. Pourvoyeur scp. Grav. 8o.
1218 Lanciers en campagne. — Charlet del. — Lith. de Delannoy. (L'Artiste) Lith. 4o.
1219 Le Ravin. Dessin de Charlet. Hp. Lalaizze del. Lith. ½ fo.

Collignon (Francois, Jules) Dessinat. Peintre et grav. franç. (1840) mort 1850.

1220 2 Etudes. J. Collignon. del. Lith. 8o.
1221 Croquis & Etudes „ dessiné d'ap. nat. & grav. 4o.
1222 Enfants, fleurs & fruits. F. Jules Collignon d'ap. Diaz. 1844. lith. 4o. (l'Artrite).
1223 La course au clocher. Peint & grav. par. J. Collignon. 4o.
1224 La Chaumiére. Jules Collignon pinxit & fec. Grav. 8⁰.
1225 Paturage au bord de l'eau. Grav. par J. C. d'ap. R. P. Bonington 1844. Grav. 8o.

Cotelle (J.) Peintre franç. 1645 Paris † 1708 Villers s. M.

1226   Vénus & Mercure. Cotelle pinxt. J. B. Masse scp. Dans. le Cabinet des bijoux des A. R. le duc d'Orléans à St. Cloud. Lég. fr. & lat. Grav. f⁰.

1227   Vénus & Adonis. Cotelle pinxt. et inv. E. Desroches scpt. Dans le Cab. des bijoux. de S. A. R. le Duc d'Orl. Lég. fr. & lat. Grav. f⁰.

1228   Vénus & Enée. Cotelle pinxt. Nic. Tardieu scp. Dans le Cab. des bij. de S. Al. R. le Duc. d'Orléans à St. Cloud. Lég. fr. & lat. f⁰. Grav.

1229   Vénus & Psyché (Cotelle pinxt?) M. Nattier del. J. Audran scp. Lég. franc. Henrici C. D. B. Grav. f⁰.

Couché (Jacques) 1769 et J. Couché fils. Paris 1782 - 1849. Graveurs franç.

1230   Le Lit de la Victoire (Phil. V d'Esp. à Villaviciosa. Le Blanc II.) Couché grav. Fauvel del. Grav. 8⁰.

1231   2 Etudes d'arbres J. Couché scpt. Boquet del. Lith. 4⁰.

1232   Réception d'ambassadeurs. Couché fils scp. Grav. 16⁰.

1233   Dufour C. G. G^al de division franç. Couché fils scp. Grav. 4⁰.

Corot (J. B. Camille) Peintre paysagiste franç. 1796 —1875.

1234   Démocrite. Corot pinxt. Français del. Lith. 4⁰.

1235   La Moussière (Effet du Matin). Corot pinxt. Th. Chauvel scp. (Rev. de l'Art anc. & mod.) Lith. 8⁰.

Cranach (Lucas) Peintre & grav. allem. né 1472 en Franconie. † 16 Oct. 1553 à Weimar.

1236   Die ersten Eltern. Grav. p. L. Cranach 1509. Grav. in f⁰. (Huber I. 134.) Capitalblatt. —

David (Jules) Peintre, lithographe & dessinateur franç. Besançon 1809.

1237   1. Père & fille. — 2. Le Chateau de Ventadour. 2 dess. de J. David. Lith. 8⁰.

1238   Jocelyn. J. David pinxt. Collin scp. — La Soeur grise & la Carmelite J. D. del. La Veuve du Nord. J. D. del. 3 Lith. 8⁰.

1239   „La femme y voit trop." Lith. p. J. David. 4⁰.

1240   2 Lith de J. D. 1. Fleur du Ciel. — 2. Retour Lith. 8⁰.

1241   2 „ „ 1. Depuis Noël. — 2. Les Cheveux de la Bretonne 8⁰.

1242   8 feuilles, dess. de J. D. — Hist. d'amour, etc. 16⁰.

Daumier (Henri) Dessinat & caricaturiste franç. né 1808 † 11 Fév. 1879 à Valmondois.

1243   La Caricature de 1839. Dess. de Daumier, Granville & Monnier

1244   La Bonne Grand'mère   id.   8⁰.

1245   4 Grav. 1 lithog.   id. (Sentiments & Passions). — Physiolog. du buveur. — Le vieux bucheron.)

1246   Charivari. — L'Abandon d'Ariane. Lith. f⁰. (Hist. ancienne).

1247   Le Carnaval. Février 1843. Dess. de H. Daumier. Grav. p. Renou. — **Poésies de Gavarni.**

Daubigny (Ch. François). Peintre, graveur & paysag. franç né Paris le 15. Fév. 1878. Daubigny, Charles ou Karl, **Pierre** (1846) son fils. Peintre franç.

1248   Vue de Subiaco. Eau forte de D. 8⁰.

1249   La Moisson. — Daubigny fils scp. 1862. Daubigny pinxt. Eau forte 8⁰.

1250   Le Village de Bonnières. — id.   id.   id Eau forte.

1251   L'Approche de l'orage. Daubigny Eau forte 8⁰.

1252   L'Orage   „   „ 8⁰. Heliogr. Dusard.

1253   Environs de Choisy le Roi. Daub. pinxt & scpt. 4⁰. Grav.

Decamps (Alex. Gabr.) Peintre franç. Né 3 Mars 1803 à Paris, mort assassiné à Fontainebleau 22 Août. 1860.

1254   Poulailler. Decamps pinxt. Eug. Le Roux del. d'ap. le tabl. origin. de M. Didier. Lith. 4⁰.

1255   Les deux chiens. Decamps aqua fort. (L'Artiste) Grav. 8⁰

1256   Bassets. Decamps pinxt. L. Laroche aqua fort. Grav. f⁰.

1257   1. Le Singe ménétrier. Decp. pinxt. Jaime del. Lith. 8⁰. — 2. Chiens de chasse. Dcp. pxt. J. F. Collignon scp. Eau f. 8⁰.

1258   Le Pont. Dcp. pinxt. Louis Marvy del. Lith. 8⁰. (De la collect. de Mr. P. Perier).

1259   Ferme en Normandie. No. 4. Decp. del. Lith. 8⁰.

1260   Coucher de Soleil en Afrique. No. 4. Decp. pinxt. L. Marvy del (De la collect. de Mr. Duclere — Sepia aqua tinte 8o.

1261   Bourreaux à la porte d'une prison. — Decp. pinxt. 1837. E. Leroux del. Lith. 8o. —

1262   2 Grav. 1. Un Mendiant. C. Loubon scp., tiré de la Collect. de Mr. Fau. 2. Gardeur de porcs. Sig. D. C. Grav. 8o.

1263   2 flles. lith. p. Decamps. — 1. Types d'Afrique. 4o. — 2. Le petit Savoyard. 8o.

1264   2 „   „ 1. Le Savoyard & le Singe. Lith. d'ap. le tabl. de **Decp. 8o.**

1265bis		Esquisses d'Afrique. — lith. p. Dec. 4o.
1265	2 „	1. L'Abreuvoir. Salon de 1833. Aug. Bouquet del. (Rev. du Peintre) lith. 8o. — 2. Croquis de Chasse. Lith. 8o.
1266	2 „	1. Le vieux cheval. Dec. pinxt. Eug. Leroux del. Lith 8o. 2. Joueurs de cartes. Dec. lith. 8o. (Croquis par divers artistes).
1267		Le désespoir du Peintre. — Dec. pinxt. Eug. Le Roux del. Lith. S.
1268		Corps de garde turc. — Aq. fort. par Dec. d'ap. son tabl. du Salon 1832. — Ex. f. 4o.

Denon (Dominique Vivont baron) Dessinat. & Grav. franç. Chalon s. S. 1747 † 1825 Paris.

1269	Etudes. C. Cobellini del. Denon scp. Grav. 12o.
1270	Portr. d'homme Buste à g. médaillon. Denon dis & incid grav. 8o.
1271	id. id. B. à dr. id. 1784 in 32o. „
1272	id. id. B. à dr. id. 1776 in 8o. „
1273	id. id. B. à g. id. 1805 in 12o. „

Devéria (J. J. Marie Achille) Peintre fr. né à Paris le 20 Fév. 1800 † 23. Décbre. 1857. — **Devéria** (Franç. Marie, Joseph Eugène) Peintre franç. frère du précédent né à P. 1805 † le 5 Fév. 1868

1274	2 lith. Contes bruns. L'Echarpe bleue. A. Deveria del. Lith. 8o. (l'Artiste).
1275	4. Medaillons. A. Deveria del et inv. 1824. Grav. 8o.
1276	Assomption de la Vierge. A. Deveria pinxt. Aquarelle de 16 pouces appt. à l'auteur. — Lith. 8o.
1277	Adoration des Mages, d'ap. le tabl. peint p. Eug. Dev. pour l'Egl. de St. Léonard de Fougères. A. Dev. del. Lith. 8o.
1278	2 Lith. 1. Même sujet, marge coupée. — 2. L'Ecolier de Cluny. Lith. 4o. — Amazone. — Assurance (Amaryllis). — Security. A. Dev. del. 1832. Lith. fo.
1279	L'Attente. — A. Dev. del. Lith. de Fourouge. Lith. fo
1280	3 Lith. 8o. Dess. p. A. Deveria. 1. Interieur. 2. La loterie pour les pauvres. — 3. „Voici mon père, voici ma mère".
1281	Le médaillon. Lith. peinte. A. Deveria del. 4o.
1282	Amoureux. id. id id.
1283	L'affreuse nouvelle. — La bonne nouvelle. — 2 lith. peintes. Devér. del. 4o.
1284	„Oh que tu es paresseux" A. Deveria. N. Maurice lith. fo.
1285	Mariage d'un jour. A. Devéria del & lith. fo. Marges.
1286	11 Dess. de A. Devéria gravés p. Tavernier, Alf. & T. Johannot etc., pour les Confessions, l'Emile, etc. Grav. 8o.

Diaz (Narcisse Virgile de de la Pena) Peintre franç né à Bordeaux 20 Août. 1807 † à Menton 19. Nov. 1876.

1287	Sous bois (Mare aux vipères) N. Diaz. pxt. Louis Marvy scp. 1843. Grav. 8o.			
1288	La vie de Chateau	id.		id. Lith. sepia 8o
1289	Nymphes endormies.	id.	Grav. p. Geoffroy. 8o.	
1290	La Toilette	id.	„	„ „
1291	Le Maléfice	id.	„	„ „
1292	Causerie orientale.	id.	„	„ „
1293	Les Délaissées de l'amour	id.	„	„ „
1294	Frère & soeur	id.	„	„ „
1295	Indiscrétion	id.	„	„ „
1296	Les Folles amoureuses. Diaz inv. & lithog.			„
1297	Les Fous amourenx	id.	„	„ „

Dien (Claude Marie François) Grav. franç. né à P. 11 Nov. 1787 † 22. Av. 1867.

1298	2 Grav. au trait 8o. par Dien. — Episode de la Peste de Florence. Picot pinxt. — L'Amour et Psychée d'apr. Debay père, inv. & scpt.
1299	3 Grav. an trait par Dien. — Le frère Charles du Mt. Carmel. Le Voyageur. — Le bain. Riout pinxt. (Soc. des amis des Arts de Stbg.)

Dow ou Douw (Gérard) Peintre holland. Elève de Rembrandt, né à Leyde 1633 † 1674.

1300	Portrait peint par lui-même. Brit. Gallery. Heliogr. 8⁰.
1301	La tante de G. Dow. Tiré du Cabinet du Cᵗᵉ de Respani. Grav. 4⁰. p. J. G. Wille. Armes. Dédicace.

Dujardin (Carel ou Karl, Peintre holland.(Amsterdam 1640† Venise 1678.)

1302	Le Rappel des Chasseurs. Grav. fᵛ.
1303	2 paysages. Grav. p. Guyot. Grav. 8⁰.

Dupré (Jules) Peintre fr. né à Nantes 1812. Son frère Léon Victor né à Limoges égalt. peintre.

1304	Mare aux Canards J. Dupré pinxt. Louis Marvy 1842 del Lih. 8⁰.		
1305	Même. planche	id.	id. „
1306	Grands arbres	id.	id. 4⁰.
	tiré du Cabinet de Mr. Tournemine.		
1307	Le Passage du Gué. J. Dupré pinxt. Jules Collignon scp. Grav. 4⁰.		

1308	Vue prise en Normandie. id. id. de Frey lithog. Lith 4o.
1309	Pacages du Limousin. id. id. id. id. Salon 1835. id. 4o
1310	Vue prise à Alençon J. Dupré del. Lith. 41.
1311	2 Vues par J. Dupré. 1. Vue prise en Angleterre Salon de 1836. Lith. 4o. — 2. Vue prise en Normandie id. 4o.

Dürer (Albrecht) Peintre, grav. cisel. écriv. allem. né à Nuremberg 20. Mai 1471 † ibid. 6 Avr. 1528.

1312	4 feuillets Grav. in 12. Vieillard (sanguine.) Zénobie (Anno Dom. 276). Durer : Aigle.)
1313	5 „ portraits (Chevalier, évêque, etc.) Bois. 32^0. p. Durer?
1314	Ferdinand II. als roemischer König. Grav. s. Bois. A. D. 8^0.
1315	6 Personnages dont un à cheval. Grav. en 1517. A. D. Grav. 8^0.
1316	Nymphe & Triton. Grav. signée A. D., dans le coin IW. VE. 4^0.
1317	Jesus en prière. A. D. Esquisse d'Alb. Dürer au Musée de Vienne Heliogr. 4^0.
1318	Albrecht Dürers Christlich-Mythologische Handzeichnungen Alb. Dürer 1515. N. Strixner fec. — 42 feuilles, Titre et table, en div. coul. (Costumes, animaux) 1–20 & 22—43. — (7 Hefte). —

Eisen (Ch. Domin. Franç.) Dessin. & Grav. franç. Valenciennes 1720. † 1778. Bruxelles.

1319	La Henriade Chap. V. — C. Eissen inv. Aveline scp. Grav. 12^0.
1320	2 Allégories. Ch. Eisen del. Ellemaud scp. Michel scp. Paris 1758. Grav. 8^0.
1321	Rembrandt van Rin 1606. — C. Eisen inv. Goulard scp Grav. 16^0.
1322	Vénus sur la trône. Car. Eisen del. N. Le Mire scp. Grav en rouge 8^0.
1323	Vénus et les trois bràces C. Eisen del. id. id. id.
1323bis	Amoureux id. id. id. id.

Fragonard (Honoré) Peintre et grav. franç. 1732 † 1806.

1324	2 Grav. d'apr. Fragonard. 1. Amyot. Grav. p. Henri Laurent 8^0. 2. Prechi Precha grav. p. Machi fils. ov. 8^0.
1325	L'heureuse fécondité. Reprod. moderne. 4o.
1326	Cavaliers romains. Fragonard del. d'ap. Tiepolo à Venise. Aq. tinte de St. Non 1774. 8o.
1327	2 dess. faits à Venise (Egl. San Cosimo) Frag. del. St. Non scp. 1775. 8^0.
1328	2 „ „ (Egl. St. Jean St. Paul) Frago. del id.

1329 Dessin fait à Venise d'ap Lucchesi Plaf. de la Biblioth. St. Georgio Maggiore. St. Non scp. Aquatinte 1775. 8⁰.

1330 Belphégor. Fragonard inv. P. Martial scp. Grav. 8⁰.

Frey (Jean Pierre de) Grav. & Dessin. holland. né à Amsterdam 1770 mort. à Paris 1834.

1331 Christus genest de moerder van Petrus. G. Metzu inv. J. de Frey fecit aq. fort. 1797. Grav. 8⁰. (Dutuit. 4. 386. 9.)

1332 Jacob von Isaac gezegnet. — G. Flink pinxit. J. de Frey fec. aqua fort. 1798. 4⁰. (Dut. 4. 383. 5.) — Ach. Anvers. 1899.

Francais (Francois Louis) Lithogr., puis peintre franç. né à Plombières 17 Nov. 1814.

1333 Enfance de Laure. Tabl. de Melle. Elise Boulanger. Francais del. Lith. 4⁰.

1334 Ferme aux envir. de Vannes. Tabl. de Ch. de Tournemine. Francais lith. Lith. 2⁰. Marges.

1335 La Giralda. Tabl. de David Roberts. Francais del. Lith. 4⁰. Marges.

1336 Jardin antique. Francais pinxt. & del. Lith. 4⁰. Salon 1841.

1337 Un Ravin. Tabl. de Battura. Français del. Lith. 4⁰.

1338 Soleil couchant. Tabl. de Th. Rosseau. du Cabinet de Mr. Perier. Français del. Lith. 8⁰.

1339 Lisiére de forét. Tabl. de Th. Rousseau, du Cab. de Mr. Perier. Français del. Lith. 8⁰.

Gallus (Philippe) grav. flamand. né à Harlem 1517 † à Anvers 1612. **Théodore** fils ainé de Ph. grav. fl. né à Anvers 1560. **Cornelius le Vieux** fils de Ph. grav. né à Anvers 1574 (1570). — **Cornelius le Jeune** fils de C. le V. grav. flem. né à Anvers. 1600.

1340 Rhenus. Grav. allégor. Phls. Gall. inven. & sculps. Grav. 8⁰.

1341 Casulum oppidum. etc. Phls. Galle fec. Johan Stradanus inventor grav. f⁰.

1342 Le Massacre des Enfants. Philips Galle fec. Francis Floris inventor H- cock excud. Lég. lat. f⁰.

1343 „Le lunatique & le muet Gueri.“ Gallus inv. HD. Grav. 8⁰.

1344 Adoration du Mages. C. Galle. F. Ertinger fec. Lég. lat. Grav. 16⁰.

1345 Intérieur de la Ste Famille.“ Humilis & Sancta Jesu Christi domestica familia.“ — C. Galle. — Grav. 8⁰.

Gavarni (Sulpice Guillaune dit Paul) Dessin. franç. né à Paris. 13. Janv. 1803. † 14. Juin 1866.

1346 Les débardeurs, le chemin de Toulon, l'Eloquence de la chair, etc. Charivari, etc. 1340—46. Par G. Lith. 4⁰.

1347   3 Dess. Andalouse (Souven. du bal. Chicard. 1841) Lith. 4⁰.
       Carnaval comparè 1752—1852. Bois.
1348   4 Dess. Hist. de politiques. — Les Maris. — Les Gens de
       Paris. — Le diable à Paris. — Par Gav. Lith. & Bois 8⁰.
1349   3 flles. „A Gavarni,“ vignette, paroles du Marquis de Chennevières.
       — Le petit Ramoneur. Grav. 8.⁰ — Le sculpteur.
       Lith. 1838. 8⁰. Dess. de Gavarni.
1350   2 flles. Travestissement pour 1852. Grav. par Desmandryl. Gulliver
       & l'armée lilliputienne. Grav. 8⁰. par Outhwaite. Ga-
       varni pxt.
1351   2 flles. Un trottin. Grav. 8⁰. Le Cte. de Montcerf. Grav. 8⁰. Gav. del.
1352   2 flles. „Les Miettes d'Esope“ fables de Mr. Aug. Roussel, illust. p.
       Gavarni.
1353   Le Journal en image, dess. de Gavarni. Bois par Lacoste jeune. 4⁰.
1354   L'Ecole des Pierrots.   id. 4⁰. F. Pierdon scp.
1355   2 Dessins. Bois 4⁰. — Les Parents terribles. — Le Partageuses.
       Dess. de Gav.
1356   Un badaud (Les Parisiens) 1857. — Lith. 4⁰. Marges.
1357   2 flles. Le Carrousel (Printemps) Journal de la Cour. Lith. 8⁰. —
       Seule. par Gav. Lith. 8⁰.
1358   Le Jardinier du Cimetière. Pibaraud scp. Grav. color. 8⁰.
1358bis Le Journal en image, dess. de Gavarni (La Mode) Bois. 8o.

Géricault. — Peintre franç. né 1791 † 1821.

1359   La tempête. Ebauche de Géricault. Ch. Boquet del. (Rev. des Peintre)
       Lith. 8⁰.
1360   Course de Cheveaux. Dess. de Gér. Lith. 8⁰. (G. Engelmann).
1361   Cuirassiers.   id.   id. 8⁰. (Villain)

Gigoux (J. Franç.) Peintre et lithogr. franç. né à Besançon 8. Janv. 1809.

1362   St. Bernard. Gig. pinxt. Godard scp. Grav. 8⁰.
1363   St. Pierre   id.   id.   Desclaux scp. Grav. 8⁰.
1364   Portrait (Salon 1833). — Gig. pinxit. Grav. 8⁰.
1365   Les petits lapins blancs. Gigoux lith. Grav. 4⁰.
1366   Le Lever   Gigoux lith. Grav. 4⁰.

Girardet (Ch. Samuel) Grav. & lith. suisse né au Locle 1780 † à Vers.
       1863. — **Karl.** Peintre suisse. né au Locle. fils de Samuel, 13
       Mai 1810 † à Paris 24. Avril 1871. — **Edmond Henri** frère.
       du précéd. né à 21. Juillet 1819 Neuchatel, Peintre, grav. lithogr.
       suisse. — **Paul** frère du précéd né à Neuch. 8 Mars 1821,
       Peintre & grav. suisse.

1367 La mort d'un jeune enfant. Peint p. Edm. Girardet. Gravé sur pierre par. C. Girardet père. Salon de 1841. Lith. 8⁰.

1368 L'homme de neige. Dess. fait au village de Brienz 1849. Karl Girardet. Bois. 4⁰.

1369 Capri. — Karl Girardet pinxt. Paul Girardet sc. Grav. 8⁰. (l'Artiste)

1370 L'Ecole buissonnière. — Edm. Girardet pinxt. Salon de 1841. Lith. 8⁰·

1371 Die Schlittenpartie. Gemälde von C. (Edm. H.) Girardet. (1861) (Ueber Land u. M.) Bois f⁰.

1372 Lect. de l'Evang. dans l'Egl. d'Ara Coeli à Rome gravé p. P. Girardet d'ap. O. Blanchard. Grav. 8⁰.

1373 Souvenir des envir. de Marsala. Salon de 1841. Paul Girardet scp. d'ap. Chacoton. Grav. 4⁰.

Granville (J. J.) Dessinat. & Caricat. franç. 1809 † 1847.

1374 Vue d'en haut. sur la rue. — Grav. 4⁰.
1375 En tête des scènes de la vie des animaux. — Godard scp. 8⁰.
1376 Sganarelle. Granville pinxt. Tavernier scp. Lith. 4⁰.
1377 Son portrait p. Ch. Jacque chez. Avenier. Grav. 8⁰.

Greuze (J. B.) Peintre franç. Tournus 1726 † 1805. Paris.

1378 La Cruche cassée. Photogr. copiée de son tableau au Louvre. Ov. 8⁰.
1379 L'Etude. Greuze pinxt. Grav. p. Ed. Hédouin. (Gaz. des B. Arts) Grav. 12⁰.
1380 Trop tard. — Greuze pinxt. Zincograv. 1897. d'ap. son tableau (Messager évang.) f⁰.
1381 L'heureux Ménage. Greuze pxt. Grav. d'ap. l'orig. qui se vend chez. M. Greuze., légende franc. vignette. Grav. f⁰.
1382 Le testament déchiré. — Grav. p. J. Ch. Levasseur., dédic. fr. Gs. f⁰.

Hals (Franz) Peintre flamand. 1584 † 1666.

1383 Portr. d'homme. F. Hals pinxt. (Musée de Berlin) Heliog. 4⁰. (Rev des Musées.)
1384 Le Joueur de flûte   id.   id.   id.
1385 La Sorcière   id.   id.   id.
1386 La Joueur de viole   id.   id.   id.
1387 1. La Pêcheur   id. (M. d'Anvers)   id. 8⁰.
      2. La Bohémienn   id.   (Louvre)   id. 8⁰.

Heim (Franç. Jos.) Peintre d'hist. franç. né à Belfort 16 Déc. 1787. † 2. Oct. 1865.

1388 Ste Marguerite de Cortone. Heim del. d'ap. Carl Maratte Lith. 4⁰.
1389 Martyre de Ste Julitte & de son fils St. Cyr. Heim pinxt et del. Lith. 4⁰.

Holbein (Hans) le Vieux. Peintre, grav. allem. né vers 1460 † 1524 (s'établit sartout à Augsbourg). — **Hans** (le Jeune) fils du précéd. né vers 1495 à Aug-bg. † Oct. 1543 à Londres de la peste.

1390 Die Madonna des Bassler Burgermeisters Meyr. H. Holbein d. Jüngere. (Grossherz. Schloss Darmstadt). Klassischer Bilderschatz. Zincogr. 4⁰.

1391 La Cène. Peint p. Jean Holbein. Dess. & grav. à l'eau forte p. G. Gmelin. Terminé por B. Hübner. Chret. à Mechel excudit Basil. 1782. — Gd. f⁰. Grav. (Musée de Bâle).

1392 Même sujet. Photograph. Braun. Gd. fl.   id.

1393 Oeuvre de Holbein publiée p. Ch. de Mechel (Christian à Mechel 1782. — 10 pl. gravées : La passion de Notre-Seigneur Joh. Holbein delineavit. 8⁰. Texte franç.

Huet (Paul) Peintre paysag. franç., né à Paris 1804 † 1869.

1394 Vue d'Auvergne. P. Huet pinxt. Alophe lith. — Lith. 4⁰.

1395 Le Crépuscule   id.   Français del.   id. 8⁰.

1396 Le Midi   id.   Grav.   4⁰.

1397 Ustensils.   Dess. p. P. Huet. Auvray Grav. Sauguine 4⁰.

1398 Bouc sauvage peint p. Huet. — Miger grav. Grav. 4⁰.

1399 2 Dess. de Huet (Singeries). — Le Maitre peintre. — L'Organiste ambulant. Grav. p. Gaillard. 8⁰. (Gaz. des B. A. Nov. 1893.)

Jaque (Charles) Peintre & grav. franç. né à Paris 23 Mai 1813. Son frère **Emile** J. & son fils **Léon** J. (né 1848 † 1871) égalt graveurs.

1400 Lavandière. Fond jaune. 12⁰. Grav. Marges Ch. Jacque.

1401 Enfant & poupée   id.   id.   id.   id.

1402 La prière   id.   id.   id.   id.

1403 2 Grav. p. Ch. Jacque. — 1. Le Soir, Marvy inv. — 2. Le vieux Pauvre. Ch. J. inv. & scp. 12⁰. Marges. av. l. l.

1404 2 Grav. p. Ch. Jacque. 1. Ferme à St. Côme 1843. — 2. Buveur 1843 16⁰. Marges. a. l. l.

1405 La traversée par Van de Velde. Le Poittevin. pinxt. Ch. Jacque scp. Grav. 4⁰.

Johannot (Tony) (1803 - 1852). **J. Alfred.** Peintres & grav. français.

1406 1. L'Ange. F. Johannot pinxt. Grav. 8⁰. p. Masson. 2. Le Peintre id. del. grav. 8⁰. p. Perret.

1407 4 flles. Voyage sentimental. Musique antique. Memoires de 2 jeunes mariés. — Intér de Théâtre. Bois & Grav. 8⁰.

1408 3 Grav. 8⁰. La prison d'Edimbourg. — Sous les tilleuls. 1832. Johann. pxt.

1408bis 2 flles. La Confession. Alfred Johannot pinxt. Lith. 8⁰. Jeanne
        Hachette. Grav. 8⁰.

1409   2 „ Rob-Roy. 8⁰. — Cath. d'Aragon & Thomas Morus. 4⁰. Jo-
        hannot pxt.

1409bis 10 „ & lithog. de Tony Johannot.

Kauffmann, (Angelica) Peintre franç., née à Coire en 1741, épousa le
        peintre Zucchi, † 1807.

1410   — Son portrait par elle-même au Louvre. Photogr. f⁰.

1411   — Il carro d'amore. F. Pedro scpt. Grav. f⁰.

Lawrence (Sir Thomas) Peint angl. né à Brigton 13 Av. 1769 † 7.
        Janvier 1831 à Londres.

1412   — Lady Wallscourt.

1413   — The Comtess of Blessington

1414   — The Duchess of Sutherland

Le Clerc (Sébastien) Dessin. & grav. franç. né à Metz 1637 † 1714.

1415   — Achille chez Lycoméde. Inv. & grav. par S. Le Clerc. à P. chez
        Basset. Légende franç. f⁰. marges.

1416   — A l'Académie des Sciences & des Beaux Arts. p. Sébast. Le
        Clerc. Invent. Heinr. Jonas Ostertag sculpt. Lég. lat.
        & all. grav. f⁰. (Gaz. des B. A. 1 Nov. 95)

Le Moyne (Franç.) ou le Moine Peintre franç. Paris 1688 † 1737.

1417   — Andromède & Persée. Grav. f⁰. Haered. Jer. Wolff exc.
        Lég. lat. & allem.

1418   — Allégorie à la gloire de Louis XV. Cars scpt. Grav. 8⁰. Lég.
        franç.

Le Roux (Jean Marie) Graveur & dess. franç. né à Par. 6. Jan. 1788
Le Roux (Charles) Grav. & homme polit. franç né à Nantes 25 Avr. 1814.
        † 1871. Son fils Celestin peintre (Sal. 1853 & 61).
        — (Hector) Peintre classique franç. né à Verdun 27 Déc. 1829.
        — (Eugéne) Peintre, grav. & lith., né 1820.

1419 Buveur. Eug. Le Roux. Grav. 4⁰. (1840)

1420 Lara (Byron) Eug. Le Roux. Lith. 4⁰.   (id.

1421   Salvator Rosa chez les brigands. Eug. Le Roux. lith. Guignet pxt.
        Lith. 8⁰.

1422 La première sortie de Don Quichotte.   id.   id.
        Adrien Guignet pxt. Lith. 8⁰.

1423 Sentinelle bachibouzouk E. Le R. del. Decamps. pinxt. Lith. 8⁰. Marges.

1424 Une prairie. Ch. Leroux pinxt. Francais del. Lith. f⁰.

1425 **Paturage. id. id.** Louis Marvy scp. Lith. f⁰ teintée.

Lesueur (Eustache) Peintre fr. Paris 1617 † 1655. —

1426   St. Bruno en prière. — E. Le Sueur pinxt. Ingouf Jne sep. 18 8. 1°.

1427   — Vénus présente l'Amour à Jupiter id Desplaces sep. Gr. 1°.

1428   - Allégorie   Le Sueur inv. & pinxt. Nic. Tardieu
     sept. Grav. 1°. Lég. franç. & lat. (Rare)

1429   — Vénus irritée contre l'Amour, ce dieu se réfugie dans les bras
     de Cérès. Peint par Eust. Le Sueur. Dess. par Picart
     Grav. p. Desplaces. Grav. 1°.

1430   - 2 Grav. par Guyot. d'apr. Le Sueur. Grav. 8°.

Lévy (Emile) Peint. franç né à Paris 29 Août 1826.
     (Henri Léopold) Peint. fr. né à Nancy 23. Sept. 1840.

1431 Réclame pour le Papier Rigollot. Emilo Lévy. 8°. Grav. Marg.
                            id.   id.
1432 Même planche
1433 Grav. Réclame pour le Cataplasme Lelièvre
                          id.   id   id
1434   - Même. planche

Lindner, J. M. Grav. autrich. Klagenturth 1738 † 1809.

1435   ... 11 Grav. de J. Lindner. Sujets italiens. in 32°.

Lorrain (Claude Gelée dit) Peintre & dess. franç. Champagne 1600
     † 1682 Rome.

1436   . Paysage & troupeau. Gravé par J.J. D B. t°. (Du Cabin.
     de Mr. Mayeuvre de Champrieux.)

1437   -- 2 flles. 1. Port itaien Gravé par Beaujon. — 2. Paysage, 3
     personnages & un chien. Heliogr.

Madou (J. B.) Peintre belge. Bruxelles. 1796 1877.

1439 2 Lith. 4°. par Jorel del. 1. Van Dyck à Londres. 2. Van der Meulen
     à Valenciennes.

1440 1 Grav. 8°. Le Bottier. Ch. Billoin sculp. Grav. 8°.

Marvy, (Louis) Grav. & lithog. Jouy 1815 † 1850 Paris.

1441a   1. En tête d'Etudes par Marvy Lith. 8°.
     2. Maison dans les bois   id Lith. 8°.

1441b   - Chemin de forêt. No. 12.   id Grav. 8°.

1441c   --- Clairière   id Grav. 8°.

1441d   . Bois & eau   id Lith. teintée 4°.

1442   — Le Soir No. 2.   id Lith. 8°.

1443   --- 1. Lisière de foret   id Lith. ov. 12°.
     2. Cascade dans le Cumberland L. Marvy. p. Grav. 8°.

1444   --- La Passerelle. Ch. de Tournemine pxt. L. Marvy. sep. 8°.

1445   — Moulin à vent. Louis Marvy. Lith. 8°.

1446   —   id.   id.   Lith color. 8°.

1447		Lavoir	id.	id	id
1447	--	Canal	id.	id	id
1449	...	Moulin	id.	id	id
1450	—	Vieilles Maisons & Pont id	id	id

Mellan (G. Claude) Peint. & grav. Abbeville 1598 † 1688 Paris.

1451   —   La vie des S. S. Pères du désert. G. Mellan inv. & fec. Grav. 8⁰.

1452   —   l'Hercule de Farnése, vue de devant. G. Mellan fec. Romae Grav. f⁰.

1453   Saint en prières. G. Mellan inv. et fec. 1660. Lég. lat. Gr. f⁰·

Monnier (Henri Bonaventure) Acteur. caricaturiste, auteur et écriv. franç. Né à Paris 6. Juin 1799 † 3. Jan. 1877 à P.

1354   En tête de Journal. — Femmes & enfants, croquis. H. Monnier del. Lith.

1455   Scénes popul. Croquis. Le Laitier, le Remouleur sisisi, etc. H. Monnier del. Lith.

1456   —   „Le voilà revenu sur l'eau." — Grav. color. 8⁰ (caricat.) H. Monnier. Imp. lith. d. J. Cluis.

Murillo (Bartol. Esteban) (1618—1682) Peintre espagnol. (1618—1682).

1456bis   Bouquetiére espagnole. — P. Lightfoot sculpt. 4⁰. De la Galerie Durwight. (Les beaux Arts).

1457   Mariae Verkündigung. A. Redan xylogr. f⁰.

1458   2 flles. 1. Vierge & Enfant. Lith. par Nehrlich 8⁰. — 2. Don César & Arabella. Grav. par Krepp.

1459   2 „ Johannes der Täufer als Knabe. — Vierge de Madrid. — 2 Photogr. 8⁰. (Taschenkalender).

Nanteuil (Leboeuf Celestin) Peintre grav. et lithogr. fr. né à Rome 1813 † 1873 à Marlotte. — Robert N. Peintre fr. Né 1823 † 1878 (Nagler. V. 3. p. 283)

1460   Ste famille. Grav. 8⁰. C. Nanteuil 1833.

1461   —   Perdition. — Séduction. — 2 tabl. de M. Cél. Nanteuil. Sal. 1859. Grav. p. Linton. 8⁰.

1462   4 flles. 1. Le Ramier messager Lith. 8⁰. — 2. Le Renaissantes. — 3. Fin de Combat. Grav. (le Musée) 4. St. Antoine, Grav. 8⁰. (le Musée.)

1463   —   La Promenade. Eug. Isabey pxt. Cel. Nanteuil lith. 4⁰.

1464   —   Les Yeux bleus. Le Montagnard centenaire. 2 lith. per Celest. Nanteuil 1841. — 8⁰.

1465   —   Basse cour. Ph. Rousseau pxt. C. Nanteuil lith. 8⁰. (All. des Arts).

1466	—	Avenir! Cel. Nan t. pinxt. & lithog. Salon de 1857. Lith. gr. des marges. f⁰.
1467	—	Souvenirs! „ „ „ „
1468	—	Le Portrait au miroir d'ap. Ch. Chaplin. Lith. 8⁰. (L'Artiste 1840).
1469	—	Louvois (1641—1691). Nanteuil (Rob.) pxt. Belliard del. Lith. 4⁰.

Nargeot (Adrien) né à Paris (Nagler V. 3. 384.)
          „   Clara Agathe né Thénon † 1829 Paris. Graveurs & litho. franç

1470		Les bourguemestres distribuant le prix du jeu de l'arc. Adr. Nargeot d'ap. Van der Helst. Grav. 8⁰.
1471	—	Scène d'intérieur. Adr. Nargeot d'ap. Jean Verkolie. Grav. 8⁰.
1472	—	Dame & militaire. Clara Nargeot d'ap. Metzu. Grav. 8⁰.
1473	—	Portr. de Charles 1. Roi d'Anglet. Nargeot scp. Maynier del. Van Dyk pxt. Grav. 8⁰.
1474	—	„ de l'Infante Marg.-Thérèse (1631—1673) Adr. Nargeot scp. Velasquez pxt. Grav. 8⁰.
1475	—	2 Grav. par Nargeot. 1. Mort d'Armand Carrel (Juill. 1835.) Jeanron del. 2. Ste Cécile d'ap. Landelle Salon de 1840.
1476	—	3 Grav. par Nargeot. 1. Le Christ au Jardin des Oliviers d'ap. Guido Reni. — 2. Les Assiégés de Rouen. Hillmacher pxt. — 3. Clarisse Somerghem. Philipoteaux pxt. — 8⁰.
1477	—	2 Grav. 1. Le Tasse, peint p. Naudin. — 2. Milton, peint. p. Guillemin. 8⁰.

Neue ou Neve (Fançois de) Grav. flam. Anvers 1627 † 1681. (Bartsch V. IV. 133).

1478	—	Pastorale „le Berger debout" F. de Neue inv. Dietricy. fc. An. 1740. — Grav. 4⁰. (B. V. IV. 133. 12. E.)
1479	—	Le Berger assis. — Fran. de Neue in. — Grav. 4⁰.
1480	—	Le Chien. dressé. id id

Ostade (Adrien van) Peintre & grav. flam. né 1610 à Lübeck † 1685 à Harlem.

1491		La Grange. Ad. v. Ostade 1647. Epreuve claire. Grav. 8⁰. (Dutuit. V. 23. 234).
1482	—	id Epreuve foncée. id.
1483	—	„Le jeu de courte boule Flamand." Ad. van Ostade pinxt. Benazech scpt. f⁰.
1484	—	„La fête sous la treille" A. v. Ostade f. Grav. 8⁰. (Dut. V. 47. ⊤. 262.)
1485	—	„La tendresse champêtre" Ad. v. Ostade. „ (Dut. V. 11. p. 224.)
1486	—	„L'homme appuyé" id. (sig. sous la fenêtre.) Grav. pet. 8⁰. (Dut. V. 9. p. 225.) id

| 1487 | — | „Le fumeur à la fenêtre" Ad. v. Ost. Grav 8⁰. („Dut. V. 10. p. 224.) |

1487   —   „Le fumeur à la fenêtre"   Ad. v. Ost. Grav 8⁰.
       („Dut. V. 10. p. 224.)

1488   —   „Un peintre" A. v. Ostade fec. & excud. Légende lat. Gr.
       4⁰. (Dut. V. 32. p. 245.)

1489   —   Près de la Cheminée. Ad. v. Ostade pinxt. Cornelius de
       Visscher scpt. — Nicolaus Visscher excud. — Grav.
       Gd. f⁰.

1490   —   „La famille" A. v. Ostade 1647. Grav. 4⁰. (Dutuit V. p. 260.)

1491   —   „Les 2 commères" A. v. Ostade. Grav. pt. 8⁰. („ V. 40. p. 252).

1492   —   „Le paysan payant son ecot" A. v. Ostade Grav. 1/2 8⁰. Dut.)
       V 42. p. 254).

1493   —   „L'homme conversant avec une femme." A. v. O. id. (Dut.
       V. 37. p. 250).

1494   —   „Le Vielleur." A. v. Ostade. 1647. (Dut. V. 10. p. 223).

1495   —   „Le fumeur riant." A. v. Ostade (Dut. V. 8. p. 221).

1496   —   3 Grav. toutes marges. 1. Gueux enveloppé d'un manteau
       16⁰. A. v. O. 2. Gueux debout 16⁰. A. v. O. 3. L'homme
       qui pisse, 2e Etat (161—109 mm.) A. O. S. — (Dut. V.
       p. 267. 233 234).

1497   —   Fête sous le grand arbre. Reprod. 8⁰. (Dut. V. 48. p. 263).
       (Bartsch. 48.) Au dos. 4 Cavaliers grav. de Danker
       Dankerts. Reprod. 16⁰.

1498   —   „Le Vielleur" Adr. v. Ostade pinxt. Heliograv. 1/2 8⁰.

Ostade (Isaac van) frère de précédent. Peint. de genre & animalier
       flam. 1617—1757.

1499   Paysage d'hiver. Isaac v. Ostade pinxt. Guyot scp. Grav. 1/2 f⁰.

Piazetta, (Giovanno Battista) Peint & grav. ital. Venise 1682 † 1754.

1500   —   Deux jeunes gens. Gio. Batta. Piazzetta del. Nicolaus Cavalli
       sculp. f⁰. Grav.

1501   —   Sanctus Philippus. — Johannes Bapt. Piazetta pinxt. Marcus
       Pitteri scpt. Venetii. Grav. f⁰.

1502   —   Jeune femme. — Gio. Batta Piazetta inv. Teodoro Viero
       scp. Venetia. Grav. f⁰. Leg. ital.

Picart (Bernard) Dessin. & grav. Paris 1673—1734.

1503   La Chute d'Icare B. Picart inv. 1731. — Grav. f⁰. Encadrt.

1504   —   Glaucus changé en dieu marin   id   id   id

Philippoteaux (Félix, Emmanuel, Henri). Peintre et dessinat. franç.
       né à Paris le 3 Avril 1815.

1505   1. Henri IV & Gabrielle. Philippoteaux del. P. Girardet scp. Grav. 8⁰
       2. Lettres de Milady Catesby. Staal del. Geoffroy scp
       Grav. 8⁰.

1506   —   2 Grav. Philippoteaux del. 1. Mr. de Miremont. 2. Le roi
       Jean à la bataille de Poitiers. Grav. p. Legay. 8⁰.

1507	—	2 Grav. Philip del. 1. Henri II & Diane de Poitiers. Pauquet scp. 8o. 2. L'Adieu. Legay scp. 8⁰.
1508	—	2 Grav. Philip. del. 1. Louis XV à Fontenoy. 2. Louis XIV et La Vallière. — Léchard scp. 8o.

Poussin (Nicolas). Peintre franç. né aux Andelys 1594 † 1665.

1509	—	Son portrait peint par lui-même. Maurin del. Lith. f⁰.
1510	—	Jésus devant Pilate. Langlois scp. Grav. 8o.
1511	—	4 Grav. d'ap. N. P. gravés par Villiers Jne 16⁰. 2. Education de Bachus, gr. à l'eau f. p. Chataigner. 8o.
1512	—	Le Veau d'or. N. Poussin pinxt., terminé au burin p. L. Surugue Lég. fr. Grav. f⁰.
1513	—	Le Christ devant Pilate. N. P. pinxt, Anadia Stili scp. Grv. incompl.
1514	—	Le Christ trahi par Pierre id id id id.
1515	—	L'Assomption de la Vierge id id Dess. & Grav. p. Langier Gr. fo.
1516	—	L'Education de Bacchus id id Castellus del & fec. id id.

Prudon père. Peintre franç. ou Prud'hon (Pierre Paul) et P. fils. 1758-1823.

1517	—	5 feuilles : L'Agriculture, Le Commerce, l'Etude, l'Industrie, les Sciences, dessinés par Prudon père et gravés par Prudon fils. Déposé à la Bibl. imp. Lith. fo. toute marge.

Raffet (Denis Aug. Marie) Peintre & dess. franc. né à Paris. 1 Mars 1804 † à Gênes 18. Fév. 1860.

1518		18 Brumaire. — Raffet. Grav. 8⁰. (Hist. gale de la Rév. franç.)
1519	—	Provins 1814. Raffet. Lith. f⁰.
1520	—	2 Grav. 8⁰. id del. 1. Hohenlinden. Boilly sc. — 2. Combat de Montereau. Ferdinand sc.
1521	—	2 Grav. 8⁰. Raffet invt. 1. Prison de l'Abbaye. Sept. 1792. A. Lefèvre sc. — 2. Bataille des Pyramides. Bein sc.
1522	—	Les adieux de Fontainebleau. Raffet del. Gate sc. Grav. 8⁰.
1523	—	3 Grav. 16⁰. Raffet del. — 1. Au Pape. Gaitte scp. — 2. La Guerre. Burdet sc. 3. Le Braconnier. Burdet sc.
1524	—	1. Le Testament de Pigault-Lebrun. Lith. 8o. p. Raffet. 2. Lacroix d'honneur. Raffet del. Burdet aq. fort. Grav. 16⁰.
1525	—	Episode d'Algérie. Raffet lith. 1838. f⁰.

Roqueplan (Jos. Etienne, Camille Rocoplan dit) Peintre et dessin. franç. né à Malmort (B. du Rh.) 18 Fév. 1802 † 29 Sept. 1855.

1526		Le repos. C. Roqueplan. Lith. 8o.
1527	—	Vue prise dans les Vosges. C. Roquelan d'ap un pet. tabl. apart. à Mr. Bétourné (auteur des Romances) Lith. 8⁰. **(Revue des Peintres.)**

| 1528 | — | Vue de La Haye. Cam. Roqueplan pinxt. Gravé par Lucas. Grav. 8⁰. |

1528   —   Vue de La Haye. Cam. Roqueplan pinxt. Gravé par Lucas. Grav. 8⁰.

1529   ·   Chasseur breton. C. Roqueplan lith. 8⁰. (l'Artiste).

Raphael (Sanzio ou Santi) Peint. ital. né 6 Avr. 1483 à Urbino † à Rome 6 Avr. 1520.

1530   4 Grav. au trait. La Vierge au linge. La Belle Jardinière (Louvre). Ste Famille (le Réveil). — La Vierge au donataire.

1531   L'Ecole p'Athènes, Etude à 2 crayons. Gravé sons la conduite de Nicolas Le Sueur (Cab. de Mr. Crozat) Gr. f⁰

1532   · 2 lith. Etudes. Michel Holbout lith. — 1 heliogr. Die Darstellung im Tempel (Loggia des Vatican).

1533   · Portr. de Bramante. copié par Varari d'ap. une étude de Raph. Heliogr. Dujardin 4⁰.

1534   — Ste Cécile (à Bologne) Grav. 8⁰.

1535   — St Luc. Cornelius Blomaert grav. à Rome f⁰. Légende lat.

1536   — Adam & Eve. Wend Zelico scp. Grav. 8⁰.

1537   ·· Psyché findet den Amor bey den seligen Göttern. Nach. Raph. Lith. de Engelmann 8⁰.

1538   — Madonna della Sedia año 1516 (à Florence) Photogr. alb.

1539   — La Vierge aux Candelabres. — MF. Diens scp. Méd. Gr. 8⁰.

1540   — La Belle Jardinière. (Louvre) Grav. color. Brion scp. Grav. 8⁰. (l'Artiste).

1541   — La Vierge à l'Oiseau. — Lith. 8⁰. p. Chalmel & Maurin. (Musée chrétien)   „   „

1542   — La Vierge & l'Enfant dit „le Matin." Parf. Augrand. sculp. 1,2 f⁰.

1543   · Madonna del Granduca (Gal. Pitti Florence) env. 1506. Xylog. Weber. 4⁰. Voir au verso.

1544   — Madonna del Granduca   Lithog. 4⁰.

1545   —   id   id   Xylogr. 8⁰.

1546   — Die heilige Caecilia. Grav. sur bois par Redder. f⁰.

Rembrandt (Paul van Ryn) Peintre & grav. holland., né 15. Juin 1606 à Leyden † 8. Oct. 1669 à Amsterdam.

Ses Portraits.

1547   Eigenes Portrait. (Gal. Pitti Florenz) Photogr. 8⁰.

1548   R. à la plume. Mme. Sauvageot del. Lith. de F. Noël. Lith. f⁰.

1549   4 portr. gravés par lui même. 16o. — Dut. V. 205. 309. 311. Grav. 32o.

1550   Rembr. appuyé 1638. — Dut. V. 21.— 6 Tétes Rembr. 1636. — 2 Reprod. grav.

1551   2 fls. 1. R. dessinant. Peint par Baume. Gravé p. Desjardins 8⁰. Grav.

	2. R. au collier & au haussecol. Selbstportr. Heliograv. 8⁰.
1552	2 fils. 1. R. à la plume. Grav. buste à dr. — 2. R. à la toque & au collier. Oval à dr. 2 grav. p. Bourtrois. 16⁰.
1554	R. appuyé. Gravé par lui-même. 1639. Grav. 4⁰. — Dut. V. No. 21.
1555	R. à l'oiseau de proie. R. 1631 au 1634 Grav. 8⁰. — Dut V. 3.
1556	R. au chapeau, dessinant près d'une fenêtre. R. 1648. Gr. 4⁰. — Dut. V. 22.
1557	R. agé. — Portr. p. lui-même. Dess. p. J. B. Wicar. Grav. p. H. Gutemberg. Ed. ov. 8⁰.
1558	R. vieux. — Portr. p. lui-même. Aq. fort. par J. Jacquemard 1869. Ex Museo L. Double. Grav. 4⁰.

Femmes.

1559	Vieille femme assise (avec une fraise). Date présumée 1632·
1560	Même planche.
1561	Vieille femme au voile noir (la mère de R.) Remb. pinxit Buste à y. Ov. 8⁰.
1562	Même planche.
1563	La mère de Rembrandt Rb. 1631. Grav. 16⁰. Buste à dr. 1er Et. Dut. V. 337.
1564	La mère de Rembrandt. 1628. „ 16⁰. id. Dut. V. 342.
1565	Vieille mendiante id. 1646. „ 16⁰. Dut. V. 166.
1566	Femme devant le poële id. 1658. „ 4⁰. Dut. V. 194.

Hommes.

1567	Lutma Jean. Orfèvre à Groningue. Rembr. scp. 1655. 1er· Etat Dut. V. 492. 265.
1568	id. id. id. 2er· Etat id. id. id. cartonné.
1569	Lutma Johannes aurifex natus Groninguae id. 2er· Etat Dut V. 492. 265
1570	id. Lutma Johannes aurifex natus Groningue. Photogr. faite en Nov. 1899. ¼ grand. d'après un tableau à Strasbourg attribué à Rembrandt. (Collect. Hugueny)
1571	Paysan la main derr. le dos. Rembrandt 1633. 32⁰. Dut. V. 134.
1572	Même planche.
1573	L'Aveugle vu de dos. Rembrandt. Grav. 16⁰ long. id. 149.
1574	Même planche.
1575	Petite figure polonaise. Rb. 1635. Grav. 32l. long. id. 140. (trés rare)

1576	Tête orientale. Rembrandt fec. 1639. Grav. 8⁰. carré B. à. g. Dut. V. 284.
1577	Même planche.
1578	Vieillard à longue barbe. Dut. 1630. Grav. 8⁰ B. à dr. V. 305.
1579	Même planche.
1580	Gueux grimaçent. Remb. fec. 1634. Grav. 16⁰ long. — Légende holl.
1581	Vieillard à barbe courte, en pied. Rb. Grav. ¹/₂ 8⁰. carré. — Dut. V. 147.
1582	L'homme nu assis. Rembrandt f. 1646. Grav. 8⁰ long. Dut. V. 190.
1583	Le Philosophe en méditation. Rembrandt pinx. Lud.ᵘˢ Surugue sculpsit 1751. Grav. fo. Armes. Du cabinet du Cᵗᵉ· de Vence.
1584	Même planche.
1585	Le Philosophe en contemplation. L. Surugue. 1754. id. id.
1586	Même planche.
1587	Jonghe (Clément de) célèbre Mᵈ· d'estampes d'Amsterd. Remb. scp. 1651. Dut. V. 263. Grav. 4o.
1588	Tol (Dr. Petrus van). Remb. scp. 1654 ou 1656. Dut. V. p. 270. Grav. 4o.

Ancien Testament.

1589	Adam & Eve. Rembrandt fec. 1638. Grav. 8o. Dut. V. 35.
1590	Abraham caressant Isaac. id. (1636) Grav. ¹/₂ 8o. pap. jaune. Dut. V. 38.
1591	Même planche. pap. bl. — id.
1592	Abraham avec son fils Isaac (au fagot) Rembrandt 1645. Grav. 8o. Dut. V. 39.
1593	Abraham chassant Agar. Rembrandt 1637. Grav. petit 8o. Dut. V. 37. 2ᵉᵐᵉ Epr. achevée.
1594	id. id. 1636. Grav. 4o· Epr. inach. Dut. V. 37 (du Brit. Mus.)
1595	Même planche.
1596	L'enfant prodigue. Remb. 1642. Grav. 4o. Non relaté. par Dutuit.
1597	L'ange disparaissant de la famille de Tobie. Rembrandt pinxit. Guyot scp. Grav. 8o. — Dut. V. 46.
1598	Le triomphe de Mardochée. Remb. scpt. entre 1640 & 1645. Grav. fo. — Dut. V. 341. No. 48.
1569	Samson menaçant son beau père. Remb. pinxit 1635. — Gall. de Berlin. gravé par Schmidt 1775. 4o. — Bode: Rembr. III. No. 167.

Nouveau Testament.

| 1600 | Le repos en Egypte. Grav. au trait. Rembr. 1644. Grav. 8o. — Dut. V. 63. No. 358. |

1601	La Vierge au lange (Ste. Famille). Rembr. Hermansoon. Dut. V. 65. No. 454.
1602	Le denier de César. Rembrandt scp. vers 1635. Grav. 16o. Dut. V. 81.
1603	La pièce aux 100 florins (le Seigneur guérissant les Malades) 1650, à droite. Dut. V. 77. Grav. fo.
1604	id. reproduct. Henri Linton scp.
1605	Jésus au Jardin des Oliviers. Rembr. 163? —. Grav. 1/2 8o. — Dut. V. 82.
1606	Même planche.
1607	Jésus et la Samaritaine Remb. 1639 grav. 8o.—Dut V. 73. No.361.
1608	Jésus réveillant Lazare Remb. 1642 grav. 8o. — Dut. V. 78. 1er Et.
1609	La descente de Croix Remb. 1642 ou 44. grav. 4o. Dut. V. 90. No. 380.

Paysages.

1610	Paysage au Canal. Rembrandt scp. Grav. '/2 8o long. — Dut. V. No. 253. P. 451.
1611	Anc. vue d'Amsterdam „ 1640 „ 1/2 8o carré. — Dut. V. 207. p. 449.
1612	Effet de soleil couché „ pinxt. Reynolds copie. L. Marvy scp. grav. 8o. Au dos soleil levant id. id. id.
1613	Le Moulin. Rembrandt pinxt. 2 Grav. 4o. Typogr. Plon.
1614	Les 3 Maisons à pignons décorés. id. id. 1670. — L. Marvy scp. 1843. Grav. 8o. — Bartsch 217.

Plusieurs figures sur une feuille ou sur plusieurs feuilles.

1615	1 feuille avec 6 têtes (dite „la famille de Rembr.") Saskia au milieu. Rembrandt f. 1636. Grav. 8o. — Dut. V. p. 353.
1616	1 „ avec 4 têtes. Rembr. f.1639. Grav. 1/28o. long.
1617	„ „ Les 3 mendiants à la porte d'une maison. Rembrandt f. 1648. Grav. 8o. Dut. V. p. 172.
1618	„ „ Mariage de Créuse et de Jason. Rembr. f. 1618. Grav. fo. — Dut. V. p. 172.
1619	„ „ Le marchand de mort aux rats. R. B. R. f. 1632. Grav. 8o. — Dut. V. No. 122.
1620	„ „ Le joueur de flûte. — Rembrandt. J. G. Hertel excud Grav. 8o.
1621	2 feuilles 1. 4 têtes hommes & femmes. Remb. 1639. grav. 16o. 2. Petite figure polonaise. R. H. 1639. grav. 32o. — Dut. V. 140. (très rare)
1622	2 id. 1. Vieillard à grande barbe. R. 1630. Grav. 10o. — Dut. V. 305. — 2. Vieille femme assise, avec une fraise. Rembr. — Grav. 8o. Dut. V. 333.

1623	2 feuilles	1. Petite fig. polonaise. R. H. 1635. Grav. 32o. — Dut. V. 140. (très rare).
		2. L'Aveugle vu de dos. Grav. 16o. id. — Dut. V. 149
1624	2 id.	1. Vieillard à longue barbe. R. 1630. Grav. 16o. — Dut. V. 305.
		2. Paysan la main derrière le dos. Grav. 32o. R. 1633 — Dut. V. 134.
1625	2 id.	1. Petite figure polonaise. R. H. 1635. Grav. 32⁰. — Dut. V. 140. (Très rare) —
		2. La femme qui pisse. R. H. 1631. Grav. 16⁰. — Dut. V. 188.
1626	2 id.	1. 4 têtes de femmes & hommes. R. 1639. grav. $^{1}/_{2}$ 8⁰. long. Dut. V. 184.
		2. Le moine dans les blés. Rembr. 1631. grav. 16⁰.
1627	2 id.	1. Le fille de Rembr. 1631 grav. 16⁰. —
		2. Soldats jouant aux cartes. Rembr. f. (1ère marche.) Grav. 32⁰.
1628	3 id.	1. Gueux souriant. Rembrandt. Lég. — Dut. V. 163.
		2. Gueux grimaçant Rembrandt fec. 1634. Légend. Dut. V. 173. —
		3. Vieillard à longue barbe. R. 1630. — Dut. V. 305. Grav. $^{1}/_{2}$ 8⁰.
1629	3 id.	1. Bildniss eines Alten. Photograv. d'apr. un tableau. 8⁰.
		2. Saskia. Grav. p. Devilliers Grav. 16⁰.
		3. Vieillard à barbe hérissée. Rembr. pinxt. Grav. p. Boutrois. gr. Ov. Carte. 16⁰.

Riedinger (Joh. Elias.) Peintre et grav. allemand, né à Ulm 1695. † 1767 à Augsbourg.

1630	Dressirter Hühnerhund samt einem abgetragenen Habicht. R. fec & excud. Aug. Vind 1756. — Grav. 4⁰. Voir au dos.
1631	Ein auf Beute ausgehender Tiger. — Grav. 8⁰.
1632	Un dix cors. R. inv. & scp. — Grav. fo. (taché)
1633	Eine Basche mit ihren Jungen oder Frischlingen im Lager. J. El. Riedinger. Inv. pinxt, scpt. & excud. fo. Légende. Grav.
1634	Ruines, frontispice. Joh. H. Roos inv. & del. Joh. G. Hertel excud. Elias Riedinger aq. fort. Grav. Fol.

Robert Fleury. (Tony, Nicol.) né à Cologne 1797.

1635	Henry IV rapporté au Louvre. — Salon 1836 Lith. 8⁰.
1636	Le Titien peignant. — (vers 1840) id.
1637	Charles Quint ramassant le pinceau du Titien. id.

Rubens (Pierre Paul) Peintre flam., né à Cologne le 28. Juin 1577 † 30. Mai 1640 à Anvers.

1638   La Cène. P. Paul Rubenius pinxt. P. Soutemann effigiavit & excud. P. van Sompelan sculp. — Aº 1643. Lég. lat. fec. — Dut. VI. 61.

1639   La Vierge adorant l'Enfant. P. Paulus Rubbens pinxt. S. à Bolswert fecit. Gille Hendrix exc. Antw. Grav. fº.

1640   La Naissance de la Reine. Rubens pinxt. J. B. Nattier del. G. Duchange sculp. Légende fr. Grav. fol. (Louvre).

1641   L'Accouchement de la Reine. — Rub. pxt. J. B. Nattier del. B. Andran scpt. Lég. franç. Grav. fo. (Louvre)

1642   Le Débarquement de la Reine au port de Marseille. J. H. Nattier del. Duchange sculp. 1710. Lég. fr. Grav. fº. (Louvre.)

1643   id.   Morin del. Linton scp. Grav. bois. 1/2 fº.

1644   Nègres (Suite) Glyptotyp. Sylvestre. fº. Musée de Bruxelles.

1645   Entête des Oeuvres de Juste Lipse. Rub. inv. Corn. Gallus scpt. Feuillet sorti des presses de Plantin d'Anvers 1637 sous Balthasar Moretus. (Figure dans la Galerie du Musée Plantin.) Grav. fº. (rare).

1646   3. Grav. 1. Son portrait. Grav. 16º bois. — 2. Stᵉ Famille. Grav. au trait. — 3. Der Liebesgarten.

1647   3.   id. 1. Hélène Fourment & ses enfants. (Louvre). — 2. Es ist vollbracht. (Antwerpen). — Die Auferstehung Lazarus. — Bois.

1648   Mercure & Argus. (Musée de Dresde.) Klass. Bilderschatz Zincogr. 8º.

Ruysdael (Jaques) Peintre flamand, né à Harlem. 1625, † 16. Nov. 1681 à Amsterdam.

1649   Le Petit Abreuvoir. Grav. p. Marquelier, terminé par Lebas en 1774. Grav. fº. (du cabinet La Rochefoucault).

1650   3 Grav. 8º. 2 Paysages. 1 Marine. Grav. p. F. Guyot ainé. —

Saint Non (J. Claude Richard, abbé de) Amat. d'arts, grav. et dessinat. franç., né à Paris 1727, † 1791.

1651   Jésus chassant les march.ᵈˢ· du Temple. Giordano Luca pinxt. (Egl. St Philippe de Nari à Naples). Robert del. Aquatinte de S. N. 1773. 4º.

1652   2 Aquatintes 8º. de S. N. 1. Statue equestre. Robert del. 1766. — 2. Ferme dans un temple. Rob. del. 1760. 8º.

1653   2 Aquatintes 8º de S. N. 1. Circoncision. Guercin pinxt. — (Egl. Jésus Maria à Bologne) Fragonard del. — 2. Offran-

des, Guido Reni pinxt. (Fgl. dei Mendicanti à Bologne)
Fragonard del. St. Non 1772.

Santerre (J. Bapt.) Peintre d'hist. et de portr. Magny (S. & Oise.)
1658 † 1717. Paris.

1654   Le Régent. Santerre pinxt. Grav. p. Fr.^{ois.} Guibert 8⁰.

Schenau (Jean Eléazar). Peintre & grav. allem. né à Schenau près
Zittau 1741.

1655   Le retour désiré. Gravé par Herman de ad Guttemberg. f⁰. Marges („Collect. amusante de diverses et plus fameuses
maitres")

1656   La Méditation. R. Gaillard scpt. f⁰.

1657   Allégorie. Schenau inv. & del. Littret de Montigny sep. 1766.
(Seubert 407). Armes. Lég. fr. Grav. 4⁰.

Stoop. (Dirk ou Thierry. Théodore ou Roderigo) Peintre & grav.
Né vers 1620 † Dortrecht 1566.

1658   Les 2 vieux chevaux. Grav. 8⁰. (Nagler. Vol. 17. 406. No. 3. –
Dut. V. 34.13.) 2ème Etat avant tout No.

1659   Le Cheval qui pisse.   id   (Dut. VI. No. 5 p. 314).

Téniers (David le Vieux) né 1582 à Anvers † 1649 ibid.
T. (David le jeune) son fils. né 1610 à Anvers † 1685. Peintres
et grav. flamands.

Personnages isolés.

1660   Le Vigneron. Le Vasseur sculps. Lég. franç. Grav. f⁰. Du
Cabinet de Mr. de la Prade.

1661   Le Joueur de guitare. Grav. p. Ives 4⁰. av. la lettre.

1662   Le Buveur au broc. Grav. p. Frédéric Hillemacher. 4⁰. Lég.
holl., armes.

1663   L'Hiver. Grav. p. P. L. Surrugue 1749. 4⁰.

1664   Le Frileux. Grav. p. Le Vasseur. Lég. franç. Grav. Du cab.
de Mr. de la Prade.

1665   L'Etameur. Grav. 16⁰.

1666   Le Buveur à la chaise. 1. Grav. p. Yves 1854. av. l. l. 8⁰.
                 2. id.   id. (plus claire).

1667   1. L'homme à la fourrure. Grav. p. V. Bourtrois. 16⁰. –
2. Joueur de cornemuse. Grav. p. Guyot. 16⁰.

Estampes à plusieurs personages.

1668   L'Opération. Peint p. David Teniers le ieune en 1678 et gravé
par Jaques Corlémans en 1703. 4⁰. Armes.

1669	Joueurs de cartes. D. H. Bonnart ex. au coq. Grav. 4^0. lég. fr.
1670	Le Chimiste. J. Th. Lebas scp. Photogr. f^0.
1671	La Tentation de St. Antoine. D. Teniers de Jonge pinxt. Cramer del. Lith. holl. 4^0.
1672	2 Grav. 1. Chasse au héron. Pardoux scp. — 2. le Cabaret. Bourtrois aq. fort. 8^0.
1673	2 files. 1. Divertisst. de paysans holland., ciselé d'ap. son tableau. Photogr. 8^0. — 2. D. Teniers musiquant, d'ap. son tableau. Heliogr. 8^0.

Fêtes.

1674	3e Fête flamande. P. Martini scp. 1771. Grav. 4^u.
1675	Les Montreurs d'ours. Grav. f^0.
1676	Fête dans une grange. Grav. $G^d.$ f^0.
1677	Le Villageois gaillard. Grav. f^0. chez Basset à Paris.
1678	Divertisst. de paysans holland. s. L. Surrugue scp. 1748. Grav. $G^d.$ f^0. (du Cab. de l'Abbé Majinville)

Paysages.

1679	Ferme & paysage. D. Teniers del. — J. G. Hertel excud. Grav. 4^0.
1680	Environs de Dijon id. pinxt. Lebas grav. Grav $1/2$ f^0.
	Armes.
1681	Le vieux Phare id. J. G. Hertel exc. id.
1682	L'Arc-en-ciel. 2e. Vue de Flandre. Le Bas sculp. (Cab. du Chev. de la Roque.) Grav. f^0.
1683	La Moisson. 3e. Vue de Flandre id. id. 1742. id. id.

Terburg ou **Ter Burgh** (Gerhard) Peintre flam. né 1608 à Zwoll † 1681 à Deventer.

1684	Der Trompeter. G. Terburg pinxt. W. French scp. Grav. 8^0.
1685	Väterliche Ermahnung. id. Heliogr. $1/2$ 8^0.
1686	Militaire payant son écot. id. Couché fils scp. Grav. $1/28^0$.
1687	La Leçon de musique id. Davilliers l'ainé scp. id.
1688	La Paix de Westphalie. Terburgh pxt. Jonas Snyderhoof scp. Grav. $G^d.$ f^0. (Dut. IV. N. 103 p. 406.) (Rare).

Tintoret (Jacobo Robusti) Peintre ital. né 1512 à Venise † 1594.

1689	Descente de croix. Peint p. J. Robusti. Grav. p. Croutelle. 8^0. De la Galerie du Palais Egalité.
1690	Grande descente de croix. Tintoret pinxt. Sadler scp. Fol.

Titien (Vercelli) Peintre ital. né 1477 à Cadore (Frioul) † 1576 à Venise.

1691	Offrande. — J. Titian. pxt. P. Lisepius fec. Grav. 8^0.

1692	Mise au tombeau id. Ed. Morin del. Linton scp. Grav. bois f⁰.
1693	2 feuilles. 1. Etudes de mains. Giacomo Franco forma Romae f⁰. 2. Vierge, Jésus, Ste. Agnès, St. Jean. Grav. 16⁰.
1694	2 Photogr. 1. Assomption de la Vierge. — 2. Martyr de St. Pierre. d'ap. Titien: deux tableaux de Venise; (le dernier à été brûlé depuis). 8⁰.
1695	La Jeune fille à la Cassette. — Titien Vercelli pxt. Grav. typogr. 8⁰.

Van Dyk (Ant.) Peintre flam. 1599 † 1641.

1695 bis	Portrait de Charles 1er. — Moynier del. — Nargeot scp Grav. 8⁰.
1696	id. de Buckingham (Musée de la Haye No. 203 ou 204) Yves scp. 1850. — Grav. ¹/₂ 8⁰.
1697	1 feuille avec 2 portraits d'inconnus. Marcet scp. 1807. — Grav. 8⁰. Gal. du Palais d'Orléans.
1698	2 feuilles 1. Femme de Charles. I. d'Anglet. Heliogr. color. ¹/₂ 8⁰. 2. Ein Geharnischter. Héliogr. ¹/₂ 8⁰.
1699	Amour. — A. H. Payne scp. Grav. 8⁰.
1700	S. Paulus. Ant. van Dyck pxt., von Schwerdgeburth gest. Grav. 8⁰.

Watteau (Antoine). Peintre franç. né à Valenciennes 1684 † à Nogent 1721.

1701	Der Mignon. W. French scp. Grav. 8⁰.
1702	The contry wedding (les accordés de campagne). W. Marks. Grav. 4⁰.
1704	„Le joueur de guitard" chez Delâtre. Grav. 4⁰.
1704	Guitariste. Watteau inv. & del. Demarteäu scp. Sauguine. lith. 4⁰.
1705	L'Embarqt. pour Cythére. — (Louvre) Zincogr. ¹/₂ 8⁰.

Wattier, (Emile Ch.) Peintre, Grav. & Lith, franç. Paris 1800—1866. Vers 1840.

1706	Le Quatrain. Em. Wattier inv. & scp. Grav. 8⁰.
1707	La Réveuse. id. & lith. Lith. 8⁰.
1708	La leçon de Mandoline id. H. Berthoud aqua fort. ¹/₂ 8⁰ (L'Artiste).
1709	Une belle matinée id. pinxt. Lith. — Galer. Durand. — Rueil. 4⁰.

Vernet. Famille de Peintres franç.
1) Joseph né à Avignon 14 Août 1719 † à Paris 1789 (Paysa-

giste). — 2) **Charles** (Carle) fils de J. né à Bordeaux 14 Août 1758 † 27 Nov. 1836 à Paris (P. de genre). — 3) **Horace** fils de Charles. né 30 Juin 1889 † 17 Janv. 1863 à Paris (P. de batailles).

1710	Carle Vernet. son portr. par H. Vernet. Lith. 8⁰.
1711	Joseph Vernet. Vue du Golfe de Messine. Suntach grav. 8⁰. Ov.
1712	id. id. de Trieste id. id. Ov.
1713	id. 4 paysages. Guyot. ¹/₂8⁰.
1714	Carle Vernet. Jument avec son poulain. Lith. 1⁰.
1715	id. Cheval arabe harnaché id. 1⁰.
1716	id. Cheval persan id. id.
1717	id. 2 dess. 1. Cerf. dix cors à sa reposée. Grav. p. Gamble. Grav. 8⁰. 2. Marchᵈ de gateaux. Lith. 8⁰.
1718	Horace Vernet. Judith & Holopherne. Grav. p. Pelée. 8⁰.
1719	id. Port. de mer. Lith. 16⁰. long.
1720	2 flls. 1) Bachi - Boujouk (1859) appar.ᵗ à l'Emp. de Russie. Grav. 8⁰.
1721	2) 1814. — Grav. 16⁰.
1722	2 id. 1) Rebecca. & Eléazar. Grav. au trait p. Nap. Thomas 8⁰. Salon 1835. 2) Bonaparte à Arcole. Grav. p. Lafevre. 8⁰.

Vinci (Léonard de) Peintre ital. à Vinci (1452—1529 Paris.)

1723	5 Grav. reprod. en zincogr. (Joconde, etc.) de l'ouvrage d'Eug. Müntz: Leon de V., le penseur, le savant, Hachette 1899.

Vischer. Peintres & grav. holl. 1) **Cornelius de V.**, graveur né à Harlem. 1610. † 1670. — 2) **Jan de V.** † 1667. (frère de C ?) 3) **Lambert** (frère de C ?) né à Amsterdam 1634. † (?)

1724	Un nègre dans un paysage. C. de Vischer ad vivum deliniavit. J. de Vischer scp. Lég. holland. (Dut. VI. 534). Grav. 4⁰.
1725	Troupeau d'ap. Berghem (2 vaches. un âne, un mouton augué) J. Vischer fec. Fredér. Widt exc. Grav. 4⁰.

Vos (Martin de) Peintre & grav. flam. 1531 Anvers — 1603.

1726	Virginia. M. de Vos inven. Joh. Collaert scp. Phil. Galle exc. Grav. 8⁰.
1727	Sara. id. id. id. id.
1728	Nudus eram. id. Sadler scp. ? G. de Jod exc. Grav. 4⁰.
1729	La foi. id. Sadler Coloni. Grav. 4⁰.

Wouvermann ou Wouvermans (Philippe) Peintre holl. né à Harlem 1620 † 1688.

| 1730 | Retour de la Chasse à l'oiseau. Grav. à l'eau f. par Euphrasia Piquenot et terminé par son père. Grav. 4⁰. |

1730   Retour de la Chasse à l'oiseau. Grav. à l'eau f. par Euphrasia
        Piquenot et terminé par son père. Grav. 4⁰.
1731   L'Arrivée des Chasseurs. Grav. p. Piquenot. id.
1732   La défaite des Sarazins. Grav. p. J. Waschsmuth. Grav. fol.
        (Cabinet de Mr. Crozat de Tugny).
1733   Cavaliers en maraude. Grav. p. J. Waschsmuth. Grav. f⁰. (Cab.
        de Mr Prousteau).
1734   Le Passage de l'Eau. J. Moyreau scp. Grav. f⁰. (Cab. de Mr
        Hallé).
1735   L'Apparition de l'Ange aux Bergers. Beaumont scpt Grav. f⁰
        (Cab. de Mr le Cte de Vence). Armes.
1736   La Halte à la Fontaine. Grav. à l'eau f. p. Laurant. Grav. f⁰.
1737   3 fllets Grav. — 1. Cavaliers. Grav. p. Guyot. Jv 8⁰. — 2. Passage
        du gué. Prdoux scp. 8⁰. — Le Marchd d'orvietan.
        Villerey scp. 16⁰.

Veronèse (Paul Caliari dit) Peintre ital. 1528 ou 1530—1588.

1738   Les Noces de Cana. Eug. Moreau pxt. Grav. s. bois p. Jour-
        dain f⁰.
1739   id.   Bordier scpt. Heliogr. 4⁰.
1740   1. Gerechtigkeit u. Wahrheit. 2. Die Mutterliebe. 2 Grav. 16⁰.
        par Ant. Karcher. 3. Die Familie Concina. Heliogr. 8⁰
        long.

Additions.

Paillet (Anth.) pinxt. Peintre franç. Paris 1626—1701.

1741   Jésus apparait aux trois Maries. Charpentier au Coq. Valle c.
        p. r. Grav. dble. f⁰.
1742   Résurrection (d'ap. Carrache) à Paris chez Charpentier id. id.

Orsolini (Carlo) sculpt., graveur ital. Venise vers 1710—1780.

1743   1. Vie des Saints, Sacrifice. — 2. Pâques. — Apresso G. Wag-
        ner. 2 Grav. f⁰.
1744   1. Jésus au Mt des Oliviers. — 2. Jésus & le soldat. id. id.
1745   St. Jérome. (Vie des Saints)   id. id.

Racine (J. B.) Grav. franç. Paris 1747.

1746   Environs de Portici. Chastelet pxt. Grav. 4⁰.
1747   La Tour. Peint par B. Breenberg. (Ec. holl.) Grav. f⁰. (De la
        Galer. du Palais Egalité).
1748   Die Kreuzabnahme. (Cath. Anvers) Dess. & scp. par Bessmer
        & Fanther. Grav. bois. f⁰.
1749   Même planche. Zincogr. 4⁰.
1750   Paulus predigt in Athen. Kaefeberg & Oertel scp. Xylogr. f⁰.

Zuchi (A.) Grav. ital. Venise 1678—1740. del.:

1751	Rebecca. Grav. col. Joh. Gg. Hertel exc. 4⁰. Grav. Lég. all. vers lat.
1752	Moïse sauvé des eaux. id. id. 4⁰. id. id.
1753	Destribution de pains. id. id. 4⁰. id. id.
1754	Moïse & l'Egyptien. id. id. 4⁰. id. id.
1755	S. Sophia. — Mart. Engelbrecht. 4⁰. id. id.

Valerlo (Théod.) del. 1841. Grav. & lith. franç. Hermange (Lorr.) 1817 —1879. del.:

1758	2 lith. 4⁰. Costumes badois (Hornberg) Pap. teinté.
1759	1 id. id. (Fontaine) id.

2ième Série.

Estampes anciennes, reproductions, etc.

Albani (Francesco) Peintre ital. né à Bologne 1578. † 1660 ibid.

1760	1. Adam & Eve assis au paradis. Grav. p. Lerouge & Ville- rey. Grav. 8⁰. 2 Adam & Eve chassés du paradis Photograv.

Aquila (F. Faraonius) Peintre & grav. ital. 1686—1759:

1761	Constantin sur le pont du Tibre, d'ap. André Camasseus (à la basilique de St Jean de Latran) 1692. f⁰. Pièce d'une belle exécut. & bonne épreuve.

Andran (Gérard) Grav. franç. Lyon 1640—1703. Paris:

1762	Le Triomphe d'Alexandre. Le Brun pinx^t Grav. f⁰. lég. et armes.
1763	id. id. Sans lég., armes. Epreuve secondaire.

Aveline (Pierre) Grav. franç. Paris 1710—1760:

1764	1. Pièce de théatre. — 2. Alzise. Av. inv. & scp. Tesord grav. 12⁰.
1765	Le Cardinal Fleury. Av. sep^t J. Chevallier pinx^t gr. f⁰. Légende.

Balzer (Johann) Grav. autrich. 1738—179?, gestochen:

.1766	Paysage, croix sur une éminense. Gemalt von Norb. Grund Dédic., armes. Grav. 4⁰. (Le Blanc II. 135).

Bartolus (Pietrus Sanct.) Peint., grav. aq. fort. ital. Pérouse. 1635—1700:

1767   Sacrifice à Diane (de l'Arc de Triomphe de Constantin.) Grav. Gᵈ Méd. 4⁰.

Bazin (Nicol.) Grav. franç. Troyes vers 1686. sculp.:

1768   Sᵗ Bruno, fondat. de l'ordre des Chartreux. Peint par le Sʳ de Champagne. Grav. 4⁰.
1769   Sᵗ Jean Baptiste. R. Bonnard del. Grav. 4⁰.
1770   4 feuillets sur la Résurrection dont un par N. Bazin. Grav. 8⁰.

Beauvarlet, Grav. franç.:

1770 bis   Portr. de J. A. Nollet abbé, physic. franç. — De la Tour pxt. Grav. 12⁰.

Bertin (Franç. Ed.) Peintre franç. Paris 1797—1871 pinx.:

1771   2 Paysages. Grav. p. Guyot jr. grav. 12⁰.

Blondel (Merry Jos.) Peintre franç. Paris 1781—1853 ibid., pxt.:

1772   Zénobie, trouvée morte sus les bords de l'Araxe. Chrétien. del. Lith. f⁰.

Bol (Ferdinand) Grav. holland., né 1611 à Dortrecht † 1681 scp.:

1773   Homme debout aux. 2 plumes. F. Col. fec. 1640. Grav. 8⁰. Dut. IV. 13. 2.

Both (Jan & Andries). Grav. & peint. holl. (1610—1650):

1774   Die 5 Sinne. 1. La Vue. — 2. L'Ouie. Both Andries Inv. — Both Jan fec. Lég. holl. Bartsch V. 211—213. Reprod. ¹/₂ f⁰.
1775   id. 1. L'Odorat. — 2. Le Goût. id. id.

Bottschildt (Samuel) Grav. allem., né 1641 à Sangershausen (Thuringe) † 1707 à Dresde. scp.:

1776   Hercules & Iole Grav. 4⁰. — Huber II. No, 13.

Brascassa (Jacques Raymond) Peint. paysag. & anim. Bordeaux 1804
    — Paris 1867 pxt.:

1777   Le Taureau. Phothogr. Braun. G^d f^0.

Brower (Adria.) ou **Brauwer.** Peint. flam. Harlem 1608 — Anvers 1640
    pxt.:

1778   Bauernschlägerei. Grav. color. 8^0.

Burk (Adrien van der, ou **Burch** van der) Peint. flam. Dortrecht 1693
    — 1733 pxt.:

1779   2 paysages. — Guyot scp. Grav. 8^0.
1780   2   id.   Lejeune scp. Grav. 8^0.

Cab (Adrien van der) Grav. holl. né à Ryswick 1631. inv. & fec.:

1781   L'homme à cheval. — N. Rob. exc. Grav. f^0. — Bartsch le Grav
        p. 258. No. 47.

Campiglia (Giov. Domin.) ou Campaglia. Grav. ital. Lucques 1692. inv
    & del.:

1782   3 Grav. Sujets mythologiques. Grégory, J. B. Jacobonus scp. in 12o
1783   3 „ „ allégoriques.   „   Franceschini scp. id.

Cardon (Ant.) Grav. belge. Bruxelles 1773. Londres 1813 scp.:

1784   Tableau allégor. & historique. François II. d'Autr. assure au
        Brabant le maintien de ses lois constitutionnelles 1793
        J. François inv. & del. Grav. f^0.

Clère (Franç. Camille) Peintre franç. Valenciennes 1825. pinx.:

1785   Le père prodigue. — Grav. bois 4^0 lég. all. & franç.

Coypel (Antoine) Peintre franç. 1628—1707. pinx.:

1786   Armide. Dupuy Car. sculps^t 1707. G^d f^0.

Collaert (Adria.) Grav. flam. 1520—1557. sculp.:

1787   2 Grav. 1. Le Baiser de Judas. 2. La Flagellation. Jean Strada inv. Phil. Gall. excud. Lég. lat. Grav. 4⁰. (Le Blant II. 37)

Cuaglio (Dom.) ou **Quaglio.** Peintre & grav. allem. né à Munich 1787 —1837. fec.:

1788   4 Grav. Paysages. Cualio fec. 1715. 12⁰.

Delaunay (Nicolas) Grav. franç. Paris 1739—1792 ibid. scpt.:

1789   Le petit jour. Dess par Sigism. Freudenberg. Armes. dédic. f⁰. Grav. Reprod.

Disard. Grav. franç. Vers 1825. scp.:

1790   Nuptia Canae in Galileae. D^que. Pellegrini pinxt. Armes. Grav. f⁰.

Dumont (Jaques) Peintre & grav. franç. dit le Romain 1701—1781. (Muller-Singer I. 371) pinx. & scpt.:

1791   Glaucus & Scilla. — Surugue terminé. Eau forte. f⁰.
1792   Vierge & agneau pascal. J. Dumont romanus inven. J. Daullé sculp. 1737. Grav. f⁰.

Duthé grav. franç. 1800—1840 scpt.:

1793   Sta Sophia. Descrais del. Grav. 8⁰.

Egehard C. ? scpt.:

1794   2 f.^lles. Bresbis au repos.

Edelinck (Gérard) Grav. né à Anvers 1649 † 1707 scpt.:

1795   Louis XIV d'ap. Coypel C. A. -- Grav. 12⁰.

Gaultier (Leonardus) Famille Gaultier d'Ayoty de Dijon 18e s. scp.

1796 Le Jug^t dernier par Michel Auge (au Vatican. Chap. - Sixt.)
Son médaillon au haut, 73 ans. — Grav. f⁰.

Geriche, Gerike ou **Geriede** (Sam. Theod.) Grav. allem. Spandau 1665
—1730. fec. Berol:

1797 Image d'un triomphe. Grav. 4⁰. obl.
1798 Image d'une armée romaine. — Iconismus aciei vulgatae. Grav.
4⁰. obl.

Geyser. (Christ. Gottfr.) Grav. allem. 1742—1808. scpt.

1799 Danse de faunes. G. scp. 1777. — Bach del. Grav. 16⁰.

Gmelin (Wilh. Friedr.) Grav. et dessin. allem. Badenweiler 1745. del.
d'ap. nat.:

1800 Vue du Rhin à Laufenburg. Gravé par Benj. Rod. Comte à
Basle en 1789. Edité par Chret. de Mechels. — dbl. f⁰.
(Huber II 278. 13).

Godefroy (F.) Grav. franç. Irun 1779—1830. scp. 1804:

1801 Les Cascatellles de Tivoli. (1804) Baltard del. G^{d.} f⁰. carton)

Goerce Grav. ital. 1825.

1802 Char (carosse) romain. Grav. italienne. f⁰.

Goltzius (Henri) grav. holl., né à Mülbrecht Juliers 1558 † à Harlem.
1617.

1803 Mars & Vénus. G. inv. scp. & divulg. An⁰ 1585. G. Fischer excudit. Grav. G^{d.} f⁰.

Goyen van, Paysag. flam. 1596—1656:

1804 Pêche. Lith. 4⁰.

Guerchin (le Barbieri Giov. Françescos) **Peint.** ital. né 1590 à Canto.
(le louohe)   † 1666 à Bologüe.

1805   La Vierge & l'Enfant à l'Oiseau. — Grav. 8⁰.

Grotius (H.) Grav. allem. scpt:

1806   La guerre. — D. Grayn inv. — Grav. ¹/₂ f⁰.

Guyot junior. Grav. franç. vers 1830 scp. :

1807   6 ᶠˡˡᵉˢ Paysages gravés d'ap. des maitres anciens (Bruaubet,
            Gessner, de Laar, Asselyn, Aubeins, Dominiquin.)
            Grav. ¹/₂ 8⁰.

Gruger (Théodoro) Grav. allem. scp.:

1808   Hérodiade. Andrea del Sarto invent. Lég. lat. grav. f⁰. (Huber
            1. 234.)

Hall, John. Grav. angl. Londres 1735 scp. Engraved:

1809   The Battle of the Boyne (1 Juni 1690). Peint par B. West.
            (Le Blant 338. 9.) Grav. Gᵈ f⁰.

Heyden (van der) ou **Heyde.** Peintre flam. 1637—1712. pxt.:

1810   Entrée d'un petit port à deux clochers.   Beanjean scp. Grav. ¹/₂ 8⁰.

Hondlus (Henricus) Grav flam. vers 1560. del., sculp.:

1811   Paysage holland. Wildens Johannes inventor. Visscher excud.
            Grav. f⁰.

Huysum (Jean von) Peintre holl. 1682—1749 pxt. 1722:

1812   „A flower piece". Farrington del. Richᵈ· Earlom engrav. Boy-
            dell exc. 1778. — Gᵈ. f⁰.
1813   2 ᶠˡˡᵉˢ· Paysages. Grav. p. Guyot jr. 8⁰.

Jaime, Grav. & lith. franç. scpt. 1774:

1814   Le Jardin. Grav. coloriée. 8⁰. (1774)

Jordaens (Giordano) Peintre et grav. flam. 1594—1678:

1815   Eléazar und Rebecca. Grav. reprod. 8⁰.

Killan (Lucas) Grav. allem. Augsburg 1579—1638 ibid.:

1816   La Vierge & l'Enfant. Palma Jacob pxt. Grav. f⁰. (Hubert
     I. 240. 1.)

Klauber (Sebast. Ign.) Grav allem. Augsburg 1754 scp. & excud. :

1817   Sᵗᵃ Marguerita V. & M. Grav. 4⁰.

Konsky Voy. **Plonsky** (Michel) Grav. polon. Varsovic 1781 — Paris 1850.

1818   Juif d'Amsterdam. Grav. 8⁰. Rare, (Le Blanc 216. 19.)

Küsell ou **Kussel** (Melchior) Grav. flam. allem. Amsterd. 1622—1683.
   ibid. sept.:

1819   La famille de Jésus. Stores Christoph pinx. & del. 1659. Grav.
     Gᵈ. fo.

La Ire ou **La Hyre** Peintre franç. Janville 1781—1828 (Inventor) :

1820   Sᵗ George. Grav. Guerineau exc. 8o.

Lairesse (Gérard de) Grav. flam. Liège 1640 — Amsterdam 1711 inv.
   & scp.:

1821   Aestas. Allégorie. Nicol. Visscher excud. Grav. f⁰. marges.

Lancret (Nicol.) Peintre franç. 1690—1743 pinx. :

1822   Des Philipps seine Gäns. Joh. Friedr. Probst sculp. Grav. f⁰.
     Lég. allem. & franç. (Le Blanc 284).

Larmessin (Nicol. de) Grav. franç. Paris 1684—1755 sculp:

1823   Jésus vu par Madeleine. Vleughels pinx^t. Grav. 4⁰.

Le Brun (Charles). Peintre français. 1619–1690 pinxt.:

1824   Christ en croix. Petit excud. Grav. 4o.

Le Prince (J. B.) Peintre & grav. franç. élève de Boucher 1733—
         1781 pxt.:

1825   Les Bergers russes. J. B. Tillard sculp. G^d f⁰. Grav. Armes,
              dédic.

Lienard (J. Bapt.) Grav. franç. Lille 1750 scp.:

1827   Ruines d'un temple. L. F. Cassas pinxt. G^d f⁰.

L'Eveille, F. A. (né à Jossé des Bois, Orne) Grav. franç. scp.:

1828   Le Charlatan. Borel del. Grav. color. 4⁰.

Leonardis (Giac.) Grav espagn. Palma 1726—1775 del. et sculp.:

1829   Les Bergers (1764) Pietro K^r. Tempesta depinx. grav. G^d f⁰.
              Lég. ital.

Littret, Grav. franç. gravé par:

1830   Tête de vieillard Maure, b. à gauche. Dess. d'ap. nat. p. Gril-
              let. Gr. 8⁰.

Liotard (Jean Et.) Peintre et grav. suisse. Genève 1702–1760. pxt.:

1831   Das Chocolademädchen. Photogr. 8⁰.

Maas ou **Maes** (Nicolas) Peint. holl. Dortrecht 1632—1692. pxt.:

1832   La servante paresseuse. Henri Linton scp. Grav. bois f⁰.

Marlller (Clem. Pierre) Grav. et dessin. franç. Dijon 1740—1808 Melun. inv. del.:

1833   Blanche de Castille nourissant son fils St Louis. Voyer l'ainé scp. Gr. 8⁰.

Marot (Daniel) Archit. et dessin. franç. Paris vers 1650. invente & fec.

1834   L'Air. — Panneau. R. Pfnorr sculp. Grav. fo

Mathieu (Aug.) Peintre franç. Dijon 1810. — Paris 1864. scp.:

1835   Les oeufs cassés. Grav. 4o.

Maugein (Mme de) Grav. franç. 18e s. sculp.:

1836   Cascade dans les Rochers de Romilione près Rome. Hubert Robert pxt. Grav. 4o.

Mechel (Christ. von) & Comte (B. Rod) Grav. suisse Bâle 1737 — Berlin 1817 sculp.

1837   La solicitude d'une mère. Freudweiler pinx. 1786. Légende franç. & dédicace. (Hubert II. 224. 13) Grav. sanguine fo.

Melar (Adrian) Grav. flam. Travailla à Anv. vers 1650 scp.:

1838   Thronus Salomonis. Assompt. de la Vierge. C. Galle exc. Grav. fo

---

Memling (Hans) ou **Hemlink** Peint. flam. (15e s.) Bruges ou Constance né à Moemlingen (Bav.) 1440 † 1195.

1839   La Trinité & l'Eglise triomphante au prieuré d'Anchin (France) grav. au trait. f⁰.

Merian (Caspar) Grav. allem.

1840   Vue de Bordeaux. Grav. double f⁰. long.

Merian (Matheus) Grav. allem. 1593—1651.

1841   Combat de Lützen 1632 sous la cond. du duc de Friedland. Grav. double f⁰. long.

Metzu (Gabriel) Peintre holl. 1615 — vers. 1650.

1842   1. Le Marché aux herbes á Amsterdam (Louvre). G. Fischer scp. 1848. Grav. 4⁰.
         2. Femme jouant du luth Grav. au trait. 8⁰. Reveil scp.

Meyeringh (Alb.) Peintr. grav. & aq. f. holl. Amsterdam 1645—1714.

1843   Der Schriftsteller (British Gallery) Photogr. 8⁰.
1844   La Fontaine & Mercure, paysage. Grav. f⁰.

Mieris (Fr. van) Peintre holl. 1635—1681.

1845   Der Trompeter in der Wachtstube. — French scp. (Dresde) Grav. 8⁰.

Mibert Peintre flam.

1846   Deux paysages. S. Cholet scptt Grav. 8⁰.

Monnet (Charles) Peint. fr. Paris 1732.

1847   Renaud & Armide. G. Vidal scpt Reprod. color. 1⁰.

Montfaucon. (B. D.)

1848   Hélène & Paris d'ap. un vieux monument. Grav. ov. 8⁰. Dublou scp.

Moreau le Jeune (Jean Michel). Grav. & dess. franç. Paris 1741—1814.

1849   La plaine des Sablons & la Revue des Gardes franç. & suisses. Dble. f⁰. long. 72/35 cm. Malbeste, Licnard & Née sculp. — Ach. à Lorient.

Netscher. Peintre allem. 1639 Heidebg.—1687 la Haye.

1850   Duett. — Photograph. 8⁰.

Nilson, (Joh. Elias.) Peint., miniat., grav., émailleur & dessin. Augsburg 1720.

1851 Le Puits. Grav. 4⁰. Lég. lat. & allem.

Nothnagel (Benjam.) Grav. allem. né à Bug près Bamberg 1729.

1852 Homme au turban. Buste à g. Grav. 32⁰. fec. 1774. (Voy. Nagler V. 10 p. 176. No. 41. — Naumann V. 10-11. p. 262. No. 57).

Pasquier (J. J.) Dessin. & grav. s. bois, vivait à Paris au 18e s. mort 1784.

1453 Grav. franç. Présentation au Temple. J. B. Corneille pxt. Grav. 4o. Armes.

Percacino (Camillo) Grav. ital. 18e s.

1854 Ste Famille. — Caspar Dasoli Bolo. excud. Grav. ital. f⁰.

Perrier (Franciscus) Peint. & grav. franç. Mâcon 1590—1656 Paris.

1855 Ste Famille traversant la mer. Grav. f⁰. Blondus excud.

Peyron (J. Fr. P.) Inv., pinxt & sculpt 1790. Peint. & grav. franç. 1744—1815.

1856 Socrate buvant la ciguë. — Lég. fr. Dédic. Double f⁰.

Pionsky (Michel) Grav. polon. d. Varsovie 1782 — Paris 1850.

1856bis Juif d'Amsterdam. Grav. 8⁰. (rare) (Le Blant 216. 19).

Pollart ou **Pollard** (Rob.) Engrav. 1784. Peint, grav. au burin & à la man. noire 1750—1810, travailla à Londres.

1857 The Departure. Aquatinte de Jukes. Painted by Rob. Smerke. Grav. Dbl. fo.

Potter (Paul) pxt. Peint. holl. 1625—1654.

1858 1. Le Jeune Taureau. Les 4 vaches. — 2. Grav. de Guyot 8o.

Puccinelli (Av.) incid. Grav. ital. Lucques 1843 (Weigel 1857 V. IV).

1859   Sainte face. Grav. sur toile. Cachet de Rome. fo.

Reynolds (Josua) Peint. angl. 1723—1741. pxt.

1860   Countess of Harrington. Photograv. sanguine 8o.

Reinhard (S.) fecit. Grav. all.

1861   Hans und Verene. Grav. 1/2 fo.

Rollos (Peter) Grav. all. 17e siècle Frankfort 1620.

1862   2 flles: Vita Corneliana. Angel p. Grav. 8o. long.

Sadler (Raphael) Grav. Bruxelles 1455—1628 Munich.

1863   St Francois stigmatisé. P. Piazza à Castro Franco pxt. Grav.
            Gd fo.

Schalken (Gottfr.) pxt Peint. flam. Dortr. 1643 — la Haye 1628.

1864   Der Angler. — T. Heawood scpt Grav. 4o.

Schellenberg (Gottl.) fec. Peint. dessin. & grav. suisse Winterthur 1740.

1865   3 flls. Tête d'animaux. 1. Evasion. grav. 8o.

Schleuen (Joh. Fried. & J. Dav.) scp. Berol. Grav. all. Berlin 18e s.

1866   Tamerlans Gastmahl bei Vermaehlung seiner Enkel. Gründler.
            del. Halae. Grav. fo.

Schmidt (Georges Fred.) Grav. allem. né 1712 à Berlin † 1775 ibid.

1867   Portr. de La Tour gravé par son ami Schmidt 1742. (Huber
            2. 124. No. 8) Heliogr. 4o.

Schurtz (Corn. Nicolas) Grav. allem. scp. 1690. 1630–1690 (Nagler V. 16. p. 85)

1868   4 flles. Indianer. Lappländer. Chinesische Windverkäufer. Grav. 8o.

Sicart (B.) inv. & del. Peintre franç. Vers 1830.

1869   „Oche Fortuna"! Bouquet scp. Grav. sepia fo.

Sigleton px^t Peint. angl.

1870   Les fils de Tippo se rendant. Engraved by Laminet G^d fo. Grav. angl. Armes. Lég. angl.

Sixdeniers (Vinc. Alex.) sculp. Grav. franç. Paris 1795—1846.

1871   Properzia di Rossi sculpt^t son dernier ouvrage. Ducis px^t Grav. fo. incompl.

J. Smith scp.

1872   Moine chez un prisonnier Aquat. G^d 4o.

Velasquez (Jacques Rodriquez Silva y) pxt. Peint. espag. 1599—1660.

1873   1. Der spanische Hirt. — Knoll scp. Grav. 8o. — 2. Brustbild eines Mannes. Heliogr. 8o.

Verboeckhoven (Eug.) scp^t Peint. anim. flam. Varmton (Flandres) 1799—1881.

1874   Le Troupeau dans la Campagne romaine. Le tabl. chez le bar. de Rothschild dap. Grav. 8o. Dut. VI.

Vermeulen (Cornelius Marianus). Grav. flam. scp^t 1684 Anvers 1644 — 1710.

1875   1. Portr. allég. de la Fage graveur franç. (1694—1684). Grav. fo. 2. Ste Famille d'aprés la Fage. Lith. de Holbouth.

Viglianis scpt. Grav. ital. 18e s. (Nagler 20. 249)

1876   2 files. Paysages Grav. 8o.

1877   2 „   id   id   8o.

Vleughels (Nic.) pinxt. Peint. & grav. Paris 1669—1737 Rome.

1878   La Résurrection. E. Jeaurat. scpt 1718. Grav. fo. Lég. fr. & lat.

Vliet (van) (J. G. Hendrik-Willems) Peint. & grav. flam. Delft vers 1608—1675.

1879   La Mort aux rats. Jules Compagnon scpt. Grav. 8o. (Dut. VI 552. 55).

Volpata (Jean) scpt. Grav. ital. Bassano 1738—1803 Rome.

1880   Inverno. Zaïs pinxt. Grav. fo. Lég. ital.

Voysard (Etienne Claude) scpt. Grav. franç. Paris 1786—1812.

1881   1. La Jeune Nourrice. — 2. Le Berceau russe 2 Grav. 8o.

Wilson (Rich.) Paysag. angl. 1711—1782.

1882   Ansicht v. Rom. (Brit. Gallerie). Grav. 8o.

Winckler (Gottfried) scpt Peint. all. (1750—1780 Augsbg.)

1883   La Prédication d'un Apôtre. Joh. Spielberger pxt Grav. Dbl. fo.

Wohlgemut (Michel) Grav. allem. (1434—1519) pinxt.

1884   St Luc, St Sébastien, St Bernard, St Christophe. Photograv.

Zingg (Adrian) scpt. Grav. et dess. suisse. St Gallen 1734.

1885   Port prés de Naples. Dedié à M. Hagedorn direct. des Arts & Acad. de Saxe par Zingg. Peint par Mettay. Grav. fo. (Huber II 214—25).

Divers sur une feuille.

1886 4 flles gravées au trait : 2 Corrège, Dominiquin, Tintoret 8o signés A.R.
1887 2 „   „   par Beaujon & p. Perdoux. 1. Backhuisen. 2. Michaux.
              pxt. 8o.
1888 2 „   „   par Lameaux et p. Davilliers jeune. 1. Pinaker. 2. Van
              der Ulf pinxt. 8o.
1889 2 „   „   par 1. Guyot jeune. Baltar pxt 8o. — 2. V. de Velde:
              Weidendes Vieh vor einer Hütte (Dresde). Heliogr. 8o.
1890 3 „   „   facsimile 16o. 1. Jost Aman's Stände & Handwerker
              (1568) 2. Tobias Stimmer Bibel (1576). 3. Hans Hol-
              bein Todentanz (1538)

Estampes nou determinées.

1891 Madonna del Sacco. Firenze presso Lorenzo Bardi. Grav. 4o. long.
1892 Le Reveil de Lazare C. Norus? 1892. — Grav. 4o.
1893 La Charte des dames. Art. 1er 2e 3e 4e — 4 Grav. color. 32o. Vers. 1830.
1894 Ste Geneviefve. Derochers excud. Grav. fo long. Lég. fr.
1895 Figure d'homme à cheveux épars. Buste à g. Ep. d'art. av. l.1 Grav. 16o.
1896 Koenig Richard wird bei Wien gefangen. Ancienne Chronique.
              Grav. 1/2 8o.
1897 Laocoon. Pap. bleuté. Anc grav. 4o.
1898 Fileuse. Grav. 1/2 fo. Cadre ovale.
1899 Prédication de St Paul. Gd fo. Grav. Epr. pâle.
1900 Le Toucher. — Lith. fo A Augsbourg ches J. J. Haid & fils.
1901 Hercule entre le Vice & la Vertu. Grav. ov. fo.
1902 L'Enfant prodigue dissipant son bien en débauches. M. Engelbrecht
              exc. Grav. color. 4o.
1903 Josephus moriens. Grav. 4o. Mart. Engelbrecht exud. Lég. lat. &
              allemande.
1904 La Lecture. Imp. Cadart. Grav. 8o
1905 Le Menuet. Gillot scp. & Lanacret pxt (?) Grav. 4o reprod.
1906 La Femme & son amant. Grav. flam. Lég. franç. J. B. Bonnart exc.
              au Coq. 1/2 fo.
1907 Ars Moriendi. 1 feuillet: Temptatio Dejabli prima. -- Benj. Piteau
              P. 7. Ars moriendi P. 3 & 4. (1430 – 1435) Texte allem.
              peut être latin.
1908 Die beiden Wächter nach Gellert. Grav. coloriée 1817. 8o Lég. allem.
1909 Lissabonne. Image d'une géographie du 17e S. Voir au dos. Grav. 8o.
1910 Les Ages de l'homme. Nach Klas Jnsz. de Visscher geb. um 1550
              in Amsterdam. Reprod. Grav. 8o.

1911 La foi. Grav. flamande. 4⁰. Lég. franç. latine & holland. (de Vos ou
       Collaert?)
1912 Exvoto. (16ᵉ s.) Sᵗ Pierre & Sₜ Paul. Grav. bois. f⁰.
1913 Sₜ Sébastien. Grav. ital. Gᵈ f⁰.
1914 Prédication dans un bois. Grav. doub. f⁰. (Francois van Brusecom
       excud. Amsterdam Kal. 1624. H. D. A. P. q C. P)

Paysages & sujets divers.

1915 Vue de Paris? vers 1700. Grav. 1/2 8⁰. long.
1916 Moulin à vent & 2 personnages (Everdingen?) Grav. 1/2 8⁰. long.

1917 3 feuilles Grav. ital. 1. Cassandre. 2. Thessalica, Carmenta 1/2 8⁰
1918 2 „ 1. La „venue de l'Emper. Charles en France et de sa ré-
       ceptio par le roi Charles le quint." — 2. Aus der guten
       alten Zeit (tortures) Reprod. 1532.
1919 2 „ Famille paisanne des environs de Berne. A Berne chéz B
       Feler Grav. au trait. 8⁰.
1920 2 „ 1. Der Mäusethurm im Rhein. Grav. 8⁰. — Pierre tumulaire.
       grav. color. 16⁰ long.
1921 2 „ 2 Paysages Grav. 8⁰.
1922 2 „ 1. Paysage & personnages indiens. — Noces de Cana.
       Grav. 8⁰.
1923 2 „ Vierge & enfant. P. Mariette excud. Médaillons. 4⁰. & 8⁰.
1924 2 „ 1. Minerve & 2 hommes. 2. La reine de Saba (?) 2 Grav.
       incompl. f⁰.
1925 3 „ 1. Le Mᵗ Vesuve. — 2. Chèvre au repos. 3. Sᵗ Jean. 3 Grav. 8⁰.
1926 3 „ 1. Pâris. — 2. Stᵉ Famille. — 3. Paysage. — 4. Glacier de
       Grindelwald. 4 Grav. 8⁰.
1927 1 „ 7 Grav. bois. Le Cabinet. „A Londres à la taverne du
       pont." 8⁰. long.
1928 1 „ 6 Grav. bois allemandes anciennes, 16⁰. sur 1 feuille (su-
       jets relig.)
1929 1 „ 17 „   „   „   „   64⁰.   „
       (sujets relig.)
1930 6 „ 6 Grav. Paysages pap. jaune 3 à 8, av. l. l. (Van de Vel-
       de?) 16⁰.
1931 4 „ 4 „ Allégories (Mappemonde, Compas, etc.) 16⁰. Eissen?
1932 6 „ 6 „ Animaux. Schellenberg (?) 8⁰. Av. l. l.
1933 10 „ 10 „ Ancienne imagerie religieuse (du temps de Herrade)
       Repr. 8⁰.

Estampes & Lithographies modernes.

Adam (J. Vict.) Peint. & lith. franç. Paris 1801-- Viroflay 1865. Del. & Lith.:

1934   3 flles. Lithogr. 1. Philippe Aug. 1190 (Au dos Resurrection). 8⁰. 2. Lith. par V. Adam. — 3. Vendangeur improvisant. Salon de 1839. d'ap. la statue de Lassalle. 8⁰.

Adler Mesnard Graveur 1845 Paris —1884. Sep.:

1935   Tempel der Concordia (Girgenti) W. Klose pxt f⁰.

Alophe (Menut, Alex.) Lith. franç. Paris 1813. Del.:

1936   3 Lithographies (1840) 8⁰.

Andrieux Peint. & grav. fr. Bordeaux 1761—1822.

1937   2 Grav. 16⁰. p. Carey & Willmann (les Boeufs).

Applan Peint. & grav. franç. Lyon 1819. Pxt & sept.:

1938   Canal aux Martigues 1872. Eau forte. 8⁰. Marges.

Aufray de Roc Bhian Grav. et dess. franç. Paris 1838. Del & sept.:

1939   Le Marais. Eau forte 1875. Marges.

Bacler d'Albe (L. Alb. Baron) Ingén. et peint. franç. 1761—1824. Pinxt.:

1940   La Tempête (Côte de Gênes) Lith. 4o.
1941   2 flles. Paysages. 8⁰. Gravés por Guyot j'

Barathier Lithog. franç. sous la Restaurat. Inv. & del.:

1942   2 Lithog. f⁰. Thyrza. Légende fr. 2. Le Chateau enchanté. 1840.

Baume (Joseph) Peint. fr. Marseille 1798—1887 Paris. Pinx^{t.}:

1943   2 Lithog. 4⁰. 1. La Guirlande. 2. Le vieux Soldat. (Musée de L'Artiste) 1840.

Bayot (Ad. Jos.) Peint. & dess. franç. Alexandrie 1810. Del.:

1944   Vente d'esclaves & de l'Oncle Tom. Lith. p. Charpentier f⁰. (Uncle Toms Cabin. Boston 1852).

Beauverie (Ch. Jos.) Peintre & grav. franç. 1839. St Petersbourg. Del. & scp^{t.}:

1945   L'Oise-sous — Mery. Grav. 8o 1875.
1946   Les Laveuses à Auvery (Oise) Grav. 8o

Bein (J.) Dessin & grav. franç. Goxwillers 1789—1857. Sculp^{t.}:

1947   2 Grav. 8o. 1. Fuite en Egypte 1838. d'ap. Decaisne. — 2 Rencontre, d'ap. Revoil. 1819.

Bendemann (E.) Peint. d'hist. & de genre allem. Berlin 1811. Pinx^{t.}

1948   Jérémie sur les ruines de Jérusalem. Lith. 1o.

Bertall (Ch. Alb. d'Arnoux). Dessin. franç. Paris 1820. Del.:

1949   4 Grav. bois. Trichon sculpt.

Béraud (Jean) Peint. franç. né à St Petersbourg.

1950   La Brasserie. Lithog. f⁰. Petit scp.

Blary (Eug.) Fontaineblau 1805—1888. Grav. franç. Del. & sculpt.:

1951   Moulin près d'Alby. Aqua f. 1866. 8⁰.

Bong (Rich.) xylogr. Direct. de l'Instit. xylograph. Berlin.

1952   1. Defregger: Urschi. — 2. Herm. Hendrich: der Kampf um den Ruhm. f⁰. (Mod. Kunst) (Vente séparée interd.)

Bouquet (Aug^{te}) Lith. franç. Vers. 1830.

1953   3 lithog. 8o. d'ap. Lessore, Nardin & lui-même. (Revue des Artistes 1840).

Bourgeols (Eug. & Constant) Grav. au burin 1817.

1954   2 Grav. Vue d'Italie. (C. B.) — 3 Lithogr. (Eug. B.)

Boutet de Montvel (Louis Maurice) Illustrat., dessin. franç. Orléans 1850.

1954   2 Enfants. — Photograv. 8o. (Xavière, edit. de g^d luxe).

Chassériau (Théod.) Peint. franç. Ste Barbe de Samana (Amér. espag.)
1819—1856 Paris. Del. & scp.:

1955   La Mére & l'Enfant. Grav. 8o. (l'Artiste).

Couture (Thomas) Peint. d'hist. franç. Senlis 1815—1870 Villiers-le-Bel.
Pinx^t: —

1957   Orgie romaine. Ed. Hardouin scp^t Grav. 4o.

Crafty (Geruzes dit) del. Caricatur. franç.

1958   Les Démolitions de Paris. Grav. au trait 8o.
1959   Une fabrique de sucre dans le Nord. id id.

Dalou Sculpt. franc. 1838—1902.

1960   Les Etats généraux 23. Juin 1789. Lamotte (A) grav. fo. long.

David (Louis) Peintre franç. (1748—1825). Pinx^t:

1961   Les Sabines. (Au Louvre) Photogr. G^d form.

Delacrolx (Eug.) Peintre franc. 1799—1863. Pinx^t:

1962   Noce juive dans le Maroc. Salon de 1841. Wacquèz sculp.
Grav. 8o.
1963   1. Hamlet. Salon 1836. Lith. 8o. — 2. La marée desendante
Grav. 8o. Desjardin scpt.

Delaroche (Paul) Peintre franc. 1797—1856. Pinx[t.] :
1964   Raphael au Vatican. Grav. 8o.
1965   Olivier Cromwel (30 Janv. 1649) Engr. by Mail. 1833. Grav.
            angl. 8o

Dolce ou Dolci, (Carlo) Peintre italien. 1605—1686.
1966   Die heilige Dorothea. F. Girsch scp[t.] Grav. fo.

Drouin ou **Drouyn**(Léo) Archit.,dessin & lith.franç.Izon 1816.Scp[t] 1855. :
1967   Arcachon. Grav. 16o. fond jeune.

Ducornet (César) Peintre, Lille 1806—1856. franç. né sans bras. Pxt.
1968   Amoureux. Grav. au trait par Lejeune ainé. 8o.

Duez (Ernest) Peint. & grav. franç. Paris 1843. Scp[t]. :
1969   Portrait. 8o. long.

Dupressoir Peint. & lith. franç. 1800—1859. Dess. sur acier 1839. :
1970   Le Pic de la Fare. Berthoud aq. fort. Grav. sépia.

Durand (André) Dessin. & lith. franç. Anfreville 1807—1867. Paris.
            Del. 1838. :
1971   3 Lithogr. paysages. 1/2 fo.

Engelmann (Godefr.) Dess. & lith. als. Colmar 1787—1839. Del.:
1972   Pavot cultivè lith. fo.

Feroglo (Fortuné) Peint. & lith. franç. Marseile 1805—1889. Del.:
1973   2 lith. 1. Combat de Cavalerie. — 2. Etudes & figures 1/2 8o.
                La Campagne, hiver. Etude 2 crayons pap. teinté.
                Lith. fo.

Flameng (Léop.) Grav. belge. Bruxelles 1831. Scpt.:

1974　　　Portrait de femme. Grav. 8⁰. (Gaz. d. b. A.)

Francis Peint. franç. Plombières 1814. Del 1834:

1975　　　2 lithog. 1. L'Auberge. — 2. Le Chasseur. 8⁰.

Freemann (James) Peint. & dessin. améric. † 1882.

1976　　　3 Grav. 1. Tigre & Serpent. 2 Paysanne allant au marché. —
　　　　　3. — Canard d'ap. Landseer. — 8⁰.

Frommel (Carl Lud.) Grav. & peint. allem. Birkenfeld (Oldenburg
　　　　　1789—1863 près Pforzheim. Scpt.:

1977　　　A Subiaco. 1815. Grav. 8⁰. teinté. —
1978　　　Chênes, ad nat. fec. 1837. Grav. f⁰.

Garnier (Hyppol. Louis). Peint. & lith. franç. Paris 1802—1855. Lith.:

1979　　　L'Ordonnance du Médecin. Lith. 8⁰.

Geniole (Alf. And.) Lith. fr. Nancy 1813— Bicêtre 1861. Inv.:

1980　　　2 lith. fond teinté. 1. Jeanne Grey. — 2. Les Enfants d'Edouard 8⁰.

Gèrard (Franç. Pascal, Simon, baron) Peintre franç. 1770—1837. Pinxt.:

1981　　　Entrée de Henri IV à Paris. Grav. p. J. B. Pfitzer f⁰.

Geoffroy (Jean) père (1840) Grav. & Lith. franç. Joinvville 1793. Sculpt.:

1982　　　1. Le Repos d'ap. Melle E. E. Boulanger. — 2. Nymphes en-
　　　　　dormies d'ap. Diaz. 2 lith. 8⁰.

Giraud (Pierre Franç. Eug.) Peint. & grav. franç. Paris 1806. Pinxt.:

1983　　　2 lithog. N. Desmmadryl scpt. 1. Paysans de Cervera. — 2.
　　　　　Il caricola. 8⁰.

Girodet-Trioson Peintre franç. 1767—1824. Pinxt.:

1984   2 Grav. 8⁰. 1. Galatée (1820) J. Bein scpt 1824. — 2. Le Déluge
          Lestudier scpt.
1985   Astrée. — Lith. Zöllner 1827. Paris fo.

Grandmaison (Colonel H. de) Aquafort. & lith. franç. Etampes 1834.
   Del & sculp.:

1986   Charge de Cuirassiers prussiens. Grav. 8o.

Grenier St Martin (Francois) Lith. et dess. franc. Paris 1793—1867
   ibid. Del.:

1987   2 Lithog. Chasse aux Canards. Lith. 8o. — Petits mendiants 8⁰.
1988   2   „ 1. Chasseur en plaine. — 2 Chasseur en montagne. 4⁰.
1989   1   „ Le vieux garde 8⁰ (Chasses au tir.)

Grevin (Alfred) Dessinat. fr. 1827 à Epineuil, Yonne).

1990   8 feuilles Dess. couleur. Costumes travertis pour femmes. Lith. 8⁰.

Gruber (F.) Dess. autrich. Vienne 1801—1862. Del.:

1991   Die Tragödie des Menschen. 1. Vor dem Paradiese. — 2. Rom.
          2 Aquatinte 8⁰.

Guesdon (Alfr.) Peint. & lith. franc. né à Nantes. Del.:

1992   Cheminée à Morlaix. J. B. Drouot sc. Grav. f⁰. (l'Art).

Huot (H, Louis Eug.) Dess. & lith. franç. né à Paris. Del.:

1993   3 lith. 8⁰. 2 Chateaux. Pont.

Isabey (Eug., Louis, Gabr.) Peint. & lith. franç. Paris 1804. Del.:

1994   5 Croquis (marines) lith. 1 fl. 4⁰.

Jalme (E.) Lith. franç. né vers 1800. Lith:

1995 Diverses lith. dessinés par Jaime (Marine, moulin à vent, scènes div.)

Jacquet C. (Jean Gust.) Peint. franç. Paris 1846. Pinxt. :

1996 La dame au Coffret. Aquatinte Sanguine. 4⁰.

Jasinsky (Felix) Dalkow 1860; travaille à Paris. Sculpt.:

1997 L'Abreuvoir. Lynch pinxt. Grav. 8⁰.

Kaulbach (Wilh. & H.) Peint. allem. Arolsen 1805 - 1874 Munich.

1998 3 flles. 1. Die Strafe des Amor. W. Kaulb. inv. & del.. Nehrlich lith. Lith. 8o.
2. Das Zeitalter der Reformation. Wilh. Kaulb. pinxt. Heliogr. 8⁰.
3. Lucrezia Borgia. H. Kaulb. pinxt. Heliogr. 4⁰.

1998bis Poesie & Liebe. Gemalt von W. Kaulbach, gest. v. J. Felsing, gedruckt 1845. G^d fo. marges.

Kiss (J. Karl Ed.) Peint. & sculpt. allem. Pless 1802 –1865. Berlin. Pinxt.:

1999 Mignon & Lothario. — Heliogr. 8⁰.

Lamy (Eug.) Peint. & lith. franç. Paris 1800. Del.:

2000 1 flle. Croquis d'Artistes. Lith. 8o.

Landseer (Sir Edwin) Peint. angl. Londres 1802–1873 ibid. Pinxt. :

2001 Tigres & serpent. Grav. 4⁰.
2002 2 Grav. par Berthoud. 1. Le dernier ami du pauvre. 4⁰.
2. Le seul ami du pauvre. 4o.

Larivière (Ph. Ch. de) Peint. & lith. franç. Paris 1798 –1876 ibid. Del.:

2003 Les Orphelins. Lith. color. 8o.

Laroche (Léon Barthélmy Adr.) Peint. lith. & grav. franç. Bergerac 1817. Sculpt. :

2004   2 paysages. Av. la lettre. Grav. à la pointe. 1846. 32o.

Lefmann (Ferdin.) Grav. franc., né à Paris. Sculpt. :

2005   1. Près du parc. Grav. sepia. 4o. d'ap. C. Demesnay.
         2. Promenade   „   „   „   C. Besson.

Lehnert (Frédér.) Lith. grav. dessinat. fr. Paris 1811. Del. :

2005bis   2 flles. 4o. Animaux. Lithog. 2 crayons.
2005teo   2 „ 4o. Croquis divers. Lith d'ap. Cooper.

Leleux (Armand) Peint. de genre fr. Paris 1818. Pinxt. :

2006   Intérieur d'étable (Jura). Salon de 1841. Hédouin sept. 4o.
2007   2 flls. Grav. 4o. 1. Cantonniers (Navarre). — 2. Bucherons Bas-
         Bretons. Salon de 1840. Hédouin sept. Grav. bois
         (Chariv. 1840.)

Lemaire (Louis Marie) Grav. & lith. franç. Del. & sept. :

2008   Forêt de Compiègne. Aqua fort. 4o.

Lemud (Franc. Jos. Aimé de) Peint. & lith. franç. Thionville (1830). Del. :

2009   1. Le Prisonnier. Lith. 4o. — 2. Jeune fille brodant une écharpe
         1838. Lith. 4o. (l'Artiste).

Lhermitte (Léon Augustin) Peint. & grav. franç. Mt. St. Pierre.

2010   Claude Bernard dans son laboratoire. Lhermitte pxt. Goupil
         grav. 8o.
2011   Réveillon. Fusain inédit de Lhermitte. Zincograv. fo.

Loubon (Ch. Jos. Emile) Peint. & grav. franç. Aix 1800 - 1863 Marseille. Pxt. & sept. :

2012   Char à boeufs romain. Grav. 8o.

Makart (Hans) Peint. autrich. Salzbourg 1840 - 1884 Vienne. Pinx t

2013   Der Triumph des Ariadne. Heliogr. 4⁰. (bleuté)

Malardot (Ch. André) Grav. franç. Metz 1817. Sept :

2014   Solitude. A. Rolland pinxt. Lég. franç. Grav. 8o.

Mars (Bonvoisin dit) Dessinat. franç. Verviers 1849. Del. :

2015   3 illes. dessins (Charivari, Journ. amusant. 1877). Reprod. Color.
2016   1 ..   .. Sable & galet. Plage de Villers. s. M. Typogr. color. 4o.

Meadows (J. Kenny) Peint. & grav. angl. Cadiganshire 1790 -1874.
     Pinxt :

2017   2 Gravures 8o. (Motte W. H., Langster sp…)

Metzmacher (Em. Pierre) Grav. & peint. franç. Paris 1815. Sculpt :

2018   Combat de coqs. Gérome pinxt 1850. Grav. 8o. (Luxembourg.)

Millet (Aimé) Sculpt. et peint. franç. Paris 1819.

2019   Ariane. Gravé p. A. Masson. d'ap. la statue de Millet. 8⁰.

Millet (Jean Franç.) Peint. franç. Gréville 1815 - 1875 Barbison. Pinxt :

2020   Les Glaneuses. A. Masson sept. Grav. 4⁰.

Muller (Charles Henri) Peint. & grav. franç. Strasbourg 1784—1845
     Paris. Pinx :

2021   Flore. Gravé par Berthoud. Médaill. 8⁰.

Muller (Friedr.) Peint. & grav. allem. Kreuznach 1750 - 1823 Rome ?
     Sculpt :

2022   Johannes Evangelistus. Domenichino pinxt. Grav. f⁰.

Mulready (William) Peint. angl. Ennis (Irlande) 1786—1863 Londres. Pinxt.:

2023   Le dernier venu. V. T. Smith engrav. Grav. 4⁰.

Noël (Léon Alph.) Lith. franç. Paris 1807—1879. Del.:

2024   5 lithogr. Eglises & Monastères d'Italie. Granet lith 8⁰.

Normand (Charles Victor) Grav. franç. 1814. Paris Sculpt.:

2025   2 Grav. an trait. 4⁰. 1. Francois I. Bergeret pxt. (Salon de 1808.) 2. Passage du Rhin. Le Thore pxt. Salon 1808.

Otto (G.) Peintre & grav. allem. (Meissen 1760—1780). Sculpt.:

2026   Jeune fille à la fontaine. Van der Embde pinxt. Soc. des Amis des Arts 1839. 4⁰.

Oudart (Félix) Aquaf. franç. Alais vers 1850. Aq. fort.

2027   Fontaine de parc. — Eau forte 16⁰.

Pennautier (A. de) Peint. & grav., aquafort. franç. Paris 1810. Aq. fort

2028   Pont de Sassenage. Eau forte. 8⁰.

Piloty (Karl von) Peint. allem. Munich. 1826. Pinxt.:

2029   2 Grav. 8⁰. 1. Leiden des Portraitmalers. — 2. Fischmarkt in Rom.

Pirodon (Eug. Louis) Peint. & lith. franç. Grenoble, élève de Jadin. Lith.:

2030   „Parlez au portier." Th. Rousseau pinxt. 4⁰. (Célébrités contemp.)

Poorten (W. D. Hendrik van der) Grav. flam. Anvers 1789. Fec.:

2031   Le Chemin tournant. Aq. fort. Grav. 16⁰. Marges.
2032   Le Monticule   id   id   „

Prud'hon (P. Paul) Peint. franç. Cluny 1758—1823 Paris. Pinxt. :

2033　　La Vengeance et la Justice poursuivant le Crime. Dumont sept. Bois 1865.

Queyroy (Armand) Grav. aquaf. franç. contempor. Vendôme. Aq. fort. :

2034　　En Bourbonnais. Entête. 4⁰. Marge. Dédicace à Ph. Burty. autogr.

Ramelet (Charles) Lith. et peintre franç. Collab. du Charivari (1 ères années). Lith. :

2035　　2 lith. 8⁰. Notre Dame des Grâces, près Honfleur. — 2. Charité.

Riffaut (Adr. Pierre) Grav. à l'aq. tinte et héliogr. franç. Paris 1821—1862 Charenton. Sept. :

2036　　Daphnis & Chloë. Grav. 4⁰. d'ap. Vuillemot.

Rixens (Jean André) Peint. franç. né à St. Gaudens, élève de Gérome. 1883. Pxt. :

2037　　La Gloire. Grav. bois p. Baude. 4⁰.

Rouargue (Em.) Dess. et grav. franç., élève de Delaunay. 1844 Del. :

2038　　Scènes d'histoire. — Broussel (1648), Buckingham (1572—1628). La duchesse de Longueville (1619—1679), etc.

Scap grav. franç. contemp.

2038a　　La main chaude. Tabl. de F. Roybet, inédit, 1885. Lith. double f⁰. marges.

2038b　　L'heure du repos. Tabl. de V. Brozic (à Mr. Sedelmeyer). Lith, double f⁰. Marges.

2038c　　Jeune fille. Dessin aux 3 coul. de Ch. Chapelin. Lith. sanguine f⁰.

2038d　　Au bal. Pastel inédit d' Alfr. Stevens. Lith. color. double f⁰. Marges.

Soinard (Franc. Louis) Peint. franç., a travaillé vers 1830 à Paris. Sculpt. :

2039   „A la Mémoire de Prud'hon." Tiré de son dernier tableau. De Boisfremant pinxt. Grav. fo.

Stahl (Hetzel, Pierre Jules) Littér. libraire et dessin. franç. Chartres 1814. — Del.:

2040   Le Diable boiteux. — 2 Grav. 8o.

Tournemine (Ch. Emile A. de) Peint. franç. Toulon 1814—1873 ibid. Pxt.

2041   2 Grav. 4o. par L. Marvy. — 1. Bretagne. 2. Picardie (l'Artiste).

Vautier (Mark Louis Benj.) Peint. suisse. Morges 1819. — Pxt.

2042   1. Winters Freuden & Leiden. Wagner scp. Grav. 8o. — 2. Civiltrauung. Heliogr. 4o.

Velly (A. de) ou **Vailly** (V. Nagler.) Inv. & del.

2043   Henri IV. Acrostiche en image. Lith. d. Constans. — $^1/_2$ 8o. long.

Veyrassat (Jules Jacques) Peint. paysag. & aquaf. franç. Paris 1818. Fec. 1849.

2044   Forge. Grav. sepia 8o. —

Yvon (Ad.) Peint. franç. Eschwiller (Lorr.) 1814. — Del.:

2045   2 Grav. 8o. 1. Massacre des Strelitz. (1698) gr. p. Follet. — 2. Bataille de Pultava (1706).

Diverses Estampes sur une feuille.

Aiffre (R. Ray), Peint. franç. Rhodes 1806–1867 pxt. — **Ribera** Peint. franç. 1528–1656 pxt. — **Court**, Peint. franç. Rouen 1798–1845 pxt. — M°· Clise, Peintr. fr. pxt.

2046   4 flles. 2 Grav. 2 Lithogr. 1. Enfance du Poussin. (Aiffre pxt.) 2. Une Italienne. (Court lith.) 8°. (Journ. l'Artiste 1840). — 3. Ribera, l'Etude. Cr. de Desclaus 8o. (l'Artiste 1840). — Clémentine de la Force. Grav. de Roth d'ap. le tabl. de M°· Clise. — Grav. 16o.

Ary Scheffer, Peintre franç. Dortrecht 1795–1858. Salon 1839 pxt. **Detaille** (J. Bap. Ed.) Peint. franç. contemp. Paris 1858 pxt.

2047   Le Roi de Thulé. Lith. 4o. Léon Noel. del.: A. S. pxt. Le Billet de logement. Gr. 4o, Thillot scpt. D. J. pxt. Carnaval de Milan. Bois fo. Ed. Morin 1869. id.

Léopold Robert, Point. suisse. — Eplatures (Suisse 1794–1835 Venise) 1831.

2048   1. La Prédiction. Lith. 4°. — 2. Son tombean à Venise. Grav. p. Lechard 16o. Salon de 1841. Dauvergue pxt. :

Begas, Peint. allem. (1794–1854) 1842. — **Compte Calix**, (Fr. Claudius). Peintre franç., Lyon 1813 (1840).

2049   4 flles. Portr. nach der Nat. gemalt. v. B. Lith.p. Schertle Méd. 4o. La soeur de lait. p. C. C. Grav. 4o. p. Desmandryl.

Dumas, (Michel), Peintre franç. Paris 1812. — Pxt. 1838. — **Regnier**, Peintre franç. Lyon 1816. — Del. 1830.

2050   1. Agar renvoyée par Abraham. p. D. Grav. p. Butavand. 4o. 2. Le Duo. p. R. Lithog. 4o. par Ligny.

Baian (Louis Eug.), Peintre franç. Rouen 1809–1859. Pxt. & lith. — **Leguay** (E. Charles), Peintre franç. à la Manuf. de Sèvres (vers 1762) Del. — **Koeppelin**, E. Lith. allem. Del.

2051   1. Nature morte. fond teinté, lith. 4°. B. pxt. Lith. 2. Le Figuier lith. 4°. L. pxt. 3. Altdeutsche Familie. Lith. 4o. K. pxt.

Maurin, Lith. & dess. franç. Perpignan 1793—1860. (1840) Fec. **Doussault** (Charles) Dess. & lith. franç. Lith.

2052　　1. Christine de Pisan. Lith. $^1/_2$ f⁰. Coupin del.: M. lith.
　　　　2. La Prière. Lith. D. lith. 8⁰. Aubert del. (V. Beraldi 51).

Prud'hon, Peintr. franç. 1738—1823. Pxt. — **Abel de Pujol**, Peint. franç. Paris 1785 1861. — **Hersent**, (Louis) Peint. franç. Paris 1778 —1866.

2053　　1. Un jeune Zéphyr se balançant. P. pxt. Grav. au trait 8⁰.
　　　　2. Prédication de St. Etienne.　　　　P. pxt. id　id
　　　　3. Louis XVI faisant des aumônes　H. pxt. id　id (V.Belier 763).

Lawrence (Sir-Thomas) Peint. angl. 1769—1831. Pxt. — **Gainsborough** (Thomas) Peint. angl. 1727—1788. — **Reynolds** (Josua) Peint. angl. 1723—1792.

2054　　1. 4 flles　Frère & Soeur. Gravé p. Dupont. Méd. xylogr. 4⁰.
　　　　2. Elisa & Thomas Linley 1768. gr. p. Devos id　id.
　　　　3. Pesse. de Hesse Hombourg　　　　„　　　　„　　id　id. (Ext.
　　　　　　de „la Femme“).
　　　　4. Lavinia Bingham (Ctesse Spencer)　　　„　　id　id. (Ext.
　　　　　　de Sir W. Armstrung).

2055　　Même planche.

Lawrence Pxt. **Marigny** (Melle. L.) Dessin. & lith. fr. (1830) lith.:

2056　　2 flles. 1. Le Bain. L. pxt. Lith. 4⁰. par Delpech.
　　　　　　　2. L'Improvisateur. M. pxt. Lith. 8⁰. long.

Bentley (Jos.) Grav. au bur. angl. Clayton 1809—1851. (1835) **Garneray** (Ambr. Léon) Marin et Grav. franç. Paris 1785—1857. Del.:

2057　　2 flles. 1. Le passeur. B. pxt. Wilmore scp. Grav. 8⁰.
　　　　　　　2. L'affaire du Cutter l'Ecureuil à Graville. G. gr. Grav. 8⁰. (V. Belier 607).

Morel Fatio (Ant. Léon) Toulon 1810—1871. Del. **Hilverdingk** (Ed. Al.) Peintre holl. (1846) Pxt.

2058　　2 flles. 1. Naufrage du Suserbe 1833. M. F. pxt. Outhwaite scpt. Gr. 8⁰. 2. Ein Pyrenaeenpfad. H. pxt. A. Payne scpt.　id 4⁰.

2059　　3 flles. 1. Résurrection. d'ap. Annibal Carrache. li h. 4o. par
Maggiolo. (Museum relig.) — 2. Résurrection. Grav.
8o. par V. Janet. — 3. Der Heiland schläft. Grav. 8o.

Stoeber, (Fr.) Grav. allem. Scp. :

2060　　3 flles. 5 Grav. — 1. 3 têtes. 8⁰. 2. Grav. au trait. par Niels. 8⁰.
— 3. Leonore. Grav. 8o. 4. Jeune fille, de la Glocke.
Grav. 8⁰.

Sain (Paul) Peintre franç. contemp Avignon 1853. Px^{t.} **Haquette**
(Georges) Peintre franç. contemp. Paris vers 1850. Px^{t.} **Breton**
(Jules) Peintre franç. contemp 1827. — id.

2061　　3 flles. Matinée de Nov. Salon 1890 (l'Art. franç.) Reprod. 4o. S. pxt.
　　　　　Heimwärts　　　　　　(Ill. Welt)　　　　„　　½ f⁰. H. pxt.
　　　　　Die Schnitterin　　　　　(id)　　　　　„　　½ f⁰. B. pxt.

Stütze (Otto) Peint. allem. contemp. Px^{t.} **Groenvold** (Marcus) Peintre
norweg. contemp. Bergen 1845 — Pxt.:

2062　　3 flles. Bei Mittendorf.　　　Grav. 1. bois 4o. S. pxt.
　　　　　Arbeitslos　　　　　　　　id.　　id.　　id.
　　　　　Ein Regentag.　　　　　Heliogr. id. G. pxt.

Herkomer (Hubert) Peintre dessin. et grav. anglo-allem. contemp.
Waal (Bavière 1849) Px^{t.}:

2063　　Das Enkelkind. Heliogr. 4o.

Schleich (Eduard) Peintre all. 1812 –1874 Px^{t.}:

2064　　Seestrand bei Mondbeleuchtung. Schmidt scpt. Grav. bois. fo.

Lemaire (Madel. Jeanne femme Colle.) Peintre franç. contemp. Vers
1845. Del. **Bernard** (Sarah Bernard Rosine dite) Artiste tragéd.
statut., peintre franç. née 22. Avril 1843 au Hâvre ou 22. Oct.
1844 à Paris. **Leloir** (Maurice) Peint. franç. **Loustannau** (Aug.
Georges) Peint. franç. contemp. 1846. —

2065　　4 flles. Une Merveilleuse. M. L. pxt. — Grav. bois 8⁰.
Aprés la tempête. Grav. S. B. scp. bois 8⁰. d'ap. sa maquette
Manon Lescaut M. L. pxt. grav. par Huyot. 4o. Specimen.
Convenienzheirat. L. pxt. Xylogr. 4⁰.

Meissonnier (Jean Louis Ernest) Peint. franç. Lyon 1815. Pxt **Leloir** (Maurice) Peint. franç. contemp. Pxt

2066   2 flles. M. pxt. Escalier de son atelier (Collect. Marinoni) Grav. 4o. Extr. de „Souvenirs & Entretiens." Hachette 1897. L. pxt. Illustrations d'une pièce de Meilhac. — (Figar. illust.)

Elmerich et **Lechard. Yvon.** Eschwiller. **Boilly.** — (1761—1859). **Grison** (Franç. Ad.) Bordeaux 1845.

2067   4 flles. 1. Elmerich & Lechard : Le prisonnier. Grav. 8o. (l'Artiste 1815). 2. Prise de Malakoff par Yvon. 8o. (Versailles). — 3. Arrivée de la diligence par Boilly (Louvre). Grav. 8o. Fête foraine photog. d'ap. le tabl. de Grison 16o.

Watteau, Greuze, Gravelot.

2068   Entête de „Le Dixhuitième siècle" 4o. Hachette 1898.

Marchal (A.) Peintre franç. contemp. (V. Bell. & Auv. 27).

2069   2 flles. La Prière du Bédouin. Photog. 8o. d'ap. son tabl. 1854.

Berres (Jos. Edler v.) Peint. allem. contemp. Lemberg 1821. (V. M. & S). Leben in Holland. 1879.

2070   8 Reprod. 16o. (Harpignies, Fils, Dagnan, Tassaert) des primes données par la Société popul. des Arts de Paris 1898 —1900.

Estampes & lithog. mod. non determinées.

2071   Guillaume Tell. — Lith. fo. long. pap. jaune.
2072   Environs d. Rouen. Grav. 4o.
2073   Vue de Hollande, moisson. Grav. 1 2 fo.
2074   Joconde. — Le Départ.   id   4o.
2075   Bretons & Bretonnes. Lith. couleurs, 4o.
2076   Christ au dernier repas. Lith. 8o.
2077   Christ en croix (d'ap. van Dyck) lith.   Deux femmes. Grav. 8o.

2078 1. Gretel & Hans. d'Uhland. — 2. Der wilde Jäger. 2 Grav. 4⁰.
              Cadres

2079 4 flles. Etudes de Chevaux. Augsbg. bei Herzberg. 8o.

2080 4 „ Grav. 1. Le Triomphe de Marat. 8o. 2. Pastorale. 32o. — 3.
          Bataille de Jemmapes. 16o. — Mort du Titien d'ap.
          le tabl. de A. Hesse. — Gravé par R. D. B. 4o.

2081 2 flles. Mort de Marc Antoine. (Tabl. de l'Ermitage.)
          Bacchantes (Salon 1840). — 2 Photog. 4o.

1er. Revolution française.

2082 **Louis XV** 1715—1774. Seb. Leroy del. Fr. Janet scpt. Grav. 16o.

2083 **Louis XVI.** 1754 · 20. Jan. 1793. The present King of France. — Ov.
          8o. Grav. angl.

2084 **Louis XVI.** De la Charlerie del. — Pannemaker & Liguy scp. 4o. Au
          dos portr. de Necker, Turgot, Mirabeau, Bailly; la
          Noblesse, Etats généraux (Révol. franç.)

2085 **Louis XVI & Marie Antoinette.** (Joséphe Jeanne) 1755—1793. — Cos-
          tumes de sacre. Grav. d'ap. un dess. de Moreau. 4o.

2086 **Marie Antoinette.** Marckl del. Félicie Fournier scpt. Grav. 8o.

2087 **Elisabeth** (Mme) soeur de L. XVI. 1764—1794. Hopwood scpt. Grav. 8o.

2088 **Lamballe** (Marie Thérése de Savoie — Carignan, épouse de Louis de
          Bourb. — Penthièvre, prince de Lamb.) 1748—1792. —
          Grav. 8o. par Mad. Tournier.

2089 **Danton** (Geo. Jacques). Arcis 1759 · 1794 Paris. — Convention.. Minist.
          de la Just. — F. Bourneville del. Sandoz scpt. Grav.
          8o. (Révol. fr. Charavay).
      id.   id.   id.   Lith. 8o. Autogr.

2090 **Marat** (Jean Paul). 1744—1793. Conventionel. 1. Grav. 8o. J. Caron scpt.
               id.   2. Lith. 8o. bei Schultz.

2091 **Charlotte Corday,** (d'Armans) née 1769 à St. Saturnin près Caen †
          Juill. 1793. Lith. fo. teintée.

2092 **Arné Joseph** né 8. Nov. 1762 à Dôle. „Portr. authent. de" un des
prem. vainq. de la Bastille." Lith. sanguine 8o. L. B.
1880. Souv. du 14 Juill. 1880. à Dôle.

2093 **Louis XVI.** devant le portrait. de Ch. I. — Philippoteaux del. Bois 8o. —
Marie Antoinette et ses enfants d'ap. Mad. Vigée
Lebrun. Bois 8o. — Lafayette au balcon avec la fa-
mille royale. Bois 8o. — Louis XVI & sa famille au
Temple. G. Lassalle del. & lith. 8o.

2094 1787 **Première séance** extraordinaire tenue par Louis XVI au Palais.
Nov. 1787. Dess. de Meunier et Girardet. Grav. p.
Niquet. 4o.

2095 1789 **La Maison du jeu de Paume** à Versailles. Grav. de l'époque 16o.

2096 1789 **Camille Desmoulin** au Palais royal. Ary Scheffer del. Grav. 8o.
12. Juillet.
    id.   im Garten des Palais Royal. Jentzech del 1891. 4o.

2097 1790 Juillet 18. **Bal & illuminations** aux Champs Elysées. Grav. du
temps. 8o. Bureau des Révol. à Paris.

2098 1792 Aug. 10. **Kampf der Schweizergarden** in Paris.

2099 1792 **Assassinat de Lepelletier St. Fargeaud** (1750—1793) Grav. 8o.
Ary Scheffer del. (1756—1826).

2100 1793 **Boissy d'Anglas** se découvrant devant la tête du député Féraud.
Vinchon pxt. Grav. bois 8o.

2101 1783 **L'Appel du Girondins** (30. Oct.) Tableau de Flameng. Eau. f. de
Gaujean fo.

2102 1798 **Fusilladen zu Lyon.** (14. Déc.) — Rousseau's Vergötterung &
Versetzung in das Panthéon. Ma... pxt. 2 Grav. 16o.

2103 **La Rochejacquelein.** (Henri de) 1773--1794. — Soulèvt. de la Vendée.
Grav. fo.

2103bis   id.   Interrogeant un chouan. Son autogr., celui de de Les-
cure et de Desessarts. 8. Juillet 1793) Bois fo.

1er République & Empire.

Portraits.

2104 **Napoléon I.** et sa famille. Douze portraits méd. Grav. fo.

2104bis id & 5 membres de sa famille. A.: D, F.: Lith. fo.

2105 id bei Arcole. Nach dem Gemälde von Gros, gestochen von Longhi 1798. Reprod. 8o. Zincog. 2 Médailles avers & revers de la bat. d'Aboukir. (aus Nap. I. Revol. & Kaiserreich von J. von Pflug Hartung.)

2106 id Son portrait. Encre de Chine. Ov. 16o.

2107 id 4 portraits. de Nap. Général sous la Révol. 1795. — A Arcole 1797. — Consul 1802. — Empereur 1800. (Grav. méd.) 8⁰

2108 id. Projet de Rude. Crayon à 2 coul. f⁰.

2109 id & **Marie Louise** en costume d'apparat. Descrais del. Grav. par Fortier. 2 Grav. 4⁰.

2110 **Bonaparte** (Charles de) Ajaccio 1746—1785. Père de Nap. I. Juge à Ajaccio. Girodet pxt Huot scp. (Gal. de Vers.) Grav. 4⁰.

2111 **Joséphine Beauharnais** (née Tacher de la Pagerie) Ière. femme de Nap. I. (1765—1814) Goutière scp. 8⁰.

2112 **Marie Louise** (d'Autriche). 2e femme de Nap. I. (1791—1847) Monsorno pxt. Johann Mansfeld scpt. Grav. ov. 8⁰.

2113 id Dessiné d'ap. un portrait original. Prot scpt. Grav. 8⁰. déposé à la Biblioth. impér. en 1810.

2114 id en costume d'apparat. Descrais del. Fortier scpt. Grav. 4⁰. Armes.

2115 id en costume de bal. Grav. par Bosselmann. Grav. 8⁰. (Furne).

2116 **Napoléon II.** Roi de Rome. duc de Reichstadt, fils de Nap. I & de Marie Louise. (1811—1832). Philippoteaux del. Ramus scpt Grav. 8⁰.

2117 **Napoléon Bonaparte** (le Prince Jos. Ch. Paul) né 1822. fils de Jérôme. — Grav. ov. 8o.

2118 id **Louis Bonaparte** (1804—1831) Mari de Charlotte B. sa cousine, fille de Joseph) (Biogr. des hommes du jour). Lith. 8⁰.

2119 **Beauharnais** (Eugène) (Duc de Leuchtenberg, fils de Joséphine. 1781—1824) Lith. 4o.

2120 id. id Karl Meyer scpt. Grav. 8o.

2121 id. id id id.

2122 **Murat** (Joachim) Roi de Naples 1771—1815, mari de Caroline Bonap
      Conché fils sept. Grav. 8o.

2123 **Augereau** 1757 1816. (Pierre, Franç. duc de Castiglione) Maréchal
      & Pair de France. — Hil. Le Dru del. F. Lefévre scp.
      Grav. 4⁰.

2124   id   id   Lith. Küsther. 16⁰.

2125 **Bernadotte** (1764—1844) Mal. de France, Roi de Suède. Hil. Le Dru
      del. F. Lefévre scpt. Grav. 4⁰. (1818).

2126 **Berthier** (Alex.) 1753—1815. M. d. France, Prince de Wagram et de
      Neuchatel M. Roze del. — Payen scpt. Grav. 4⁰.
2127 — — Même planche.

2128 **Brune** (Guill. Maria Anne,) 1763 à Brives 1815 à Avignon Ma. de Fr. Grav.
      & del. Conché fils. Gr. 8⁰.

2129 **Beurnonville** (Pierre du Ruel). Marquis de, 1752—1821. Mal. de France.
      Hil. Le Dru del. J. B. Gautier scpt. Grav. 4⁰.

2130 **Boigne** (Ch. de) 1741—1830. Gal. franç. Grav. 8⁰. Grav. & del par
      Tony Goutière.

2131 **Custine** (Adam Philippe Cte. de.) Metz 1740—1793 Paris. Gal. fr. Lith. 16⁰.

2132 **Cadoudal** (Georges) né 1771 près Auray 1803 à Paris. Fondateur des
      Chouans. Grav. 8⁰. p. Conché fils.

2133 **Desaix de Voyoux** (Louis Ch. Ant.) 1768—1800 Marengo. Gal. franç.
      — L. Marin del. — Lith. f⁰.

2134 **Davoust** (Louis Nicolas) 1770—1823 Duc d'Auerstädt. puis Prince
      d'Eckmühl. Grav. p. Karl Meyer 8⁰.
2135   id   id   id   Grav. p. Conché fils. 8⁰.

2136 **Drouot** (Antoine) 1774 à Nancy — 1847. Gal. franç. Dess. p. J. Casse
      d'ap. la Statue de David d'Angers inaugurée à Nancy,
      Juin 1855. Lith. 4⁰.
2137   id   id Grav. p. Alph. Boilly d'ap. J. Boilly. Grav. 8⁰.

2138 **Dumas** (Mathieu) 1753 à Montpellier —1837. Gal. franç. Le Dru del. —
      Bourgeois scpt. Grav.

2139 **Gérard** (Cte. Etienne Maurice de) 1773—1852. Gal. fr. Fanchery del. Gr. 8⁰.

2149 **Joubert** (Barthelmy, Cathér.) 1769—1799. Gal. fr. Hilaire Le Dru del. Gr. 4⁰.

2141 **Jourdan** (Jean, Baptiste Cte.) 1767—1833. M^{al.} de France. Le Dru
del. Grav. 4⁰.

2142 **Kléber**, (J. B.) Mars 1753 à Stbg. † 14. Juin 1800 au Caire. Charpentier del. Vallot sept. Grav. 8⁰.

2143 **Lannes** (Jean) 1769—1809, Duc de Montebello, M^{al.} de France. Maulet
sept. Grav. 8⁰.
2144   id   Karl Meyer grav. 8⁰.

2145 **Lecourbe** (Claude Jacques) 1759—1815. Gal. franç. Vauchelet px^{t.}
Grav. 8⁰.

2146 **Macdonald** (Etienne, Jacques Joseph) Duc de Tarente. — Goutière
sept. Grav. 8⁰.
2147   id   id   Couché fils. Grav. 8⁰.

2148 **Masséna** (André) Nice. 1758—1817, Duc de Rivoli, Prince d'Esslingen.
M^{al.} de France. Dess. par Bonne Maison. Gravé par
G. Fiesinger Bibl. nation^{le.} Reprod 12⁰. (Révol. franç.
de J. Michelet).

2149 **Marceau** 1769 à Chartres † 1796 à Altenheim. Gal. franç. Grav. au
trait 16⁰. Fremy del. & sept.

2150 **Maret** (Hugues, Bernard.) 1763 à Dijon † 1839 à Paris. Avocat, puis
Ministre fr. Grav. 8⁰. p. Couché fils.

2151 **Moncey** (Bon Adrien Jeannot) 1754 Besançon † 1842, Duc de Cone-
gliano. M^{al.} France. Fauchery del. Grav. 8⁰.

2152 **Moreau** (Jean Vict.) 1761 à Morlaix † 1813 à Lauen en Bohême.
Gal. franç. Hil. Le Dru del. Lefévre sept. Grav. 4⁰.
2153   - Même planche.
2154   id.   id.   Peint p. Vauchelet. Grav. 8⁰. (Gal. hist. de Vers).

2155 **Morlier** 1768 Cat. Cambrésis. † 1835 par la machine de Fieschi. M^{al.} de
France. Grav. 8⁰. Fanchery del.

2156 **Paillette.** Gal. franc. Grav. p. Lefévre d'ap. M^{e.} Ad. J. de Mancy 8⁰.

2157 **Pichegru** (Charles) 1761 Arbois † 1804 au Temple. Gal. franç. Hil. Le
Dru del. Lefévre sept. Gr. 4⁰.
2158   id   id   id   Couché fils sept. Grav. 8⁰.
2158   id   id   id   Fremy del & sept. Grav. an trait. 16⁰.

2160 **Soult** (Jean de Dieu) 1769 † 1851 à St. Aman, Tarn. M^{al.} de France,
Duc de Dalmatie. Couché fils. sept. Grav. 8⁰.

2161 **Suchet** (Louis Gabriel) Lyon 1770—1826. Duc d'Albufera. Mal. de France. Stahlst. von Karl Meyer. Grav. 8⁰.

2162 **Victor-Perrin** 1764 à Lamarche (Vosges) † 1841. Mal. de Fr., Duc de Bellune. Grav. 8⁰. Fauchery del.

<hr>

1er République et Empire.

Divers.

2163 **L'Etat major** autrichien devant le corps de Marceau. J. P. Laureus pxt. 1877. E. Thomas scpt. f⁰. (Monde Ill.)

2165 **Mort du père de Napol.** „Celui-ci sera le chef de la famille." Pinhas H. scpt. Grav. holl. 8⁰.

2165 **Passage du St. Bernard.** „L'aigle le guide." Karl Girardet pxt. Gauthier scpt. lith. f⁰.

2166 **Bonaparte & les Cénobites. Reddition de Mantoue** Ary Scheffer pxt. Alf. Johannot scpt. Grav. 8⁰. Steuben del. Coiny & Prévost scpt. id.

2167 1. **Napoleon & Königin Louise.** Tilsit 1807.
2. **Blücher empfängt bei Genappes Orden, Hut u. Degen Napoleons.** (1817.) 2 Grav. 12⁰.

2168 **Une soirée chez Lucien Bonaparte.** 2 flles. Philippoteaux del. Bodin scpt. Grav. 8⁰.
Le Sacre   id

2169 **Le départ** (1814) 2 feuilles lithog. 4⁰.

2170 **Bataille du Mt. Thabor.** Dess. & grav. à l'eau f. par Jules Duvaux d'ap. le tabl. de L. Cogniet. Grav. 8⁰.

2171 1. **3 flles. Napol. & l'Emp. d'Autr.** Grenier pxt. Alph. Boilly scpt. Grav. 8⁰.
2. **Zusammenkunft Nap. mit Kaiser Franz II.** Nach dem Gemälde von Gros. Héliog.
3. **Nap. & son état major.** Gudin del H. C. Muller scpt. Grav. 8⁰.

2172 **Nap. & le Grenadier.** Roemhild scpt. Lith. 4⁰.

2173 **Arcole, Madrid, Rivoli, Eylan, Berlin.** 5 Grav. 8⁰. par Girardet, Leclère, Lefèvre, Hugo d'après Gros, H. Vernet, Girardet, Philippoteaux.

2174 1. 2 illes. **Nap. & ses soeurs.** Philippoteaux del. Legnay sept. Grav. 8°.
2. **Nap. à Smolensk** Lauay Eug. pinxt. P. Adam sept. id.

2175 **Bataille d'Eylau** (1807) Naudet del. Le Beau sept. Grav. f°.
2176 id. d'ap. le tableau de Gros (Louvre) Heliogr. 8°.

2177 **Boulogne** (Vue du Port). vers 1807. Naudet del. Le Beau sept. Grav. f°.

2178 **Les Adieux de Fontainebleau.** 1814. Aquatinte. Gd. f°.

2179 **Le retour de l'île d'Elbe.** D'ap. la lith. d'H. Bellangé. Zincogr. 8°.

2180 **Les Aigles retrouvées** (21 Mars 1815). Dess. de Kepler. Grav. par Moreau. Aquatinte. Gd. f°.

2181 **Bataille de Waterloo** 18 Juin 1815. Gravure bois f°.

2182 **Nap.s Haus auf der Insel Elba.** Th. Rausche sept. Grav. 8°.

2183 **Mort de Nap.** (5 Mai 1821) Steuben inv. Pedraglio gez. — Lith. f°.

2184 **Nap. I.** Ses funérailles. A. Provost Lith. 4°.

2185 **L'Ombre de Napoléon.** Roembild sept. chez Dopler à Paris. Lith. 4°

2186 **15 dessins de Deveria** sur la vie de Nap., publ. par Bourdin. Gravures de Johannot, Dupont, etc. Grav. 8°.

2187 **Mémorial de St. Hélène.** dessins de Charlet. Hist. de Napol. par P. M. Laurent, dessins d'Hor. Vernet. (1840). — Une dizaine de grav.

2188 **Caricatures du temps de Nap.** (1815) Le Gâteau des Rois. — Grav. color. 4°.
2189 id „Glorieux règne de 19 ans." „Comme il gouverne depuis 15 ans." Grav. col. f°.
2190 id Napoléon raconté par l'Image. Specimen. 5 Grav. 8°.
2191 id Die Rückkehr von der Insel Elba. 8°. Nap. Général en chef (d'ap. Raffet.) 8°. Napoléon (Hachette). — Son lit de camp. (Photogr.) 4°.

2192 **Calendrier** 1833. — Vie de Nap. Chez Binet à Paris. Gd. f°.
2193 2 Nos. du **Journal de l'Empire.** — 24 & 25 février 1814.

Bourbons. — Louis XVIII. Charles X, Louis Philippe. 2. Revolut. 1830.

2194 **Louis XVIII.** (1755—1824) La Charte imprimée formant son profil. Bonisson inv. & sept. Pelicier grav. f°.

2195   id   Son portrait. Celui de sa nièce la Dsse. d'Angoulême. P. Colan scp. Grav. Ov. 32°.
Son départ pour Genève (20 Mars 1824) Grav. d'ap. Grav. au trait. 8°.

2196 **Henry V.** (Ch. Ferd. Marie Dieudonné, Cte. de Chambord. Duc de Bordeaux, fils du duc de Berry.) Paris 1820. Lith. f°.

2197 **Marie (Thérèse Béatrix** Gaetane Ctesse. de Chambord, duchesse de Modène), née 1811. Lith. 8°.

2198 **Orléans** (Ls. Phe. Jos. duc d') 1747—1793. Ph. Egalité, père de L. Phil. Lith. Delpech. 8°.

2199 **L. Philippe I.** Roi des Français 1773 1850. H Vernet pinxt. 9. Août 1830. Lith. ov. 8°.

2200   id   Koenig der Franzosen. E. Lemaitre del. Lith. 8°.

2201 **Orléans** (Ferd. Phe. Ls. Chs. Henri, Jos. duc d') Palerme 3. Juill. 1810 † 1842. 13. Juillet Neuilly, fils ainé de L. Phil. Dess. f°

2202 **Neuilly, boutique de l'épicier Cordier** où le duc d'Orl. est mort 1842. Dess. d'ap. nat. ¼ d'h. après, par H. Clerget. Lith. 4°.

2203 **Joinville** (Franç. Fréd. Ph. Louis Marie) Prince de, Franç. duc d'Orléans. Amiral franç. — Lith. cadre. f°. Né 1818 à Neuilly mort 1898 Paris.

2204   id   Legrand lith. 4°.

2205   id A bord de la „Belle Poule", ramenant les cendres de Nap. 1840. Grav. p. Riffaut Grav. 8°.
L Philippe à l'Hotel de Ville 1830. Philippoteaux del. Grav. 8°.

2206 **Aumale** (Henri d'Orléans duc d') 1822— Mai 1895. Lith. 8°.

2207 **Cavaignac** (le Gal. E.) 1802—1857. Chef du pouvoir exécutif. Lith. f°. Carrière del 1848.

2208   id   .. Lith. f°. Casse à St. Gandens.

2209 **Casimir-Perrier.** (1777 1832) Minis:. de l'Intérieur. Jos. Matter sept
Augsbg. Grav. 16⁰.

2210 1. Le peuple aux Tuileries 29 Juillet 1830. Grav. 8⁰.
2. Le Choléra à Paris. Avril 1832. 2 dess de Jeanron. Grav. 8⁰.

2211 Révolution de 1830. 27. 28. 29. Juillet. 3 dess. d'Eug. Lamy d'ap.
na:ure. Lith. f⁰.

2212 La Colonne de Juillet et noms des Défenseurs de 1830. Gravé par
J. D. Lale Gd. f⁰.

Révolution de 1848. Estampes de l'époque.

2213 Barricade Rue Clovis Dessin d'Eug. Ciceri (né à Paris 1813). — E.
de Beaumont lith. Charivari 1848. Lith. f⁰.
2214 Attaque de l'entrée du Boulvd. du Temple   id.
2215 Enlèvt. d'une barricade Rue Perdue (Panthéon)   id.
2216 Rue de Charenton   id.
2217 Prise du Clos St. Lazare   id.
2218 Barrière Poissonnière (Poursuite des insurgés dans le Clos St. Lazare.)
2219 Porte St. Denis Attaque de la barricade. Dessin de Provost. Charivari 1848.
2220 Les insurgés poursrivis dans les carrières de Montmartre. Eug.
Ciceri del.
2221 Dévastation du poste de la place Maubert   id.
2222 Canonnade du Panthéon. Dess. de Provost.   id.
2223   id   de la Place Baudoyer   id.
2224 Prise de la Carrière de la Chapelle St. Denis. Rigo del.   id.
2225 Barricade de la Rue du Petit Pont. Provost del. id
2226 Le Gal. Bréa victime d'une trahison (Barrière Fontainebleau. Rigo del.
2227 Rue St. Antoine E. Ciceri del.   id.
2228 1. Types d'insurgés. E. de Beaumont del.   id.
2229 2. Enlèvt. d'une barricade par les Gardes mobiles id.
2230 Envahisst. de la salle de l'Assemblée nat. 15. Mai 1848. Provost del.

2e. Empire.

2231 **Bonaparte** (Louis Napoléon) 1808 – 1873 9. Jan. — Président de la République fr. Déc. 1848. S. Rebel sept. Grav. 8⁰.

2232 „ son mariage avec Théba de Montijo. 30 Janv 1850. Plébiscite (Avril 1870) Grav. 16⁰.

2233 „ Empereur (1852). — (La guerre illustreé Juillet 1870.) — Au dos: Fusil Chassepot. fusil à aiguille. uniformes.

2234 **Napoléon III.** Dess. & lith. de Paconlet. Grav. 8⁰.
2235 id 1. Kaiser der Franzosen. 4⁰. 2. Revue passée à Satory avec le duc de Génes. (Journ. ill.)
2236 id Napoléon à Compiègnes. 1858. Chasse à courre, l'Imperatr., la Princesse Clotilde, la Gde. Dsc. de Leuchtenberg etc. C. Moullin del. (Journ. ill.) f⁰.
2237 id Napoléon allant à Plombières. Passage du train à Blainville. G. Durand del f⁰.
2238 1. Récep on à St. Cloud 1859 d'ap. un croquis de Mr. Moullin Bois f⁰. 2. Bois de Boulogne sous l'Empire. Pedraglio del. Bois f⁰.
2239 Grand escalier des Tuileries le soir du bal de la Cour 19 fév. 1857. Dess. de C. Maurand. Bois. f⁰.
2240 L'Assemblée législative Emménagement 1858. dess. satyr. de Nadar. Bois. f⁰. Légende au dos.

2241 **Baraguay d'Hilliers** Gal. (1795—1878) Benj. Rouland del. Lith. f⁰.

2242 **Guerre de Crimée** 1853–1856. 7 Vignettes. Sébastopol, etc. (Hist. contemp. ill.) Lith. f⁰.
2243 id id Malakoff (1855) etc. id
2244 id id Prise de Melakoff. Yvon pinxt. Photog. 8⁰.
2245 id id Kimburn. Kars. Dess. de G. Doré. une planche de l'Hist. contemp. ill. (Empire ottoman).

2246 **Guerre de Chine** 1857. Une feuille. Hist. contemp. ill. (La Chine).
2247 id Péking coté nord & côté sud. Dess. de Mr. Marchal. (de Lunéville) Grav. f⁰.

2248 **Guerre d'Italie** 1859. Une flle. Hist. cont. ill. Portraits.
2249 „ „ „ „ Vues.
2250 „ 2 Grav. d'ap. Durand-Brager. Pont de Buffallora. Maison de Magenta. (Monde illust. 1859.)

2251 **Napoléon III.** Empereur des Français. 1808 Naiss. 1848 Présid. 1852 Emp. 1873 Décés. Fait en Juill. 1870. Au verso: fusils, uniformes. — Une photogr. 1870.

2252 **Guillaume I.** Roi de Prusse. — Départ des troupes franç. — Carte de Prusse. — Mitrailleuse. Dess. de Janet Lange. fº. (Illustr.) 1870. — 2. Revue de la Garde impériale. G. Maurand del. (Petit Illust.)

2253 **Wimpfen** (Gªl de) né à Laon 1811. Photog. Alb. Lepez à Paris. Signat. autaug.

2254 **Bourget,** 2e Combat. Maurice Pallanète del. 8º.

2255 **Napoléon's** und **Bismarck's** Zusammenkunft bei Donchéry nach Sedan. Gemälde von Ant. v. Werner. fº. bois.
2. Au liberateur du territoire, hommage à sa mémoire, G. Maurand. del. fº. (Illustr. 31. Août 1878).

2256 **Thiers, Adolphe** (1797—1877) Présidᵗ de la Républ. franç. Lith. fº. Wentzel.

2257 **Dix photographies** de personnages du 2e Empire, faits de 1862 à 1866.

2258 **Un Nº·** du Journal: le Pére Duchéne Mars 1871.

Plans de Strasbourg.

2259 Plan de la V. de Strasbourg, divisée en 10 Cantons. Dressé & gravé en 1786. par. Weis.
2260 Pl. de Strasbourg & environs par Kampmann 1850.
2261 Plan de Stbg. et environs 1/20.000. Berg. Levrault. 1864.
2262 „ „ nouvel alignement et parties incendiées (Stbger. Wochenbl.) 1872.
2263 „ „ avant l'agrandissement (Ver. v. Moritz Schauenburg.
2264 Pl. der St. Stbg. und ihrer Erweiterung (Els. Kurier) 1876—1877.
2265 Entwurf zu einem Stadtgarten zwischen Schwarzwaldstr. & Citadelle 1880.
2266 Plan der Stadt Stbg. K. Trübner. 1882.
2267 Bahnhof (alter) Grundstücke der Reichseisenbahn die daselbst zu verkaufen sind. 1885.
2268 Grosser Pl. der Stadt Stbg. nebst Vororten 1/7.500 K. Trübner 1900.
2269 Plan der Stadt Stbg. nebst Erweiterung. Heinrich. 1898.
2270 Grosser Pl. der Stadt Stbg. nebst Umgegend 1:75,000 Lindner (Karl Muller) 1899.
2271 Ecusson de la Ville de Stbg. Dédicace de F. Reiber 1889.
2272 Ancienne bannière de Stbg. J. Ulrich. 2 coul. 4º. Allgem. Kal. 1900.

Strasbourg. — Vues générales.

2273   1. Ancienne vue d'ap. Specklin 1587. — 2. Vue prise de l'Ile Ste Hé-
        lène. (Silbermann) 16⁰. Reprod.

2274   Vue prise de la Robertsau en 1600. Lith. Th. Muller 8⁰.

2275   4 Vues d'après Wenzel Hollar (1607—1677). Die 4 Jahreszeiten.
        Photolith. par E. Stribeck 8⁰.

2276   Vue prise du Petit Moulin d'ap. une anc. grav. (Zix). Vers 1810.
        Photograv. 8⁰

2277   ,,   hors la porte de l'Hopital. Lith. 4⁰. Vers 1830.

2278   ,,   de l'Ile Ste Hélène. Deroy del. d'ap. nat. Lith. teint. (France
        en miniat.) Vers 1850.

2279   ,,   du pont des Moulins. Lith. color. 8⁰. Vers 1860.

2278a Vue de Strasbourg & de ses environs (Est) Vue prise de la Cathé-
        drale. Double f⁰. Dess. d'ap. nat. part Piton 1842. Lith.
        Simon.

2279b   ,,   (Ouest.)   id   id.

2280   ,,   du haut de St Thomas. Grav. f⁰. Gez. & gest. v. L. Schmitt
        1820.

2281   ,,   des remparts de la gare. Lith. dess. d'ap. nat. par Maugendre.
        Lith. col. f⁰. Vers. 1870.

2281bis ,, à vol d'oiseau vers le Rhin. Lith. col. f⁰.   id.

2282   ,,   de la tour de l'Hopital. Photog. Olb. 1880.

2283   Vues diverses, Calendrier 1862 (Lith. Ve Berger Levrault.)

2284   ,,   ,,   1897 (Phototypie. Impr. alsac.)

2285   5 Vues. — Grav., photograv. — (1840) 8⁰ & 16⁰.

2286 10 ,,   Cartes bleutées „Stbg. avant. 1870" par Koertgé.

2287 12 ,,   ,,   réclames (Clot & Cie.) 1895.

2288   9 ,,   ,,   Ponts couverts, Place impériale. par Koertgé 1898.

2289 11 ,,   ,,   divers monuments (1899). — Heliogr.

2290 24 ,,   de Strasb. etc. Anc. propriétés Mullenheim-Rosenburg.
        Naeher del. Grav. 4⁰.

2291 15 ,,   de Stbg. et divers batiments universitaires. Heliogr.
        1898. — 4⁰.

2292   Strasburg u. seine Bauten. Chez Trübner. Prospect. 1884.

2293   Exposition de 1895. Orangerie. Alb. 11 photogr. 8⁰.

2294   Maison Maurique 1890 et douze vues div. Photograv. réclame.

Strasbourg. — Eglises.

2295   St. Etienne & quai Kléber Lith. d'ap. nat. par Sandmann (Vers 1840)
        4⁰. obl.

2296   St. Jean et quai. Lith. d'ap. nat. par Sandmann. 4⁰. (1850).

2297   ,,   Adoration du Mages. crèche. Lith. teintée par Voulot. f⁰.

2298   St Louis. Lith. d'ap. nat. par Sandmann. 4⁰. obl. (Vers. 1840).

2299   Temple neuf & Gymnase en 1538. Kirchenbote d'ap une anc. grav. 8⁰.

2300   id   & Maison Piton. Lith. H. Wieger 4⁰. — 1850.

2301   id   id   1850.

2302   id   Touchmolin del. Lith. 8⁰. — 1860.

2303   id   Reconstruit en 1874. Lith. 4⁰. Procés-verbal. Buste méd. de Mr J. Sengenwald donateur de la tour, Lith. d'ap. Stienne. 4⁰.

2304   id   Todentanz entdeckt anno 18 . . (date de 1530. envir.) Texte au dos. Grav. s. bois. Hinkenderbote. 4⁰.

2305   id   Même planche.

2306   St Pierre le Jeune. Lith. d'ap. nat. par Sandmann. (Vues inter. d. Stbg.) Vers 1840. 4⁰. obl.

2307   St Thomas de 1410 à 1771. D'ap. B. Zix. Grav. color. 4⁰.

2308   id   Chapuy del. Lith. color. vers 1850 f⁰. (La France de nos jours).

2309   id   Sandmann & Pedraglio lith. f⁰. 1 marges.

2310   id   Calendrier 1898. Phototypie.

2311   id   Mausolée du Mal de Saxe, lith. 8⁰. d'ap. le dess. à la plume et la description de Perrin.

2312   id   id   érigé en 1777. Dess. d'ap. nat. p. Bürck. Lith. color. f⁰. 1860.

2313   id   Photographie. 1880 ¹/₂ 4⁰.

2314   id   Vue prise du pont des Moulins (vers 1840) Lith. d'ap. nat. par Sandmann. 4⁰.

2315   id   Place & presbytère. Lith. d'ap. nat. par Sandmann. (Vues inter. de Stbg.) Vers 1840. 4⁰. obl.

Strasbourg. — Cathédrale.

2316   Erwin v. Steinbach beginnt den Thurmbau (2 tours). H. Danzer del. Lith. 8⁰.

2317   Façade à 2 tours, abaissement de la partie centrale. Lith. de F. Boehm. — 8⁰.

2318   Même planche.

2319   Die 5 höchsten deutschen Münster. Mauch del. Lith. teinte. 8⁰. Ulm.

2320   Vue générale vers le sud. — Joh. Ad. Seupel chalcogr. Argent. sculp. gᵈ f⁰. (Choeur surmonté de la Vierge). (rare.)

2321   id   „ Le Metayer & Masselin Edit. (1687 au dos) Grav. 8⁰. (Petites Boucheries au pied)

2322   id   „ Lith. F. Boehm. 8⁰. (télégr. optique) et vue de Stbg. 1615.

2323   Même planche.

2324 Façade nord. d'ap. la grav. de W. Hollard 1645 (Handb. de Rost 1796)
        4⁰. Heliogr. Heitz & Mündel.

2325 Même planche photogravure 4⁰.

2326 Façade, grand portail. Perspectivische Ansicht des Münsters. Lith.
        v. B. Herder (1840). f⁰.

2327   id   id et Vue du Marché aux Herbes. Lith. p. Oberthur. Dess.
              par F. Ch. Wissant. (Fischbrunnen) f⁰.

2328   id   id & R. Merciére. (Fantaisie) Grav. color. chez Basset. f⁰.

2329 Vue générale prise en 1860 (avec télégr. aérien.) Photogr. f⁰.

2330   „   „   Est 1880 Photog. 8⁰. (Winter).

2331 Façade, rue Merciére 1885 Photog. 8⁰. id.

2332   „   sud, place de Lycée 1885. Photog. 8⁰. id.

2333 Même planche.

2334 Façade nord. Temple neuf en construction. Photog. 8⁰. 1892.

2335 1. „ ouest, gᵈ portail. — 2. Rosace. Photog. 8⁰. (1885).

2336 **Parties extérieures.** Von dem neuen vergoldeten Knopf 1751.
        Légende allem.

2337 La pointe déformée en 1870 et sa réparation. 4 planches par Klotz.
        grav. chez Berg. Levr.

2338 **Grand portail** Façade ouest. — La Rosace. Photog. 8⁰.
2339   „   Grand portail id   id
2340   „   Portail droit. id   id
2341   „   Les 3 portails. La nouvelle grande porte (1890)
        Photog. 8⁰.

2342 **Chapelle St. Laurent** Façade nord. — Portrail Sᵗ Laurent 1885.
        Photogr. 8⁰.
2343   „   et Gᵈᵉ porte ouest. Photogr. 8⁰
2344   „   Grav. sur acier (1850). E. Simon 8⁰.
2345   „   Effet d'hiver (télegr. aérien).
                Courtin. d'ap. le croquis de Mʳ· Chapuy.
        Lith. 4⁰. (1850)

2346 **Horloge.** Coté sud. Entrée. J. Brunn scpt. — Reprod. de la planche
        de 1617. J. J. Guttermann. 8⁰.
2347   id   Portail roman. — Choeur. 2 Photog. 8⁰. (1880)
2348   id   id. 4⁰. Photog. Winter.   id.

2349   id   Statue d'Erwin de Steinbach ³/₄ à g. par P. Grass 1866·
              Avec dédicace. Photog. ¹/₂ f⁰. de Winter.
2350   id   id   face. Photog. 8⁰.
2351   id   Statue de Sabine par Grass. Photog. Saglio & Peter ¹/₂ f⁰.

2352 **Parties intérieures.** Nef & Choeurs. Grav. chez Simon. 8⁰. (1850).
2353 Colonnes des Anges. Horloge. Ch. Winter photog. 1879. 4⁰.
2354 Orgue. Entrée du Choeur, Colonne des Anges. — 3 photog. 8⁰. 1879·

2355 Ancien maitre autel de 1501. J. Brunn Argent. sculpt. A. 1617. J. J.
         Guttermann. Reprod. photolith. 4⁰.
2356 Chaire en pierre. Chapuy del. Ch. Fichot lith. Lith. f⁰. (Moyen âge
         monumental).
2357 Cuve baptismale. Chapuy del. Asselineau del. Lith. f⁰. (Moyen âge
         monumental)

2358 1. Vitrail du XIIIᵉ siécle. — Sᵗ Victor. — Sᵗ Maurice. — E. de Lastey-
         rie del. & lith. Imprim. en couleurs de L. Le-
         tronne. f⁰.
     2.   id   du XIVᵉ siécle. — Charles le Jeune. — E. de Lastey-
         rie del. & lith. Imp. en coul. chez Kaeppelin & Cie. f⁰
2359 Maitre autel de 1686. Lég. & dédicace lat. J. A. Seupel fec. Fr. Wilh.
         Schmuck typogr. f⁰.

2360 Horloge de 1574. Isaac Brunn scp. 1617. De Isr. Musselis Strasbur-
         gischen Münsters Beschreib. 8⁰.
2361   id   id Lég. et descript. en 152 vers lat. à gauche. Fig. du
         XVIIᵉ· s. au bas. Gᵈ f⁰. Reprod. héliogr.
2362   id   id Lith. d. M. F. Boehm. 8⁰.
2363 Cantate en l'honneur de Schwilgué père, paroles de Lehr, musique
         de Hoerter. — Abendfest zu Ehren des H. Schwilgué.
         Worte von Aug. Lamey. Musik v. Haerter. 31 Déc.
         1842. 2 flles. couleur. f⁰.

Strasbourg. Rues, édifices, maisons.

2364 Grand Rue. Entrée entre les Quais Desaix & Türkheim. Photog. ov.
         1880. 8⁰.
2365 1. Blick in die Grand' Rue. Lith. 16⁰. — Raspelhüs 1860. Grav. 16⁰.
2366 Maison Marché aux poissons, faussemt. désignée comme la demeure
         de Goethe 1770—1771 (1885.) Photog. 8⁰.
2367   „   Rue brulée Nr. 1 & 3. F. Nacher del. Lith. 8⁰.
2368 Kleine Metzig 1621 —1838. D'ap. une anc. grav. Héliogr. 8⁰.
2369 Petites boucheries 1621, démolies 1837. Emplact du Café de l'Univers.
         du Marché couvert, du Magas. de la Ville de Paris.
         Dess. de E. Schweitzer. Impr. en coul. 4⁰.

2370 Marais vert, où fut contruite la gare en 1845. (Pl. de A Seyboth).
          8⁰. obl.

2371 Maison Ruc de la Petite boucherie No. 1. Dess. de Schweitzer. Hé-
          liogr. 8⁰. (Pl. de A. Seyboth).

2372 Alte Metzig, Rabenbrücke. Einzug des Kaisers Wilhelm II. 5 Mai
          1899. Phototypie 4⁰.

2373 Le Lycée. — Le Théatre. — Photogr. album. 1880.

2374 Auberge du Parc ou „Zum Thiergarten" sur l'emplact du Lycée.
          E. Schweitzer del. — Lichtdruck de Kraemer 4⁰.

2375 Geburtshaus v. G. D. Arnold (Pl. St Nicolas) aus Ad. Seyboth. D'ap.
          une anc. grav. Grav. 8⁰. au trait.

2376 Maison habitée par B. Zix 1806 auf dem Ploenel (pl. des Moulins)
          Bon P. R. de Schauenbourg del. 1859. Photograv.
          Stribeck. 4⁰.

2377 Brasserie du Géant. 1837—1855. (Krutenau) Enseigne 1673. — Winter
          photog. 1855. 4⁰.

2378 Maison du bourreau d'ap. un dess. inédit. G. Save del. 1876. Zin-
          cogr. f⁰.

2379 Maison Notre Dame (Pl. du Chateau) Photogr. de Ch. Winter 1860. 4⁰.

2380   id   Kammerzell. — Ferd. Reiber del 1875. C. Foessel scp. Avant
          la restauration. — Zincograv. f⁰.

2381 Méme planche.

2382 Mais. Kam.   id Photographie alb. 1885.

2383   id   id Affiche color. représantt. la M. K. à l'Exposit. de 1900.
          H. Loux pxt.

2384 Hotel du Dragon (Quai Finkwiller) démoli 1895. Photogr. 8⁰.

2385 Ancienne Douane, d'ap. une grav. de Hollar 1630. Photogr. Winter. 8⁰.

2386   id   & Maison Lauth. 1880. Photog. 8⁰.

2387   id   Lith. d'ap. nat. par Sandmann (vers 1840) (Vues inter. de
          Stbg.) Lith. 4⁰.

2388 Halle aux blés et emplacement de l'ancienne gare d'ap. na. par
          Sandmann (vers. 1840) 8⁰.

2389 Théatre & Ecole d'artillerie, Broglie. Gravé sur acier par Wagner.
          (E. Simon). 12⁰. obl.

2390 Concert donné au Théatre de Stbg. 14. Avril 1839. Chez Bernard.
          (Alb. alsac.) Grav. 8⁰.

2391 Théatre. Photographie. 1/2 f⁰. 1879.

2392   id.   Vue de la Salle de Spectacle. Lith. d'ap. nat. par Sandmann.
          8⁰. abl.

2393 Chateau ou Palais épicopal et „fêtes qui y furent données chaque
          soirée du séjour de S. M. Louis XV. 5 Oct. 1744."
          — Nombreux personnages. — Inv. & dess. par J. M.
          Weiss. Gravé p. Lebas. Double f⁰. long.

2394 Chateau royal. Croquis de A. Save 1875. 4o.

2395 Château & marché aux poissons. Lith. d'ap. nat. p. J. Picard † le 30
    Mars 1832. Imp. lith. Simon P. & F. 8⁰. long. Lith.
2396 id. avant l'installation des Musées. Photogr. 1885. Alb. long.
2397 id. id id id 1/2 f⁰.
2398 id. & place au sable. Lith. d'ap. nat. par Sandmann (vers. 1840) 8⁰.

2399 Palais impérial allemand 1896. — Poste nouvelle 1899. — 2 photog.
    carte.

2400 Gymnasium im Jahr 1538. d'ap. une anc. grav. Kirchenbote du 28.
    7. 88. (dernier cours de Mr Ed. Reuss). 8o.
2401 Gymnase. Incendie 29 Juin 1860. Ed. Weissandt lith. 1860.
2402 — 4 flles. f⁰.

Strasbourg. — Places. — Ponts. — Portes. — Quais.

2403 Place Gutenberg. — Pillage de l'hotel de Ville 22 Juillet 1789.
    Devere sept et édit. Grav. f⁰.
2404 Fête de Gutenberg 24. 25. 26. Juin 1840. — Jubelfeier. Vers de
    Théod. Klein nach dem Französischen. et de P. Lehr
    au verso. imprimés pendant la marche du Cortége.
    — 2. Les tailleurs. Grav. f⁰. long. E. Glück del.:
2405 id. 43 vues du Cortége. Dess. de Glück. Lith. E. Simon Grav. 8⁰.
    pet. & gd. form.
2406 id. 1. Zur 50jährigen Erinnerung der Enthüllung des Gutenberg-
    denkmals (Le Hanneton 28 Juin 1890). — 2. Programme
    des fêtes 1840. Sers préfet. — Le maire Schützen-
    berger (12. Juin 1840.)
2407 Bas reliefs du Monument de Gutenberg par M. David. d'Angers.
    Grav. 4⁰.
2408 Même planche.
2409 Même planche id rapportée.
2410 Monument de Gutenberg (Magas. Stierling'. — 1879. Photog. 4⁰.
2411 id („ Bloch.) 1880. „ 1/2 f⁰.

2412 Barfüserplatz ou des Cordeliers, place d'Armes ou Kléber. vers 1650.
    Scène. d'hiver. Pfennigthurm (fond d'arbes). Grav. par
    W. Hollar. Phototyp. Winter. 8⁰. long.
2413 id. même époque. (fonds de batiments, indicateur au centre) d'ap.
    un dessin de 1622. p. Sandmann. Lith. de Havard. 8⁰.
    (Alb. alsacien.)

2414   id 1620 et 1753—1765. Deux planches 8o de „Das alte Strasburg de Seyboth.“

2415   Statue d. Kléber par Ph. Grass. Au fond Maison rouge. — Photog. Winter. 1879. 4º. 1880.

2416   1. id   tournée vers l'Aubette. 8o.
       2. id   & place Kléber Juin 1897. Photog. 9/12.

2417   **Place du Broglie.** Vue perspective de la Salle de Spectacle constr. d'ap. les projets de M. Robin ingénieur. — Grav. 8o.

2418   Place & Théatre. Scéne militaire 1850. — Zincogravure 8o.

2419   Incendie du Théatre. 30. Mai 1800. — Lith. p. Sandmann. 8o. (Alb. alsac.)

2420   Hotel de la mairie & promenade du Broglie. Grav. sur acier par Wagner. 12o. obl.

2421   Broglie (avant la pose du Kiosque) 1880. Photog. 4º.

2422   **Place du Dôme.** (Dauphin, Maison Karmmerzell). Lith. d'ap. nat. par Sandmann vers 1840. 8o.

2423   **Place St. Thomas** ou Marché aux fruits en 1860. — Dess. p. Schweitzer. Lith. color.

2424   Maison Fischbach-Silbermann, Imprimerie alsac. Intérieur. Phototypie coul. 4o. 1896.

2425   **Pont du Corbeau** et Auberge du Spanbett 1401 et 1507. — Anc. poële des Tailleurs (coin de la rue Brulée et du Broglie) d'ap. 2 dess. de Tiebault 8o.

2426   Rabenbrücke vor 1841 und Metzig. — D'ap. un anc. dessin. — 8o.

2427   **Schlachthausbrücke** oder Raspelhausbrücke eingestürzt 24 Oct. 1899. (Elsässer 26. Oct. 1899).

2428   **Ponts couverts** vers 1650 d'ap. Hollar. — Photog. Winter. 8º. long.

2429   id. d'ap. une ancienne grav. Affiches 14. Nov. 1896.

2430   Lith. par Sandmann. (Alb. alsac.) vers 1840. 4o.

2431   **Porte blanche** (Arc de triomphe). Arrivée de Charles X et du Dauphin 7 Sept. 1828. Dess. sur pierre par Guérin & ses fils. — Lith. double fº.

2432 1. **Porte de Saverne**, 2. Porte Nationale avant 1870. Dess. de J.
Bornert. Grav. 4o.

2433 **Auesseres Weissthurmthor.** Inneres Weissthurmthor vor 1870. —
Kleine Metzig. — Zincogr. g^d. 4^0.

2434 **Porte d'Austerlitz** interieur (Corps de garde) 1872. Photogr. Winter-
Fuchs. 4^0.

2435 id des **Pêcheurs** Lith. d'ap. nat. par Sandmann vers 1840. Lith. 4o.

2436 id de **l'Hopital** Vue prise des remparts. Lith. d'ap. nat. par Sandmann. 4^0.

2437 **Quai des batetiers et Chateau** vers S^t. Nicolas (Ancienne boucherie)
Lith. par Sandmann & Pedraglio. G^d. f^0.

2438 id vers S^t. Guillaume. Phototypie, (Imp. Alsac. 1896.) 4^0.

2439 ,, **aux Chats** (Katzensteg) Grav. de A. Save signé, aprés la 1ère.
morsure (demoli 1870—1874) 4o. Tour des Martyrs.

2440 Même planche 2e. morsure.

2441 ,, **St. Jean** et anc. maison. Paul Reiber del & scp. L. Faessel
aquaf. f^0.

2442 ,, **Kléber** vue du quai des Pêcheurs. (Bateau à vapeur) Lith. par
Sandmann & Pedraglio. — G^d. f^0.

2443 ,, Même planche.

2444 **Vue de Quay** S^t. Nicolas et Environs. Peint. & gravé par J. Hans.
Grav. color. f^0.

2445 **Quai des Pêcheurs.** No. 1 des „Steckelburger Helje." „Les Pêcheurs
à la ligne". P. Reiber del 1879. Texte de F. Reiber.

2446 Même planche. sans texte.

2447 **Quai St. Thomas.** Wagner del. & scpt. Grav. 12^0.

Strasbourg. — Environs.

2448 **Bruckhof.** Taubstummen-Anstalt. Zincogr. pat. 8^0.

2449 **Cimetlére St. Héléne.** Treille remarquable. (1157 raisins. 156 lit.
de vin. 1850). 8^0. Lith. Simon.

2450 **Koenigshoffen.** 3 feuilles photograv. de Marbres antiques et monunent
funèbre trouvés à Khff'en, propr. Heilmann. Héliogr.
f^0. (Monum^{ts}. hist).

2451 **Montagne Verte** et Cathédrale. Lith. par Sandmann (1850) Alb. alsac.
8⁰. Lith.

2452 id. Batiments. Lith. par Sandmann. 8⁰. Lith.

2453 id. Der Schrekenstag. 22 Juin 1822. Oberst del. Bois 4⁰. Calendrier 1822.

2454 **Orangerie** Exposition 1895. Suppl⁺. des Affiches de Stbg. Calendrier.
Grav. f⁰.

2455 **Polygone.** Course de chevaux 1850. Grav. f⁰. pag. jaune.

2456 **Pont du Grand Rhin** en fer. Sa construction 1859. Dessins et texte
de Stahl (Monde illust.) Gᵈ. f⁰.

2457 Pont du Grand Rhin et pont de bateaux 1861. — 2. Vue de Stbg.
1615. 12⁰. — 3. Anc. vue au crayon.

2458 Rheinbrücke Kehl 11. März 1896 und Eisenbahnbrücke von 1859
Lichtdr. J. Kraemer. 4⁰. long.

2459 Pont de fer français de 1859. Photogr. 8⁰. (1889)

2460 **Pont du Petit Rhin** et Tour. Lith. Sandmann chez. Wentzel 8⁰.

2461 **Robertsau.** Ancienne Eglise & presbytère 1869. Chez Berger-Levr.
Lith. f⁰.

2462 id. „ Exterieur. — Intérieur. 2 Photog. 4⁰.

2463 **Schilligheim** — Schillgen. Anc. vue du XVIIᵉ· s. in 32. Grav. reprod.

2464 id Cortège industriel 8 Août 1886. (du Meiselocker) A. Hufenneck Del.

2465 **Thumenau** près Plobsheim, anc. campagne Braunwald. Lith. col. 4o.

Strasbourg. — Bombardement.

2466 **Excercice de la Garde nationale** sédentaire, Rue de la Douane. E.
Schweitzer del. 4⁰. Lith. color.

2467 a. **Faubourg de Pierres.** Octobre 1870. Photogr. Alb. par Winter 8⁰. long.

2468 b. id. et Finkmat id. id id „

2469 c. id. id. id id „

2470 **Porte de Saverne** Vue intér. id id „

2471 **Théatre & préfecture** après le bombardement. Riedmüller del. (Guerre
franco allem. illust.)

2472 **Die Parallelen vor Strasburg**, von Schiltigheim gez. v. Faller. 30.
Sept. 1870. Daheim f⁰.

2473 **Temple Neuf & cour du Gymnase.** — Photog. 4°.

2474 **Quai des Baleliers** & quai aux sables 6 Août 1870. E. Oberthur lith. & del. f°.

2475 **Place Kléber** Incendie du Temple Neuf 24 Août 1870.   id lith. & del. f°.

2476 **Le Siége de Strasbourg** 6 Août au 27 Sept. 1870. Portraits & Vues. Impr. Alsac. 1895. Grav. Double f°.

2477 **Calendrier 1871.** Vues diverses de 1870.—1871. Impr. Berger Levrault.

2478 **10 Vues prises en 1870.** Ville & Citadelle. — Photog. carte.

2479 **Portrait de Mr. Lies-Bodard.** Prof. de Chimie à la Faculté Commandt. des Francs-tireurs. Photog. carte.

2480   „   „ **Küss** Emile Dr. Dernier maire alsac. de Stbg., sur les ruines de la Ville. Peint par Th. Schuler. Photog. 1871. 8°.

2481 **Album du Siége & Bombardement 1870.** Texte seul, par P. Ritelhuber.

Portraits de personnages nés ou ayant séjourné en Alsace-Lorraine.

2482 **Aufschlager,** Johann Friedrich (Küenheim 1746—1833) Prof. am prot. Gymnasium. Buste méd ov. J. D. Beyer fecit. Lith. Engelmann. — Galerie alsac. J. H. Heitz 1826. 12°.

2483 Même planche.

2484 **Bartholdi,** Auguste, Colmar 1834. Sculpteur contemp. Buste, face. f°. Journ. illustré 1883. Dess. de H. Meyer. Grav. bois.

2485 **Bartholmé** Négt en vins à Stbg. Buste, assis, à dr. Chine Lith. f°.

2486 **Bautain,** Louis Eugéne Marie né 1796 à Paris † 1867, Chanoine de la Cathédrale. Buste ov. méd. f°. Dess. d'ap. nat. par Th. Mainberger. Lith. de F. Bochem.

2487 **Bauur** ou **Buaur** (Jean Guillaume. Peintre miniatur., né à Stbg. 1610 † 1640 Vienne Mi-corps à dr. Jo. Guillelmus Baunr pinxt. J. Meyssens fec. et exeud. Grav. 8°.

2488 **Benner,** Emmanuel. Mulhouse 1836 Peint. contemp. Dess. par son frère Jean. Phototyp. Buste à g. 8⁰. Dédicace.

2489 **Benner,** Jean. Mulhouse 1836. Peint. contemp. Dess. par son frère Emmanuel Buste, face. 8⁰. Dédicace.

2490 **Bergmann,** Gustave Adolphe. (1816 † 1891) Député au Reichstag. P. Büttner del. (Maiselocker 1891.) Biographie. f⁰.

2491 id id id Photogr. Winter carte, buste ov

2492 **Berneggerus,** Matthias, (1554 † 1640) Prof. d'hist. à Stbg. Buste ov· méd. ¹/₂ à dr. Petrus Aubry scp. Grav. 8⁰.

2493 **Bezanson,** († 1882) Ancien maire de Metz. (Illustr. 1882.) Buste à g. ov. 8⁰. Bois.

2494 **Blessig,** Joh. Laur. (1747 † 1816) Dr. & Prof. Théolog. aetatis 65. Dess. et grav. d'ap. nat. p. Ch. Schuler. 1812. Buste ³/₄ dr. Méd. ov. 8⁰. Marges.

2495 Même planche.

2496 id Sophie Debeyer pxt. C. Guérin scpt. in 12⁰. monté. toutes marges.

2497 Même planche.

2498 **Bochinger,** Joh. Jacob. (1802—1831) Facsim. d'autog. Prof. de théolog. in 12. Silhouette. Buste à g. Lég. & autographe.

2499 **Boecklerus,** Joh. Heinr. (1611 † 1672.) Prof. d'hist. à Stbg. Buste ov. dr. Gravé par Seupel. 8o. cadre.

2500 **Boeckel,** Jonas. Pasteur à St. Thomas. Mi-corps à g. Peint. & lith. p. G. A. Schwalb. Lith. 4⁰.

2501 **Boeckel,** Eugène. Dr. & Professeur de Médecine (1831 † 1900.) Buste ov. à dr. f⁰. (Elsass 1900.) E. K. del. Biographie.

2502 **Brand.** Johann Daniel (1633 † 1700) De la Chambre des Treize. Lég. all. Buste à dr. Méd. Cadre. f⁰. Seupel. scpt. Grav.

2503 **Bruckner,** Aug. né 1814. Capit. d'Artill. Député à l'Assemblée nat. 1848. Lith. d'ap. nat. par Patout. Buste à g. Lith. teintée. 8⁰.

2504 **Büttner.** Pierre. Dessinateur (1855 † 1884). Lith. Th. Siegfried. f⁰. No. du Mirliton. Biographie.

2505 **Bucer**, Martin. (1491 † 1551) Dominicain & Réformateur de Schlestadt. Grav. par Desrochers. Buste ov. à **dr**. méd. 8⁰.

2506 **Callot**, Jacques (1592 † 1635) Né à Nancy, mort à Florence. Graveur. Buste à g. 4⁰. Photograv. de Stribeck. Notice de Thiebault. Voir en dos.

2507 id B. à. g. Ferdinand sept. Grav. 8⁰. Belle épreuve.

2508 **Desaix** de Voygoux (1768 † 1800) G^{al.} de division. En pied. Eug. Lamy pxt. Ferd. Lacroix scp. Grav. 8o.

2509 **Drolling**, Mart. Peintr. Oberhergheim près Colmar 1750 † Paris 1817 F. Viollat pxt. A. Bocher scpt. Grav. 8⁰. Marges.

2510 **Engelhardt**, Fréderic né 1796. Représtant du peuple 1848. Buste. Lith. d'ap. nat. par Soulange Teissier, fond teinté. G^{d.} 8⁰.

5211 **Ensfelder**, Eugène. Dessinat. (1836 † 1876) P. Reiber del. à la plume Photogr. Biogr. de P'Reiber (Mirliton). Les petits Maitres alsac. Buste à dr. 12o.

2512 **Erkmann**, Emile. (1822 † 1900) **Chatrian**, Ch. Louis, Alex (1816) Ecrivains alsac. (Galer. contempor.) Photog. 8o. Goupil. Notice de Siebecker.

2513 **Erichson**, Louis Alfred (1844 † 1901 Gênes). Direct. du Séminaire protestant. Zincograv. 12⁰. (Kirchenbote 20. Oc. 1901).

2514 **Fagius**, Paulus. Theologus (1504 † 1550) de Rheinzabern, past. à Stbg. et Prof. à Cambridge. Buste à g. 8o. Grav. s. bois par Tob. Stimmer.

2515 **Fée**, Ant. Louis à St. Vincent d'Ardent (Indre) 1789 † 1874 Paris. Prof. de bot. à la Faculté de Stbg. 4o. b. à g. Lith.

2516 **Flessinger** (Gabriel) Offenbach 1752 † 1807 Londres. Peintre, ami de Kléber, copié sur zinc d'ap. un portr. Au verso notice biogr. de F. Reiber. Ov. 8⁰. (Mirliton)

2517 **Flückiger**, F. A. Prof. de Botan. médic. à Stbg. 1828 Langenthal (Suise) † 1897. Héliogr. buste in 12. (J. de Ph^{ie.})

2518 **Franz**, Friedr. Ludwig. Bischof zu Basel, aus dem uralt. Reichsgeschlecht der **Wangen** zu Geroldseck im Wasichin. Buste ov. 8⁰. à dr. par Mathias Ernst à Mannheim 1780.

2519 **Friese,** Johannes. Jugendlehrer in Stbg. geb. in Kaufbeuren 1741. Lég. all. B. à dr. 12⁰. — J. H. R. scpt. 1793.

2520 id Même planche.

2521 id Même planche. sans légende.

2522 **Fürstenberg,** (D. Franzisco Egoni, Graef zu, etc.) 1629 † 1704 St. Germain des Prés. Bissop van Straesburg. à g. au fond un chateau. Grav. holland. 4⁰.

2523 id (Guillelmus Cardinalis de) Evèque de Stbg. Costume sacerdot. Méd. ov. B. à. g. Grav. 8⁰.

2524 **Geiger,** Joannes Jacobus à 40 ans. Conseiller & avocat de Stbg. Buste, encadrt.. armoiries J. A. Seupel scpt. grav. f⁰.

2525 **Geyler** de Kaisersberg, Joannes. (1445 † 1510). Prédic. de la Cathédr. Mi-corps avec un livre. Bois, lég. lat. 1600. grav. 8o.

2526 id B. ov. à g. J. H. Lips fec. G. M. Kraus del. Grav. 12⁰.

2527 **Golbéry,** Philippe de Colmar. (1786 † 1894). Conseiller à la Cour de Colmar, Savant. J. D. Beyer fec. Engelmann lith. 12⁰ Ov. Lég. fr.

2528 **Gottfried** v. Strasbg, Poëte épique Commt· du 13e· siècle (Tristan & Isolde vers 1210). Nach „Deutschlands Minnesänger.“ Holz v· E. v. Luttich. 8⁰.

2529 **Grad,** Charles Savant als. (1842 † 1890) B. à dr. ³⁄₄ Bois. grav. P. Thiriat. 8⁰.

2530 **Grandidier,** Philippe André (1752 † 1787) Histor. als. B. ³⁄₄ à g Flaxland del. Lith. f⁰.

2531 **Grison,** Adolphe. Peintre. Bordeaux 1845. Thiebault d'ap. P. Reiber. Mirliton f⁰. teinté.

2532 **Guttenberg,** Hans v. Strasburg né 1397 ou 1400 † 1468 à Mayence grav. p. J. R. K. 1793 ov. à dr. — 2. Buste face. 12⁰.

2533 id Buste par J. Cotte. Croquis de l'auteur. Gillot scp. 8⁰.

2534 id Denkmal in Mainz von Thorwaldsen 1837. Lith. Thoma Wien. f⁰.

2535 id id id Bois (1840?) avec 2 bas-reliefs. 4⁰.

3536 Jean Inventevr de l'Imprimerie. Grav. bois 17. s. 8⁰.

2537 **Habrecht,** Isaac. Construct. de l'anc. horloge de la Cathédrale. Né 1574. Age de 64 ans (1608) Grav. 8⁰. Distique lat. Cadre.

2538 **Hedio,** (Heid) Caspar. Pastor et reformat. argent. Ettlingen 1494 † 1552 Stbg. Buste à dr. Bois. in 12.

2539 **Henner,** Jean Jacques Peintre. Bernviller 1829. Buste à dr. par lui même. D'un. journ. illustré. 18⁰. Scap. sep.

2540 **Helmsdorf,** Jean Fréderic. Magdeburg. (1783 † 1852). Carlsruhe. Grav. Paysagiste. B. ov. à g. J. D. Beyer fec. Lith. 12o. (Gal. alsac.)

2541 **Hepp-Herrenschneider.** Négociant à Stbg. — Lith. fo. 8o.

2552 **Herrmann,** Jean, Botan. & Médec. Prof. à l'Ec. de Médec. de Stbg. (Barr 1738 † 1800. Stbg.) B. à g. ov. Dess. par Guérin, gravé par Tardieu. in 12. Reprod.
2543 id id planche. du J. d. Phie. 1897.

2544 **Hirtz,** Daniel. Drechsler & Dichter (1806 † 1895). Sa maison., prés du Café Berneck. Erinnerungsblatt des Steckelburger Tage-Bl. Sa photogr.-carte.

2545 **Hoerter,** Philippe, Composit. & Prof. de Musique à Stbg. 1795 † 1863 Bossert fec. B. ov. lith. teintée. 12⁰.

2546 **Joessel,** Profess. Dr. (Wolfisheim 27 Avr. 1838 † 1892 Stbg.) Zincograv. ov. 8⁰.

2547 **Jundt,** Gustave. Peintre. (Stbg. 1830 † 1884). Buste face. par F. Desmoulins. 8⁰. (Ch. Würtz sur la même flle.) Vie Moderne 1884.

2548 **Kellermann,** Franc. Christophe, duc de Valmy (1737 † 1820) En pied. Ansiaux pxt. Desjardins sep. Grav. 8⁰.

2549 **Kentzinger.** Antoine de. Maire de Stbg. Buste ov. face. J. D. Beyer fec. (Gal. alsac.) lith. 12o.

2550 **Kestner,** Charles Th. (1803 Thann. † 1870) Représent. en 1848. Lith. 8o. d'ap. nat. par Tony Touillon. fond. teinté.

2551 **Kirschleger** Frédéric, Prof. de botan. à Stbg. (Munster 1804 † 1869). Legénissel sCpt. Grav. sur acier. 12o. B. à. dr.

2552 Même planche.

2553 **Kirstein.** Adolphe. Peintre (1812 † 1873). P. Reiber del. Buste à dr. Lith. 12o. Notice de F. Reiber (Mirliton).

2554 **Kléber,** Jean Baptiste. (Stbg. 1753 à † 1800 au Caire) Gal. franç. B. à g. Grav. 12⁰. (Convers. Lexic.)

2555   id   Buste à dr. Calendrier et biographie.

2556 **Koechlin,** Jacques. Député du Dépt. du Ht. Rhin. Maire de Mulh. Delorieux del. 1823. B. à dr. Lith. 8o.

2557 **Laboulaye,** Edouard, René Lefèvre de. Paris 1811. Memb. de l'Instit. Prof. au Collége de Fr. Candid. libér. de Stbg. en 1866. Dess. de Lix. Bois 8o.

2558 **Lambert,** Jean Henri (1718 à Mulh. † 1777 Berlin). Savant alsac. Dans son cabinet. Gez. v. G. Danzer. Epreuve d'imprimeur. Lith. 8⁰.

2559 **Lamey,** Auguste. Poëte de Strasbg. Carlsruhe 1816. Ch. Schuler ad nat. del. & sCpt. B. à dr. Grav. 8o.

2560   id.   id.   Imprim. Chardon.   id.

2561 **Lamp-Pfaehler,** Prof. de Géogr. au Gymnase de Stbg. B. à g. Lith. 8o.

1562 **Lefévre,** Franç. Joseph. March. de Fr., duc. de Dantzig (1755 à Rouffach † 1820. B. à dr. Lith. 8o. méd.

2563   .id.   Lith. Delpech. Signat. B. à dr. Lith. 8o.

2564 **Léopold.** Archiduc d'Autriche. évèque de Stbg. 1607. B. à g. ov. Grav holland. Lég. holl. Grav. 8o.

2565 **Lichtenberger,** Louis. Ribeauvillé 1789–1879 Lith. Commiss. de la Rép. & Represt. du Peuple. D'ap. nat. p. F. Bernhard 1848. Mi-corps à g. fond teinté. gr. f⁰. marges.

2566 **Livio** et sa famille. Maire de Stbg. Peint. à l'huile. Au Musée de la Ville. Photog. 8⁰.

2567 **Lorrain,** Claude Gelée, dit le (1600 † 1682) Peintre fr. Grav. s. cuivre. Buste à. dr. 12⁰. Marges.

2568 **Lorraine,** Francois duc de). B. à dr. ov. gr. 8⁰. P. Aubry excudit. Lég. lat.

2569 **Marbach,** Joannes Theologus (1521 † 1581). Tob. Stimmer sept. 2 vers lat. Au verso légende, biograph. grav. 12⁰.

2570 **Münch,** Direct. de l'Ec. industr. du Stbg. (1840) Portr. charge par Schwalb. Autographie. 18⁰.

2571 **Müntz,** Adolphe. Past. à Ingwiller (Soulz 1812 † Milan 1859). Aumonier de l'armée d'Italie. Li h. & dess. p. Hanké à Bouxw. Mi-corps. 4⁰.

2572 **Musculus,** Fréd. Alphonse. Phien en chef. de l'hopit. civil de Stbg. (1829 † 1888) Photogr. Alb. 8⁰. (Extr. des biograph. alsac 1890).

2573 **Nessler.** Victor. Balsenheim. 1841 † 1890 Stbg. Compositeur alsac. Buste à dr. Héliogr. in 32⁰ sur un prospectus de musique par Nessler.

2574 **Ningler,** C. L. Pasteur à Betschdorf. Dess. au crayon ³/₄ assis, par Ad. Schwalb. 8⁰

2575   id   Pfarrer. Lith. 8⁰. d'apr. le précédent. Pap. teinté.

2576 **Madame Ningler** née Gauckler de Wissembg. — Peint & lith. par Ad. Schwalb (6. Sept. 1848.) ³/₄ face lith. 8⁰.

2577   id   même planche.

2578 **Odile Ste.** Patronne de l'Alsace (env. 720) Mi-corps, cadre, fond teinté. Imp. Lemaitre. 8⁰.

2579 **Oberlin.** Jérémie Jacques (1735 † 1806). Prof. Memb. de l'Inst. Direct. du Gymnase. Dess. & gravé par Ch. L. Schuler 1801. Grav. 8⁰. au pointillé. B. à g.

2580 **Oberlin,** Jean Frédéric (1740 † 1826) Past. à Waldbach. (Ban de la Roche). Dess. d'ap. nat. p. Beyer (1825) Légende. 4 vers franç. Ov. Buste face. 8⁰.

2581 **Petitville,** Eugéne. Peintre (1815 † 1868). Lith. p. Th. Siegfried in 12. par P. Reiber (Mirliton) Notice de F. Reiber.

2582 **Pfeffel,** Gottlieb Conrad. Poète aveugle à 22 ans (1736 † 1808) Lith. Engelmann. B. à g. Lith. 8⁰.

2583 **Pfeffel,** J. Rothmuller d'ap. C. Karpf. Lith. gr. 8⁰.

2584 id E. Henne scpt. 1787. Lég. all. cadre. Buste à dr. Grav. 8⁰.

2585 **Rapp,** Jean. G^{al} français. (1772 † 1826). Buste à dr. ov. 8⁰. fond teinté, cadre, attributs milit.

2586 id B. à g. ov. 12⁰. Calendrier, biographie

2587 **Reber,** Jean Georges. Manufacturier, introducteur de la 1ère. machine à filer le coton. à Ste Marie. en 1755. B. à g. Flaxland del. Lith. f⁰.

2588 **Redslob,** Francois Henri (1770 † 1834) Profess. de théologie à Stbg. Mi-corps. Dess. d'ap. nat en 1834 & lith. p. Ch. A. Schuler. Lith. f⁰.

2589 **Reiber,** Ferdinand. (1849 † 1892) Mi-corps ³/₄ à dr. L. v. Seebach del 1891. Fusain, reprod. g^d f⁰. Signé F. Reiber.

2590 id Signé Coléo.

2591 id Mi-corps ³/₄ à dr. ov. méd. & cadre allég. en cost. ancien. Dess. à la plume de Seebach. Reprod. Dédicace autogr. f⁰. signé Coléo 1892.

2592 id Sa photographie carte et sa signature. Carte oblongue (vers 1880)

2593 **Rhenanus,** Beatus (1485 † 1547) Historien. Lég. 2 vers latins. Grav. s. bois 1547. par Tob. Stimmer. in 16⁰.

2594 **Ribeauvillé,** Catharine Agathe Princesse palatine, etc. Aetatis 35, 1683. Grav. f⁰. Mi-cops à g., méd. ov., cadre, armoiries. Theodorus Roos pxt., J. J. Tourneyser. Helv.

2595 **Roegner,** M. Georg Ludwig. Pfarrer zu St. Aurelien. Mi-corps ov. Lég. all. Seupel del & scpt. Grav. 8⁰.

2596 **Rohan-Guéméné,** L. E. (1784 † 1803) Prince de, Cardin. Evêque de Stbg. Grav. 8⁰. B. à g. F. Bonneville del. Marges.

2597 **Rosen,** Reinholdus de (Renault de Rosen Lieut. général suédois sous Maurice de Saxe.) Grav. 8o. B. à g. ov.

2598 **Rouget de l'Isle** Jos. ou Claude Christophe. 1760 Lons le Saulnier † 1836. 3 Médaillons gravés par David 1833 & 1829, Pavarin 1849. Heliogr. 8⁰.

2599 **Salzmann,** Johannes Rudolphus. (1611 † 1678) Prof. Med'c & Poliatric.

Argentorat. Med. ov. (Petr. Aubry) Marges, Lég. lat. & grecque, B. à dr. Grav. fo

2600 **Saxe**, Maurice duc de, Electeur. 1521 à Freyberg † 1553) Grav. 16º. cadre ov.

2601 **Saxe**, Arminius, Maurice, Cte. de, Mal. de Fr. né à Dresde 1696 † 1750. Grav. sur acier, en pied. 8º.

2602 id Grav. 8º. par Hopwood pinxt. Buste.

2603 **Schaller**, Gottfried Jacob. (Obermodern) Pfarrer zu Pfaffenhofen. Auteur du Perrukenkrieg. Peint par Lutz.

2604 **Schilter**, Johann, (1632 † 1705) Avocat à Stbg. Méd. ov. B. à g. Grav. 8º. par Seupel.

2605 **Schlagdenhauffen**, Frédéric, né 1830 à Stbg. Prof. de Chimie. à Stbg. Direct. de l'Ec. de Phie. de Nancy. (1890) Buste fait en 1894. Phototypie. 8º.

2606 **Schmid**, Sebastianus (1617 † 1696) Théologien, traduct. de la Bible en latin. Méd. B. à dr. Kilian sept. Grav. 4º.

2607 id Méd. à dr. Friedolin Kilian sept. 1693. Grav. 4º. 6 Vers lat.

2608 **Schneider**, Johann Balthasar. Syndic de Colmar. Délégué à la Paix de Munster. — Buste ov. 8º. P. Aubry excudit.

2609 **Schützenberger**, Louis (1802 † 1887) Brasseur. Lith. par Hubert. (No. du Meiseloker 1887.) Lith. fº. Notice.

2610 id Planche détachée.

2611 **Schulmeister**, Louis, Freistedt 1770 † 1853 à Stbg. Dess. d'ap. nat. à l'age de 70 ans par Ch. A. Schuber 1830. Lith. fº.

2612 id Reprod. photograv. 8º.

2613 **Schwalb**, Wilh. August. (Barr 1835. † Vallon, Ardéche 1860). Aumonier à l'armée d'Italie. — B. à dr. Lith. 8º. p. A. Schwalb 1858.

2614 **Schweighaeuser**, Johannes (1742 † 1830) Helléniste. Prof. de langues orient. Thomson engrav. d'ap. un tabl. de Lewis. Grav. angl. 8º. B. à dr.

2615 id Même planche.

2616 id Lith. par Flaxland. B. à g. fº.

2617 **Schweighaeuser,** Guillaume. (Stbg. 1797 † 1866.) Prof. au Gymnase de Stbg. (1850) Peint. enc. de chine. 4⁰. (1860).

2618 **Schwilgué,** Jean Baptiste Sozime (1776 † 1856) Ingénieur, Auteur de l'Horloge de Stbg. Dess. d'ap. nat. p. Gab. Guérin 1846. Gravé par Ch. A. Schuler 1852. B. à dr. Grav. f⁰.

2619 **Sebitz,** Melchior. (1578 † 1673) Dr. & Prof. Med. Argentor. Méd. ov. Leg. 16 vers. lat. 8⁰. Aubry excud.

2620 **Sengenwald,** Jules (1809 † 1891) Présid. de la Ch. de Commerce de Stbg. Dess. d'ap. un médaillon de J. Stieune. Lith. (Elsass 30 Av. 1891) Biographie.

2621 **Siebecker,** Edouard. St. Petersbourg. 1829. Litterateur. Portr. photog. f⁰. Goupil. (Galer. Contempor.) Notice par Erkmann Chatrian.

2622 **Sleidan.** Johannes (1506 † 1556). Dr. en droit. historien. – – Buste. Leg. 8 vers lat. 8⁰. (Tob. Stimmer?)

2623 **Specklé,** Daniel, (1536 † 1599) Archit. de la Ville de Stbg. Th. de Bry fec. Grav. ov. 8⁰.

2624 **Spener,** Philippe Jacques (1635 † 1705) Théologien. B. à g. ov. 8⁰. Photog. (Alb. alsac.) d'ap. une anc. grav.

2625 **Stimmer,** Tobias. (1539 † 1582) Dessinateur & peintre. Croquis à la plume par P. Reiber. d'ap. Sandrart. in 12. B. à. g.

2627 **Stoeber,** Ehrenfried, 1779 † 1835. Poëte. J. D. Beyer del nach Ohmacht. Buste à g. Lith. 8⁰.

2628   id   Même planche.

2629   id   Nach der Nat. gez. von F. Oberthier. Lith. 8⁰ von M. F. Boehm. Stbg. B. à dr.

2630 **Stoeber, Ehrenfried,** (1779) **August** (1808) und **Adolf** (1810). 3 Médaillons par W. Eberbach 1898. Heliogr. 8⁰.

2631 **Sturm.** Jacob von Sturmeck. (1489 † 1543) Stättmeister von Stbg. B. à g Grav. ov. 12⁰.

2632 **Sulzer,** Charles. Docteur (1770 † 1854 Barr.) Mme. **Sulzer** Supérieure des soeurs & St. Vinc. de P.. fondat. de la Toussaint (1778 † 1866) et Mme. Sulzer. Présidte. dé la Soc. de bienf. des dames de Barr. Le trio humanitaire. Dess.

d'ap. nat. p. Ad. Schwalb 1851. et par Ch. A. Schuler 1887. Lith. f⁰.

2633 **Tauler,** Joannes (1290 † 1361) Réformateur et prédicateur dominicain au couvent du Temple. Sa pierre tumulaire au Temple Neuf. de Stbg. Grav. anc. 12⁰.

2634 **Touchemolin,** Ch. Alfred. Artiste peintre. (né 1829) Buste p. lui-même 1861. — Reprod. d'une lith. f⁰.

2635 **Vogtherr,** (les 2) père & fils Maler & Bürger zu Stbg. Kupfer- & Holzstecher. Grav. 1534. Lég. all. dans 2 méd. encad., bustes opposés. Verso notice par F. Reiber. 32⁰ (Mirliton).

2636 **Wenker,** Joseph. Peintre né à Strasbourg 1848. B. à dr. par lui-même Gr. bois. 16⁰.

2637 **Zell,** Mathias. (1477 † 1548) Prédicat. de Kaiserberg. Monogr. B. R. B. à dr., cadre, 2 vers lat. Grav. 8⁰.

2638 **Zimmer,** Louis Fréd. (1802 † 1865). Notaire à Stbg. Photog. 1858 16⁰. 4 Vers. franç.

2639 **Zix,** Benjamin, Peintre (17 . . † 1806) Son portrait par lui-même à la plume. Mi-corps à g. fumant. Lith. 8o.

2640   id   Même planche.

2641   id   id Encadt bleu. Autogr. de Mengaud. Signat. & dédic· de Zix, autog. Lith. 4⁰.

2641   id   Lith. appuyé, avec qques autres portr. grav. (1840).

Portraits divers.

2643   Portrait Dess. d'ap. nat. p. Hanke. Lith. Lemercier. f⁰. teinté.

2644   1 feuille avec 9 portr. photogr. carte.: Pasteur Riff, Braunwald, Edel né 1815. Baum 1810, Haerter, Brion. Schillinger. Professeurs Fritz, (faites en 1862– 64.)

2645   1 teuilles avec 8 photog. carte. 1861–67. Litterat. et poëtes. Karl Bernhardt, poëte et typogr. Febvrel. Théolog. Poëte. Dr. G. Mühl. Poëte all. 1810–1880. — Ch. Reichhardt

(Peintre miniatur.) Th. Haas· — Dr. Hergott.　Louis
Zimmer, notaire.　C. Emile Behringer. ingénieur. mort
avec la mission Flatters. (19. 1. 1840 † 16. 2. 1881.)

2646　Grand Panthéon des Contemporains à Bibi. — 32 portr. chargés par
Ad. Seyboth 1880. Photog. Stribeck. 4⁰. — Album.

Alsatiques.

Armoires, Enseignes, Ecriture, En têtes.

2647　Enseigne de Contellerie „H. Conrad Contellié, Cour du Colége à
Strasbour. 1698.“ Daudet fec. grav. 4⁰.

2648　En têtes de Salons d'art, sociétés, firmes.

2649　id.　id.

2650　id.　id.　(Spindler, Schneider, Stoskopf, Haas).

2651　Affiche du Théatre 5 Avril 1832. „Zampa.　La Reine de Golconde.“

2651bis　Armoiries de Stbg. sur pap. parchemin, grav. 8⁰. 2 lions profils.

2652　id　sur carton. Grav. 1625.　16⁰. 2 lions dont un retourné.

2653　Armorial d'Alsace de Schoenhaupt. 2 planches coloriées. Armoiries
& pierres-bornes.

2654　Wappenbuch, 12 Blatt, von Sebald Bühler 1589. Reprod. f⁰. Armoiries
de familles de Strasbourg.

1655　Wapen der Familie Jaecklé aus dem Jahre 1590. Aquarelle. 8⁰.

2656　id　id　Sponn. Carton. Aquarelle. 8⁰.

2657　Armoiries pour la Soc. des Monuments historiques d'Als. peinture
du Dr. Eissen. 4⁰.

2658　Calligraphie. 2 Tableaux par D. Eckert père, expert vérificat. Stbg.
1839. Autogr. par Simon fils. f⁰.

2659　id　3 Blaetter gezeignet & zu finden bei Geistodt. Weis fec.
Argent. f⁰.

2660　Cartouche pour Etiquette. Lithogr. par Jardel 1854. f⁰.

2661　Une feuille avec. entêtes. factures, traites de maisons de Stbg·
(1830). Cartes d'électeurs, d'entrée, etc.

Tauf- u. Gesellenbriefe etc.

2662　Taufbrief 1762. St Aurélien. 1 femmes, 4 hommes. Costumes. Grav. 8⁰.

2663　id　Lég. allem. 8 vers. 2 femmes, 3 hommes, id　id.

2664　id　1796 Wissembourg. Hirthes del & inv. 1759. Grav. color. 8⁰.

2665　id　1772　id　id　.. 1772. Cadre. Grav. 8⁰.
Got. Rugendus. scpt.

2666 Tauf brief Wissbg. 1759. Bois. 2) Denkvers der Communion. cadre, (1840).

2667 Gesellenbrief 1778 für einen Schiffsknecht. signé Jeanjean supér. du
        Sémin. — Klauber Cath. scp. f°. — Vue de Stbg.

2668 1. Billet d'invitation. „Faites nous compagnie s'il vous plait." 18e
        siècle. Grav. 8°.

        „Pro memoria", Souvenir de prédication. Grav. bois. 8°. Lég. 10 vers
        allem.

2669 1) Feuille d'Album 1807, aquar. 2) Neujahrswunsch 1793. (J. M. Schw.)
        3) Pap. à lettre: l'Ile Jars, dess. p. Piton. Lithog.

2669bis Examen d'un chirurgien au 18e siècle. Exemples de sutures. sur
        parchemin.

Imagerie.

2670 „Omnia vanitas." Peinture sur parch. prov' du Convent des Cordeliers
        de Ste Marie a/M. 4°.

2671 Hagenbach. son supplice et son exécution. Facsimile 8°. d'une grav.
        s. bois 1477. Sceau.

2672 Naissance du Christ. Facsimile d'une gr. s. bois du 15e s. Collect
        Heitz. 8°.

2673 Une feuille avec facsimile du Tite Live. de T. Stimmer (1575) et une
        exorcisation. Coll. Heitz. 16°.

2674 L'Enfant prodigue. Bois et couleurs. Chez Joseph Ottinger. Stbg. 4°

2675 Une feuille avec costumes, bouquets. découpures. aquarelles (1830).

2676 Frankreich Deutschland. Image satirique. (1810). Lith. f°. Lég. 8
        vers allem.

2677 Le Seigneur de Ribeaupierre et la Confrérie des Musiciens. Bois. 8°.
        H. Ganier del. Levy scp.

2678 Une feuille 1) La légende des sept Souabes par P. Büttner. — 2.
        Die wohllöbliche Redaction des Odilienblattes von
        Rixheim. Deux. silhouettes 8°.

2679 „St Demi-Monde von Strosburry": Une feuille avec 9 illustrations par
        Ad. S. (1865) f°.

2680 „Lächerii un doch betrüebt." — „Nauael neji Strosburger Helje Nr. 1."
        Dess. de Schweitzer. Poésie de K. Bernhardt. (1865).
        f°. Lith.

2681 „D' Post von Strojburry, Strosburger Bilder Nr. 71" (chez Schneider).

2682 Echo de Stbg. 3 Nos. 1884. „Eine Soirée im Strasburger Grandmonde."
        Zukunfts-Armee.

2683 Salon amusant de Stbg. 1885 par Parasol!

2684 Festblatt (Neueste Nachr.) Kaiserparade 9 Sept. 1898. Portr. de l'Emp.
        Guillaume II. f°.

2685 „Dr. Yscre Mann wie er uff d' Pariser Ustellung geht." — (Das Elsass 29 März 1900). Avec illustr.

2686 Exposition retrospective de Stbg. 1895. Compos. de Laskowsky. Grav. 4⁰.

2687 Fête agricole de Wissembourg. 1858. Comp. & lith. p. P. Lix. Lith. f⁰.

2688 F stival de Strasbourg 1863. id Schweitzer f⁰.

2689 Comice agric. de Stbg. 1865. Compte rendu par Ch. Monselet. Grav· bois f⁰. (Le Nouvel illustré).

2690 Internationales Bienenfest in Stbg. 1875. Programm illustré par E. Schweitzer peintre & photog f⁰.

Imprimés. Calendriers.

2691 Hinkenderbote (Silbermann) 1800. (Marceau. Begebenheiten 1807 -1869.

2692 Messager boiteux 1812. (Naissance du Roi de Rome (11 Mars 1811) — Anciennes observations et versifications sur les mois.)

2693 Hinkenderbote (Le Roux) 1833. - Geschichtskalender.

2694 Hinkenderbote (Silbermann) 1870.

2695 Strasburger Anzeiger (Simon Kürssner Imprim. Ruelle du Savon) 5 Nos. 1774 1780. (Louis XV, mercuriales, locations. lanternes).

2696 Lothringer Idiotikon (A. à G.) von X. Pfarrer in Saarbrücken 1833 8⁰.

2697 Instructions concernant les personnes mordues par une bête enragée. rédigées par le Sr. Ehrmann. Médecin Physicien à Stbg. 1779. Brochure 23 pages. 12⁰.

2098 Unfug in dem Kloster St Nicolaï in Undis. — 1524. f⁰. Reproduction.

2699 Kleider-Ordnung Strassburg. 1660—1678. Gedruckt 1685. Ecusson f⁰.

2700 Hochzeit-Ordnung id 1664—1687. id id 1687. (Mariage de Mr. J. Michel Osterrich juge. avec Melle. M. Sal. Richard. 1674 f⁰.

2701 Acte de Mariage de Marie Leckzinska avec Louis XV 1725. — Marie Stanislas. Cardinal de Rrohan. Catharine Opalinska, reine de Pologne. Louis d'Orléans, Ant. de Pardaillon duc d'Antui. Cte. de Beauveau, Charles de Lorraine. Mal du Bourg ont signé). Facsimile de E. Simon. f⁰.

2702 Une feuille avec 8 ordonnances de l'autorité de Stbg.: Police des maisons publiques 30 Germ. au X. — Fabricts d'amidon 2 Nov. 1789. — Musiciens ambulants an II. — Maximums de salaires 8 Therm. an II. — Police des

Moeurs 8 Therm. An II -- Arbeitsschule 1815. --
Boucheries 1827. -- Choléra 1832.

2703   Une feuille avec délibération du Cons. municip. sur les biens de
l'Université, „sont-ils à l'Eglise protestante ou à la
commune de Stbg.?" -- 2) Wir wollen die Hydre des
Germanismus vernichten. An II 10 prair. -- 3) Nouvelle organisation des Consistoires (24 Mars 1848).

2704   Une feuille avec 1) Divers programmes 1803, 1809, (noms alsaciens)
2) Chant en l'honneur de G. Schweighauser (Vers
allem. 23 Mars 1864.

2705   Une feuille avec. 1) Procès de L. P. Louvel assassin du duc de Berry
13. Fev. 1820. Jugement du 6 Juin 1820. Imprimé du
13 Juin 1820 (feuille de **Nancy**.)
2) Courrier de Stbg. 11 Dec. 1814. (Biens des émigrés).

2706   Une feuille avec. 1) Programme de l'inaugurat. du Monument de
Gutenberg (24. 25. 26. Juin 1840. -- Imp. Silbermann).
2) Ankunft Klebers Bildsäule in Stbg. 23. July 1838 (Meiseloker 21.
Juin 1890. Image).
3) Kleberfeier 14. Juin 1840. Biograph. (Post 15. Juni 1890)

2707   Un couvert avec divers journaux. Biographies: Louise Riff. Ottilie
Wildermuth, Uhland. Ste. Odile. diverses représen-
tations du Pfingstmontag. Affiches 1868, Indicateur
1848. Annonces, affiches 1822. Création des Colonies
de Vacances. etc.

Costumes & Types d'Alsace.

2708   1) Un bourgeois. 2) Une servante. (16e. & 17e. s.) Grav. 16⁰. Signé.
F. B. 8⁰.

2709   1) Eine Magd so zu einer Adelichen Begräbniss gehet. -- 2. Ein
lutherischer Pfarrer. (16. & 17. siècle) Grav. 8⁰. Sig.
F. B. 3) Ein lutherischer Pfarrer (18. s.) Grav. col. 8o.

2710   Student. Grav. d'ap. F. W. Schmuck (17. s.) 8⁰. Reprod. des Cost.
strasbourg. édités en 1725, (Berger-Levrault).

2711   Un bourgeois, costume de ville. par F. B. (16.--17. s.) Grav. 8o.

2712   Trachten aus Els.-Loth. (Hottinger Els. Loth.) 16⁰. -- Alsacienne
Photographie 8⁰.

2713 4 Grav. color. sur carton. Paysanne des environs de Colmar; de
      de „Kell;“ Anabaptiste des environs de Stbg.; Jar-
      dinière de' Stbg. Lanté del Gatine scp. 4⁰.

2714 Jeune homme des environs de Fröschwiller. Lith. color. par Stop. 8⁰..

2715 Dans une brasserie 1855. — Lith. 4o. fond teinté. J. Vogel del.

2716 Veilleur de nuit. Dess. de Lallemand d'ap. Haffner. grav. p. Boetzel. 8⁰.

2717 Der Hans im Schnokeloch. Grav. par Schmauder d'ap. Th. Schuler
      Lég. all. fo.

2718 Vala le journaliste! Zincograv. f⁰. (Types de Stbg.)

2719 Deux pensionnaires de l'Hopital. A. Hufenbeck del. Lith. 8⁰.

2720 Scènes et costumes. Calendrier 1878. E. Matthis del. Berg. Levrault.
      Imp. f⁰.

2721 Scènes & costumes d'Alsace. Calendrier 1895. E. Schweitzer del. Impr.
      alsac. f⁰.

2722 Types & caricatures. Lith. color. par B. B. Affiches de Stbg. 1898—
      1899. 1/2 f⁰.

2723 Strasburger Helje 2 feuilles. No. 8 & 11. Par un amateur. Lith. Simon.
      Reprod. 8⁰.

Guerre de 1870. — Révolutions. — Empires.

2724 1870. 6. Aug. Einzug der Verwundeten & Flüchtlinge von Froesch-
      weiler (Broglie). E. Schweitzer del. Lith. color. 1/2 f⁰.

2725 ..   11. Sept. Ankunft der schweizerischen Delegirten am Weiss-
      thurmthor. E. Schweitzer del. Lith. color. 1/2 f⁰.

2726 id   Die Schweizer Deputation vor Strasburg. — E. Ade del. Bois. 1/2 f⁰.

2727 1870. Ein deutscher Offizier fordert den Platzcommandanten Ducasse
      auf, die Stadt zu übergeben. E. Schweitzer del. Zin-.
      cogr. 4⁰.

2728 1870. Der Generalmarsch in den Strassen der Stadt. E. Schweitzer
      del. Grav. 8⁰.

2729 1871. „Congé définitif donné au nommé Badinguet dit Napoléon III.“
      Feuille satyrique illustrée. Chez. Bornemann 1870.
      — Bois. f⁰.

2730 1871. Les familles d'Alsace. Emigration. Tableau de Schützenberger.
      Photogr. alb.

2731 1866. Les Etudiants à l'Orangerie 10. Mai. — Th. Schuler del. Ch.
      Winter. Photog. 8⁰.

2932 1871. Die Wacht auf den Vogesen par Gustav Mühl. Autogr. de
      l'Auteur 10 März 1871. — fo.

2733 1848. Souvenir de la fête célébrée à Stbg. le 16 Avril 1848. (Arbre de la Liberté). Lith. Simon. — f⁰.

2734 1836. „Quel est le scélérat?“ Procés de la prétendue conspirat. de Stbg. (Plaidoyer de Me. Lichtenberger) Hte. Bellangé

2735 1789. „Holocauste des Coiffures germanique Strasbourgeoises au Temple sacré des Prêtres Jacobins.“ Heliogr. 4⁰ d'ap. une anc. estampe.

2736 1792. La Marseillaise chantée par Rouget de l'Ile chez le maire Dietrich à Stbg. Tableau de Pils. Photograv. 8⁰.

2737 „ (La Marseillaise), Chant de guerre pour l'armée du Rhin dedié au Marl de Lückner. Avril 1792. Edition 1793. Chez Dannbach à Stbg. 1793. (8⁰) — 2. La Marseillaise. Edition Colombier (f⁰.)

2738 1) 1870 Déclaration de la guerre à la Prusse (Niederrheinischer Kurrier) 2) 1871. 2 Mars La Paix avec l'Allemagne. 3) 1871. 29 Mai. La Commune vaincue (Courrier du Bas-Rhin. 29 Mai 1871). 4) Mort de Mr Kablé, député à Bordeaux en 1871 et au Reichstag 1878, 1881. 1884, 1887 (Courrier du B. Rh.)

2739 5 Pièces (1850—1852) Appel à la tranquilité. — 2 listes de Conseillers municipaux. — 2 Nos du Démocrate du Rhin. (31. Oct. & 4. Déc. 1851). Coup d'Etat.

2740 3 Pièces (1830—1831) 14. Août 1830. Constitution de Louis Philippe. — 15. Juin 1830. Envoi de la Proclamation de L. Ph. à un électeur par le Préfet. — 1831 (18. Sept.) (L'Alsacien.) Guerre de Pologne.

2741 1 Pièce 1815. 1 Mars: Appel de Napol. I. du Golfe de Jouan (les 100 Jours). Imp. Levrault à Stbg. 1815.

2742 1 „ 1815 20. Novembre. Les traités de 1815. (Sig. Metternich, Richelieu. 4 pages. f⁰. (de l'époque)

2743 1 Brochure 1810 15. Mars: Réception de Sa M. L'Imperatrice. — La Reine Marie Louise à Stbg. — Impr. Eck R. des frères (4⁰.)

2744 3 Pièces. 1) An II 25 Prairial: Avis d'orner les façades. — 2) 25 Brum.: „Invitation aux citoyennes de quitter les modes allem. puisque les coeurs sont français.“ 1789. 17 Nov.: 3) Avis pour les contributions patriotiques (chez Le Roux Franç. Impr. à Stbg.)

2744bis 5 Pièces. — 1. An II 15 Prairial· Avis d'orner le façades de banderoles tricolores & autres ornements civiques. — 2. 1790. 7 Juin: Défense de tirer dans les rues. — 3) 1792 (An I) Sept. 2 Oct.: Liste des Conseillers généraux. — 4) An II 22 24 Brum: Soulagement des indigents: — 2000 lits. à préparer. — Fonds de répartition des 9 Millions. — 5) An II 30 Jan.: Suspects.

2745 3 Pièces 1) An II 18 Germinal: Contingent d'effets d'habillement à fournier à l'armée du Rhin (Chez Dannbach). — 2) 1791 14 Nov.: Police des Rues (Chez Dannbach). 3) An II 4 Frimaire: Destruction des Statues de la Chathéd. Confiscation des vases des temples de Stbg. (Chez Dannbach).

2746 1 Broch. An II 3e jour dela 3e déc. du 1er mois: Evacuation des lignes de Wissembourg. Séance de l'Assemblée génér. des antor. de Stbg.

2747 1 id   id 4 Messidor: Nouvelle dénomination des Rues de Stbg. 8°. 16 p.

2748 1 Broch. An II 20 Fructid: Tyrannie exercée par St Just & Lebas à Stbg. par J. J. Treuttel. — Liste de notables de Stbg. devant payer 9 millions. — 8°. 31 p.

2749 1 Broch. An III 5 Ventose: Appel de la Commune de Stbg. à la Républ. & à la Convention nation. contre St Just & Lebas. — Stbg. Impr. de la Soc. typogr.

2750 2 Broch. 8°. An II Ode républicaine composée par le cit. Lebrun. Broch. 8°. Réimprimée à Stbg. Hymne à Barra & Vialla, fêtes célébrées le 10 Therm. An II (Chez. Ph. J. Dannbach, Rue du Civisme à Stbg)

2751 3 Pièces. 1) 1 Broch. 4°. Lettre de Mr le marquis de Lafayette à Mr . . de la garde nat. de Stbg. 8 Nov. 1789 Stbg. (Gedr. bei Le Roux koeniglicher & Stadt Buchdrucker).

2) 1789 Régl. provis. de la Garde nationale de Stbg. 3) id en allemand.

2752 3 Pièces 1) Chant des Soldats par Pierre Dupont. — 2) Lettre d. E. Schreider à Robespierre, An II 18 pluviose. prison de l'Abbaye) Broch. 4°. — 4 pag.

3) Provisorisches Reglt. die Strasburgische Bürgerwache betreffend. — Broch. 4°. 8 pages.

2753   1681 Une feuille gravée avec la Médaille commémorative de la resti-
tution de Sthg. à Louis XIV (Sacra restituta.) —
Grav. cadre. 1⁰.

2754   Divers écrits & imprimés 1789, 1848, guerres et empires; poésies,
pamphlets.

Vues d'Alsace-Lorraine & environs.

2755   **Andlau.** 1) Vue du village pris d'Eichhoffen. Lith. Sandmann 1836.
Lith. 8⁰.
2) „ chateau (avec les toits). Lith. Engelmann 8⁰.

2756   „ Vue de la vallée et de la Kirneck. Au profit des incendiés de
Belmont. F. Bitsch del. Lith. Wentzel. Lith. 8o.

2757   **Ban de la Roche.** La Hutte près du Champ du feu. — Lith. par
Th. Muller. Lith. 8⁰.

2758   „ Même planche. id.

2759   „ Chez Meckert. maison forestière. Lith. 8⁰. par Th. Muller.

2760   „ Chateau de Mr. Ml. Champy. — Chez. F. Simon fils. Lith. 4⁰

2761   **Barr.** Ancienne Eglise St. Martin dess. d'ap. nat. p. Ad. Schwalb,
1850. Fassoli Imp. Lith. coul. Cadre, légende allem. 1⁰.

2762   id   Der Wendels Brunnen bei St. Wendel. Lith. par Droyer. 8⁰.

2763   id   Maison de chasse de Mr. le Bon. Hallez près de l'Ungersberg.
(1840) Dess. & lith. par Th. Muller. f⁰.

2764   id   Spesburg, Ungersberg, Maison forestière, 2 vues semblables.
Lith. 8⁰.

2765   **Belmont.** Vue du village. Th. Muller lith. 8o.

2766   **Bergheim.** Vue de la mosaïque découverte en 1848. J. Rothmuller del.
Lith. color. 8o.

2767   **Bischwiller.** Dess. d'ap. nat. par F. Voulot. Lith. teinté. f⁰.

2768   id   Vue prise d'ap. nat. par G. Schmidt. Dess. au crayon.
1845. 8o.

2769   **Bockloch,** (Cascade de) près Wildenstein. vallée de St Amarin (Vues
pithoresques) Rothmuller del. Lith. 8o.

2770 **Bouxwiller.** Le Rosenbrunnen. Eug. Laville del. Lith. 8⁰. teintée.

2771   id   Même planche.

2772   id   Vue générale et vues diverses. Dess. d'ap. nat. par Ch. Hanke 1860 Lith. 4⁰. teintée.

2773 **Breuschwickersheim.** Le Presbytère et divers croquis par Ad. Schwalb. d'ap. nat.

2774 **Bühl** (le) près Barr. Dess. & lith. d'ap. nat. par L. Schnéegans. (1850) (Alb. Alsac.) 8⁰.

2775 **Chatenois.** Eglise & Hahnenberg. J. Rothmuller del. Lith. 8⁰.

2776 **Colmar.** Vue de la Chaine des Vosges prise de la gare de Colmar. Dess. d'ap. nat. par F. Piton. (Stbg. illustré). Lith. Gᵈ. 4⁰. oblong. 2 Vues sur une feuille.

2777   id   Vue de l'hotel de Ville et personnages (15ᵉ & 16ᵉ s.) Dess. à la main. 8⁰.

2778   id   Plantation de l'Arbre de la Liberté. 21 Avril 1848. Plan de la fête. f⁰.

2779   id   Notre Dame de Logelbach près Colmar. Grav. par Deroy. 8⁰.

2780 **Dabo** ou **Dagsburg.** 1) Blick auf Dagsburg. Hoedel del. Grav. 16⁰. — 2) Dabo au 17ᵉ s. 8⁰. dess. de Demarle.

2781   id   en 1613. Notes explicatives manuscrites. Heliograv. f⁰.

2782 **Eguisheim.** (Les trois Chateaux d') Hehnsdorf sep. 1824. 8⁰ obl. Réimpression.

2783   id   Même planche.

2784   id   (Chateaux d') côté sud. Photogr. 8⁰. E. Wagner 1899.

2785 **Falkenstein** près Niederbronn (Chateau de). Bichebois d'ap. Rothmuller (Vues pittor. d'Als.) Lith. 8⁰.

2786 **Fischboedle** im Münsterthal. J. Weber del. Zincograv. 16⁰.

2787   id   Cascades dit Wasserfelsen. Rothmuller del & lith. Lith. 8⁰.

2788 **Fleckenstein.** Ancienne gravure. „A minimis quoque timendum." Grav. 16⁰. obl.

2789 **Framont.** (Forges de) Th. Muller del. Lith. 4⁰. obl.

2790 **Géroldseck** (Petit) B. Zix del. et sept.(Vues pittor. d'Als.) Grav. 8⁰. texte.

2791 **Géroldseck** (Grand)   id   id   id   id

2792 **Girbaden** 1) Chateau   id   id   id   id

2793 **Girsberg**   Niedeck (Cascade) id   id   id   id
Chateau. Photog. E. Wagner 1899. 8⁰.

2794 **Gérarmer.** Lith. par Sandmann (Alb. als.) Lith. 8⁰. Diverses vues
1875. Photog.

2795 **Graufthal.** Lith. par Sandmann. (Alb. als.) Lith. 8o.

2796 **Heiligenstein.** Gravé par Ad. Schwalb. 1850. 8o.

2797 **Hoh Barr & Greifenstein** Benj. Zix del. & sept. 1801. (Vues pitt.
d'Als.) Texte. Grav. 8o.

2798 Hohbarr. Chateau & télégraphe aérien. B. Zix del. (Vues pitt. d'Als.)
Texte. Grav. 8o.

2799 Hohen-bar en 1600 par Th. Muller. Lith. 8o.

2800 Hohbarr. J. Rothmuller del. Lith. 8⁰.

2801   id   Bilder aus Els.-Loth. Assmus del. Brendamour xylogr. 8o.
Texte

2802   id   Même planche.

2803 **Hohenack** (Chateau de) J. Rothmuller (Vues pittor.) Lith. 8⁰.

2804   id   Joly d'ap. Bichebois. figures par Adam. Lith. 8⁰. (Pl. d
Golbery & Schwg.)

2805 **Hoh-Koenigsbourg** Hotel Buckel 1886. Photog. alb.

2806   id   Schlosshof. Dess. de Assmus, xylog. de Clock. F. Bauer
scp. (Bilder aus Els.-Loth.) 8⁰.

2807   id   Dessiné d'ap. nat. par Rothmuller (Vue pittor). Lith. 8⁰.

2808   id   id   sans personnages id   id.

2809   id   Lith. par Sandmann (Alb. alsac.) Lith. 8⁰.

2810   id   bei Schlettstadt grav. s. bois. (Vues pitt. d'Als.)

2811   id   en 1600 tiré de la bibl. de Stbg. Lith. par Th. Muller.
Lith. 8⁰.

2812 **Hohwald** (Eglise & presbyt.) dessiné d'ap. nature par Th. Muller 1837. Grav. 4⁰.

2813   id   Même planche. — Cascade. (Siegfried Lith.)

2814 **Honcourt** Eglise détruite aujourd'hui, côté sud. d'ap. le croquis de Silbermann fond teinté g⁴ 8⁰.

2815   id   Même planche.

2816 **Horbourg** (Ancien chateau) Monuments disparus, d'ap. l'origin. de Mr. Ingold. Heliog. 8⁰.

2817   id   Même planche.

2818 **Insel Napoleon** gez. v. H. Danzer. Studer in Winterthur. Lith. 8'.

2819 **Ingweiler** (Neuenberg bei) 2 grav. par Th. Haas 1888. 8⁰.

2820 **Ilzach** bei Mulhausen. Blindenanstalt. 2 Vues photogr. et un plan color. 8o.

2821 **Klingenthal** Ancienne maison foustiére & **Hagelschloss.** — Lith. de Engelmann. Lith. 8⁰.

2822 **Kehl.** Pont du Rhin. (Sa construction 1858.) 2 Photog. 8o. long.

2823 id.   id   Achevé.   Photog. 4⁰.

2824 id.   id   id   id 16⁰.

2825 **Lac Blanc.** Collignon pinxt. Blanchard del. Lith. 8⁰. (Vues pitt. des Vosges de Cantener.

2826   id   et ferme. J. Rothmuller del. Lith. 8o. (Vues pitt.)

2627 **Landsberg** près Barr (Chateau de) Lith. 8⁰. de G. Engelmann.

2828 **La Petite Pierre** (Lützelstein) Le fort. Laville del. Lith. teintée. 8⁰.

2829 **Lichtenberg** Chateau & fort. Ancienne gravure, chasse au faucon. 8⁰. obl.

2830 **Lièpvre** (Val de) Travaux des mines, de Seb. Munster's Cosmographia 1545. 3 Grav. 2 Grav verso 8⁰.

2831   id   id suite. 3 feuilles. 8⁰. & 16⁰.

2832   id   id d'ap. le même, 9 lithog. Plan des mines, G⁴. 4⁰.

2833 **Lucelle,** Monastère, en 1740 d'ap. Bernardin Walsch. Lith. réduite par l'Abbé Straub. 4o.

2834 **Lützelbourg & Rathsamhausen,** (Chateaux de) Lith. 8⁰. de G. Engelmann.

2835 **Lützelbourg** (près Saverne) & Tunnel, sa construction pour le ch. de fer. Laville dél. Lith. teintée. 8o.

2836 **Marienthal** Eglise & Couvent. F. Boehm del. Lith. 8⁰.

2837 **Metz.** Cathédrale, vue du levant. Lith. teintée p. Arnoult d'ap. Migette. 8⁰.

2838   id.   Cathédrale. Lith. Etienne à Metz. Au trait. 4⁰.

2839   id.   Porte des Allemands assiégée par Ch. Quint 1552. Lith. p. Arnoult d'ap. Migette. Lith. teintée. 8⁰.

2840   id.   Explosion de l'Arsenal en 1860. Férat del. Bois. 4⁰.

2841 **Merkenstein.** Grav. au trait. 8⁰.

2842 **Molsheim.** La Place. Dess. par Beyer. Lith. teintée 8⁰.

2843 **Mulhouse.** Vue du Pont (Canal du Rhône au Rhin). Dess. d'ap. nat. par Pedraglio. Lith. color. f⁰.

2844   id.   1642. Vue panoramique d'ap. Merian. Lith. f⁰.

2845 **Munster.** Vue générale. Dess. de Taylor (A trav. l'Als. & la Lorr. p. Ch. Grad). Bois 4⁰.

2846   id.   1) Vue générale. — 2) Gd. Hotel. Deux photog. 8⁰. 1885.

2847 **Murbach** l'Abbaye de, (Soir) Deroy del. — Lith. 8⁰.

2848 **Neuhof** près Strasbg. Ancienne gravure bois 4⁰.

2849 **Neuwiller.** Dess. d'ap. nat. par l'abbé Straub. 1862. — Lith. teint. 8⁰.

2850 **Niedermünster.** 1) Reste gegen Morgen. 2) Hohenburg. Wirtshaus, Linden (Pl. de Pfeffinger). Grav. 8o.

2851 **Pairis** Ruines de l'Abbaye. près Orbey d'ap. le croquis de Mr. Ortlieb. J. Rothmuller del. Lith. 8⁰.

2852 **Retournemer.** Lac & maison du garde forestier. Rothmuller lith. Deroy del. Lith. 8⁰.

2853 **Rubeacum** (Rufach) 1548. et chateau **d'Isenburg.** (disparu). Planche de Seb. Munsters Cosmogr. Bois.

2854 **Saasbach.** Monument de Turenne. Lith. 8⁰. par Sandmann.

2855 **Sainte Marie** a/Mines. Vue de la Croix de Mission. Lith. 4⁰. par Ed. Freyss.

2856 id. Lith. par Th. Muller & dess. d'ap. nature 4⁰.

2857 **Saint Ulrich** (Chateau de) jadis Rappolstein. J. Rothmuller del. Lith. teintée 8⁰.

2858 id. id. Reconstitué par F. Winckler 1887. Photograv. 4⁰.

2859 **Seinte Odile** 2 flles. 1) Plan cavalier. Beschaffenheit der Lagermauer auf der Blos und des Odilienbergs im Jahr 1603. (Pl. de Pfeffinger Hohenberg od. Odilien-Berg) 8⁰. 2) Plan. Odilien-Berg. — Bloss. — Der nördliche Berg. (Même ouvrage.) 8⁰. Nonnenkloster St. Ottilien. Dess. de Rob. Assmuss. Grav. p. Dreher 8⁰. teinté.

2860 id. 2 flles. 1) Ste. Odile & Mennelstein. Lavis de N. Gaspary 1878. Photolithog. 12⁰. obl. 2) Eingang zum Odilienkloster. Lith. de Engelmann. 8⁰.

2861 id. 2 flles. 1) Fragment du mur payen. Lith. de Engelmann. 8⁰. 2) Ste. Odile & le massif du **Mennelstein.** Lavis d. N. Gaspary 1878. Photolithogr. 12⁰. obl.

2862 id. 2 flles. 1) Ansicht Hohenburgs. — 2) Römer Weg. Lager-Mauer. Grav. 8⁰.

2863 id. Vue intérieure de la Chapelle. Lith. Bichebois. (Pl. de Golb. & Schweigh.) Lith. 8⁰.

2864 id. 2 flles. 1). Vue intér. de la Chapelle. 2) Fontaine Ste. Odile. (2 Pl. de Karth) Lith. 8⁰. de Engelmann.

2865 id. 3 flles. 1) Vue caval. du Couvent (Pfeffinger). — 2) Odiliens Sarg (Pfeffinger). — 3) Gedenkstein Adalrichs und Odiliens (Pfeffinger). Grav. 8⁰.

2866 id. 4 feuilles. 2 Vues de Ste. Odile. Vallée de St. Gorgon. Niedermünster. Lith. Jung 12⁰.

2867 **Saverne** Vue du Palais. Chapuy del. Asselineau lith. Lith. f⁰. color. („Planche de la France de nos jours").

2868 id. Eglise protestante. Vue extérieure. J. J. Kolb del. 1850. Lith. 4⁰.

2869 id. id. Vue intérieure. J. J. Kolb. del 1850. Lith. teintée 8⁰.

2870 **Scharrach.** Vue do Chateau. Beyer del. Lith. 8⁰. teintée.

2871 **Schlucht.** 1) Tunnel. Rothmuller del. Deroy lith. teintée. 8o. — 2) Id. Lith. Simon 12⁰.

2872 **Sessenheim.** Altes Pfarrhaus (1770), Neues Pfarrhaus (1871). Dorf-kirche. Flaxland del. Gartenlaube 1871. f⁰.

2873 **Seven.** Vue du village et de la vallée 1897 avant le ch. d. fer. — Photog. alb.

2874 **Soulzbach** près du Niedeck. La Cascade. (Vues pitt. d'Als.) B. Zix del. 1801. Blondel sept. Texte. 8⁰.

2875 **Steige** (Ban de la Roche). Lith. 8⁰. de Th. Muller.

2876 id. Même planche.

2877 **Stephansfeld.** Lith. d'ap. nat. par Th. Muller 1855. Lith. teintée. f⁰.

2878 **Stotzheim** (Schloss Grünstein in). Naeher fec. 1890. Lith. 8⁰.

2879 **Taennichel** & Ste. Odile. Plans par F. Voulot, complétés par Ed. Ferry. Chez Bader f⁰.

2880 **Thann.** Eglise en 1820. Lith. Simon. 12⁰.

2881 id. (Vieux). Peinture murale de l'Eglise. C. Th. del. Chez Ve. Bader. Lith. color. 8⁰.

2882 **Turkheim.** Lith. 8⁰.

2883 **Trois Epis** Rothmuller del. Lith. Halm & Vix à Colmar. Lith. 8o.

2884 id. près Turkheim. Rothmuller del. 1855. (Procession). Lith. teintée. 8⁰.

2885 id. Vue générale. Dessin au crayon par D. Baltze. 1856. 4o.

2886 id. Hôtel des Trois Rois. Dessin par D. Baltzer 1873. 4⁰.

2886bis id. 1870 Expulsion par la police allem. des religieux du convent. Dess. de Kauffmann. Bois f⁰.

2887 **Truttenhausen.** Ansicht der Ruinen (Planche de Pfeffinger) Grav. 8o.

2888 id. Vue intérieure. Lith. 8⁰.

2889 **Waldbach** avec la Maison d'Oberlin. Lith. Th. Muller. 4⁰.

2890 **Wangen** Porte intérieure. Dr. Eissen del. Grav. 12⁰.

2891 **Wangenbourg** (Chateau). Dess. aux 2 crayons E. P. 1848. Avec notice sur l'ouvrage de A. Reinhard par Coléo. Juin 1890. (Maiseloker.)

2892 **Wasenstein** (Chateau de) près Niederbronn. J. Rothmuller del. Lith. 8⁰.

2893 Même planche.

2894 **Wildenstein** (Chateau de). Bichebois d'ap. le croquis de Chapuy. Lith.
       4⁰. (Pl. de Golb. & Schweigh.)

2895 **Windeck** (Chateau de). Dessin de Th. Schuler, crayon. 4⁰.

2896 **Wineck** (Chateau de). Rothmuller del. Lith. 8o. 1850.

2897   id.   id.   Photogr. E. Wagner. (Planche de son ouvrage). 8o.

2898 **Wissenbourg.** Vue générale. 1850. Lith. Wentzel. fo.

2899   id.   1) Vue prise des remparts vers l'Eglise St. Pierre & St Paul.
               1845. — 2) 6 vues photograv.

2900   id.   Vue de l'Eglise. Photogr. 4⁰. 1880.

2901   id.   Vue panoramique de Seb. Munsters Cosmogr. Bois f⁰. 1543.

2902   id.   4 Calendriers. Lith. Wentzel. Eglise (1849). — Hotel de Ville
               (1863). — Langenberg (1865). – Pl. du Marché (1866).

2903 **Woerth s. S.** Plan de la Bataille 6 Août 1870. Pap. bleu (1870).

Vues diverses.

2904 **6 Vues.** Dom Peter par Beyer. — Mulhouse, Bade, Vue de? par
       Ciceri 1828. Ancienne image de la Vierge à Seven
       (Jung à Stbg.)

2905 **15 Vues d'Alsace** Photograv. (Verkehrs-Zeitung, Affiches 1899) 8⁰.

2906 **23** „ **Strasbourg & Alsace** id. Affiches de Stbg. 1898 – 99. 8⁰.
2907 **10** „   id.   id. Gravares 12⁰. par Meunier, Ranch, Section.
               etc. (1840).

2908 **20** „ **pittoresques des Chateaux,** Monuments & Sites remarquab-
               les d'Alsace. 1 Vol. broché. Dess. & lith. d'ap. nat.
               par Rothmuller 8⁰. 1836.

2909 **6** „ **des Chateau d'Alsace** par F. Imlin 1816—1819. Grav. 8⁰.

2910 **12 Vues d'Alsace** par F. Walter 1785. Grav. rehaussées de bistre. 8⁰.

2911 **16 „ Beschreibung von Hohenburg** oder der Odilienberg gravé par Weis 1781. Tirage à part de l'ouvrage de Silbermann. Marges. 8o.

Estampes, Lithographies, Dessins d'artistes alsaciens ou ayant séjourné en Alsace.

Aubry (Peter). Graveur et marchand de gravures. 1596†1666 (Oppenheim)

2913 L'armée des Perses. Grav. 8o.

Baur ou Bauur (Jean Guillaume). Graveur et peintre sur parchemin (1600 à Stbg. 1640 à Vienne).

2914 Bataglia de Lamatzone (sic) (Amazones) Grav. 16⁰. W. Bauer inv. 1633. 16⁰.

2915 Soldats jouant aux cartes auprés Tours (sic.) 1635. Heliograv. tirée à 10 exempl. 16⁰.

2916 Métamorphoses d'Ovide. Une planche gravée par B. 4⁰.

Bartholdi (Fréd. Aug.) Colmar 1834. Statuaire contemp.

2917 La Malédiction de l'Alsace. Groupe en bronze & marbre. B. 1872. A. Mathieu sept. Gᵈ. 8⁰. obl. Bois.

Boehm (A.) Vers 1820. Graveur & dessinateur.

2918 Hohenkoenigs Burg. Steindruckerei G. W. Boehm. 16⁰.

Brion (Gustave) Peintre als. Rothau 1824 1877 Paris.

2919 Le repos. — Dessin rehaussé de lavis. 4⁰.

2920 Siège d'une ville romaine sous J. César. Tableau & dessin de G. Brion 1861. Grav. 8⁰. tirée des Curiosités d'Alsace. — Le tableau a été acheté par Nap. III.

2921 Porte d'église pendant la messe en Bretagne. Salon de 1859. Bois 8⁰.

Chazot Artiste alsac. contemp.

2922   Trois gravures fond teinté. 8⁰. Lith. d'ap. dessins à la plume

---

Chuquet (Alphonse) dessinateur. (1840 † 1890).

2923   Les Buveurs. Effet de nuit Fond teinté. 8o. Lithog. Dédic

2924   La Vieille id.   id. id. id.

2925   Christianisme, Mosaïsme: 2 Statues de la Cathéd. de Stbg.
      Grav. par A. Chuquet dess. de Ed. Cron. Lith. 8'.

Dorè (Gustave) Peintre et dessinateur. Stbg. 1832 † 1883.

2926   1.) Guerre d'Orient. Troupes irrégul. de la Russie méridion.
      4⁰. 2.) Reconstruction de la Rue de Rivoli & des
      Tuileries (1859) 8o.

2927   La Paix universelle 1855. Dumont sept. f⁰. Les Contem-
      plations de V. Hugo. („Crépuscule." „Quand nous
      habitions tous ensemble." „Jaime.") Pisan sept
      8o. (Musée franç. angl.)

2928   Feuilleton du Journ. p. tous. 3 dess. de Doré. Trichon sept. 8o.
2929   Attaque de loups. — Lith. f⁰.
2930   Les Conscrits: Scêne bretorne. Piaud. sept 4⁰.
2931   Le Gᵃˡ. Walsin Esterhazy en Afrique. f⁰.
2932   1.) Madame Ristori dans Médée. — 2.) Sous les arbres. —
      Piaud sept. (Journ. francais anglais). Grav. bois. 4⁰.
2933   1.) Don Quichotte. Frontispice. Perrichon sept. 8o. — 2.) 4
      Grav. sur zinc du Don quijote. Edition allem. 16o.
2934   Rabelais. 2 grav. Jonnard sept.
2935   Rolland furieux. Jonnard sept. 2 planches. 8o. & 4o.
2936   Le Dante: l'Enfer. 2 planches Hachette 1891 & 1890. Dupay-
      ron sept. Grav. 4⁰. Texte.
2937   Bible illustrée: 2 planches de l'Edit. allem. Pisan sept. 4o.
2938   Fables de Lafontaine: La Cigale & la Fourmi. Pennemaker
      sept. Grav. 4o.
2939   id. Le Chêne & le Roseau. G. Laplante sept. Grav. 4o.
2940   id. Ld Jeune Veuve. Pennemaker sept. Grav. 4o.
2941   id. Le Lion   id.   id.
2942   id. La Mort et le Bucheron Jonnard sept. id.
2943   id. Conseil tenu par les Rats. Bertrand sept. id.
2944   id. Le Rat de ville & le Rat des champs. Pennemaker id.
2945   id. Le Chant du Départ. Photogr. 4o. Goupil 1870.

Engelhardt (Fr.) de Niederbronn. Dess. & lith. vers. (1840).

2946   Etudes d'arbres 1849. Crayon.

Fissen (Marcel). Stbg. 1848.

2947   3 Etudes de Soldats: Infant. de ligne fr. 1793—1809. — Offic. Inf. légére 1795—1798. Artilleur badois 1871. — Aquarelles. 8o.

Flaxland (Jos. Fréd.) Peint. et dessinat. Stbg. 1814 † 1884 Neuilly.

2948   Portrait de Ch. Bernard de Montbéliard (à 17 ans) mort dans les bras de Mad. Goguel. Lith. d'ap. nature. fo.
2949   id.   de Sébastian Brand. Chez Simon. Lith. f°.
2950   Même planche.
2951   Portrait de P. A. Grandidier (1752—1787). Lith. fo. montée.
2952   Même planche.   id.
2953   Buste de Gutenberg. Dessin 4°. 1839.
2954   Statue de   „   „   4°.   id.
2955   Portrait de J. H. Herrmann (1738—1800) Professeur de philosophie à Stbg. Lith. fo.
2956   id.   de Oberlin Jérémie Jacques (1735—1800) Direct. du Gymnase. Lith. f°.
2957   id.   de Schebest Agnès (1813—1870) Chanteuse dramatique (femme de Dav. F. Strauss). Rôle de Roméo. (Alb. alsac.) Lith. fo.
2958   id.   de Schoen Martin 1440—1520 (Schoengauer). Lith. f°.
2959   id.   de Schweighaeuser Jean (1742—1830). Helléniste. Lith. f°.

Les Guérin.

Guérin baron (G. Pierre). 1774 Paris † 1833. Peintre franç:

2960   **Son Portrait.** — Pauquet del. Grav. bois. Buste à dr. 12°.
            Enée & Didon. — G. pinxt. Grav. au trait. 12o.
2961   **Ste. Geneviéve.** G. pxt. gravé par Gérault d'ap. son tabl. au Luxembourg. — Chine grav. 8°.
2962   **Le Mariage du Dauphin.** — Pieter G. inv. & pxt. Sanguine gravée par Demarteau l'ainé, in f°.

Les Guérin d'Alsace.

2963 **Généalogie** d'ap. E. Charavay et autres renseig^{ts}.

2964 **La famille de Christ. G.** Celui-ci montre le portr. de son fils Gabriel
à sa femme (née Lienhardt) à sa fille Valérie et à
son fils Jean Baptiste. — Photogr. 8⁰. (1893) d'après
un tabl. de J. B. Guérin.

2965 **Autogr.** de Jean Urbain n. s.

2966 „ „ Gabriel. „

2967 „ „ Jean Baptiste „

2967bis Une famille de peintres alsac. — Les Guérin. par Et. Charavay.
Broch. 4⁰. 188) avec portr. gravés. Nr. 24 (rare).

Guérin (Jean Urbain dit Jean le Vieux) Miniaturiste 1762 † 1835.

Portraits.

2968 **Son portrait.** d'ap. Baquol. — Lith. 12⁰.

2969 id. „ avec celui de Specklin & M. Schoenguner Lith.
teintée 8⁰.

2970 **Monument** de Turenne à Saasbach élevé en 1829 dess. d'ap. nat. et
sur pierre par J. Guérin. G^d f⁰. Lith.

2971 id. sans les figures, plus clair. Lith. 4o.

2972 **Portr.** d'homme, longs cheveux, 2 crayons. Ov. 8⁰. Photog. faite en
1893 d'après un tabl. orig. — „Dessiné en fructidor an
2ᵉ de la Rép."

2973 **Même** planche.

2974 **Tête d'homme** (Richelieu?) grav. av. la lettre. 8o.

2975 **Madone.** Lith. p. **Jean Guérin d'ap. le tableau orig. de Guido Reni
peint au Musée de Stbg.** (brûlé en 1870). — Lith.
fond. teinté g^d in f⁰.

2976 **Férino** Gal de la Républ. — Déposé à la Biblioth. nat. le 1er thermid.
an 9; dess. d'ap. nat. par J. G. & gravé par Elisth
Herhan. — f⁰. G^d oval. pointillé.

2977 **Régnier** Gal de la Républ. Dess. d'ap. nat. p. J. G. & gravé par El.
Herhan. fo.

2978   **Buonaparte** Gal. de la Républ. Dess. d'ap. nat. p. J. G. & gravé par El. Herhan. oval. 8⁰.

2979   **Ste. Suzanne** Gal. de la Républ. Dess. d'ap. nat. p. J. G. grav. par G. Fiesinger. oval. 8⁰.

2980   **Clermont - Tonnerre** (Stanislas Cte. de) Dép. à l'Ass. nat. en 1789. Dess. p. J. Guérin. Grav. p. Fiesinger. Grav. au pointillé ov. 8⁰.

2981   **Orange** (Guill. George Frédér. prince d'O. & de Nassau) 1774—1799. J. Guérin del 1797. — F. Bolt scp. 1799. Grav. au point. oval. 8⁰.

2982   **Türckheim** (Guill. de). Grav. p. Ch. Aug. Schuler 1831 d'ap. une aquar. de Jean Guérin 1822. — Lith. f⁰. ov.

Dessins

2983   **Buste d'homme,** coiffé d'un tricorne. Profil. Dess. à la sanguine 8⁰.

2985   **Buste d'homme** 3/4 à gauche. Crayon.
2986   supp.
2987   **Etude d'homme** assis (31 Juillet 1787.) Crayon.
2988   **Jeune fille** au rouet (paysanne de Hangenbieten). Sépia.
     Buste d'homme à g. — Sanguine.
2989   **3 portraits** à la sanguine 8o. a. Buste de jeune homme à tricorne à g.
              b.   „   „   accoudé, face.
              c.   „   d'homme à g.

Christophe Guérin Graveur & fondateur du Musée de Stbg. 1758 † 1831. frère du précédent:

2990   **Son portrait.** — Lith. par J, D. Beyer. 12. (Galer. alsac.) Lith. 8⁰.
2991   **Jean Guérin** père de Christophe. Dess. d'ap. nat. & grav. p. Ch. G.
2992   **Christ. Guérin et sa famille.** Héliogr. faite en 1893 d'ap. le tabl. 50/56 fait en 1816 par J. B. Guérin. ov. 8o.

2993   1 flle. **7 Portraits,** ov. dess. et 1 lith. a. Mad. Gab. Guérin et son fils Jules et Mme. Rochefort mère, soeur de Mad. Gab. G. — b. L'abbé Jean jean. — c. Buste d'homme à dr. — d. Buste de femme à g. — e. Jeune homme jouant du violon.

2994   3 feuille des **Fêtes de l'Emper. Nap. à Stbg.** d'ap. Zix. C. Guérin scpt. Grav. f⁰.

2995 4 feuilles.   a. **L'hermitage de la Rochette,** grav. — b. **Exvoto** grav.
      2 dessins: c. 1er. projet. — d. 2e. proj. de cet ex voto.
      Mére et enfant. Encre de chine rehaussé de bl. in
      12o. C. Guérin ft.

2996 **Saturne avec sa faux,** en jaspe. Gravé à Stbg. p. C. Guérin 1791.
2997 „**Liberté — Egalité.**" — Lith. C. Guérin fec. Grav. ov. fº. au pointé
2998 „**La Raison découvrant la Vérité.**" C. Guérin fec. Grav. au pointé
      ov. fº.

2999 „**Couronnement d'épines**" C. Guérin. Louis Carrache pinxit. Grav.
      Armes. Sign. autogr. au crayon.

3000 „**Ste. Madeleine**" d'ap. le Corrége grav. p. Guérin. 8o.
3001 „**Aux mânes de Mengs.**" Inv. dess. et offert aux enfants de ce cé-
      lébre peintre par Nicolas Guibal 1779. Grav. p. Christ.
      Guérin à Strasbourg 1785." — In fº.

3002 „**Danaé exposée aux flots par son pére Acrisius.**" Grav. par C. Guérin.
      Gd. in fº.

3003 „**La Nativité**" d'ap. le tabl. du Musée de Stbg. de Ribera. — C. Guérin
      del. Lith. 8º. (Le tableau n'existe plus, brulé en 1870)

3004 „**La Tireuse de Cartes.**" — Grav. par C. Guérin d'ap. son tableau
      même grandeur. Grav. 8o.

3005 „**Zeuxis.**" L'une des 4 grav. de „l'Homme des Champs" de Delille.
      C. Guérin inv. & sept. Grav. av. le tirage. 8o.

3006 **Frontispice d'Aristophane** — Guibal inv. 1782. Christ. Guérin sculp.
      Grav. 8o.

3007 **Monument de Turenne à** Saasbach en 1782. Grav. p. C. Guérin d'ap.
      les dess. du Card. Louis de Rohan. fº.

3008 **Monument du Marl. de Saxe** par Pigalle. érigé en 1776 à l'Egl. St.
      Thomas à Stbg. Grav. fm. par C. Guérin. fº.

3009 „**Extase de St. Bruno**" d'ap. Lesueur. Grav. p. Guérin Prof. de gra-
      vure à Stbg. fº.

3010 „**L'Ange conduisant Tobie**" d'ap. Raphaël., cité par Charavay p. 6.
      fº. Gravé par Chr. Guérin.

3011 **L'Amour désarmé**" d'ap. le Corrège (au Louvre), cité par Charavay
      p. 6. fº. av. l. l. Gravé par Chr. Guérin.

3012 **Monument érigé à la mémoire de Blessig** en 1819, sculpté par Ohmacht. Grav. p. C. Guérin, d'ap. son tableau origin.

3013 **Zaepfelsbleiche** à la Robertsau (démolie). Lith. p. Ch. Guérin en 1820.

Portraits.

3014 **Arnold** (J. G.) geb. in Stbg. 18 Febr. 1780 Gest. 18 Febr. 1829 Lith. d'ap. un dess. de C. Guérin in f⁰.

3015 **Blessig** (Joh. Lor.) Peint. p. Soph. Deboyer. C. Guérin sep. Grav. au pointé. Lég. allem. in 12⁰. 12 vers. allem. ov.

3016   id.   id.   id. in 8⁰. sans lég. ov.

3017   id.   id.   id découpé   ov.

3018 **Brandt** (Séb.) Micorps à g. 12⁰. (de Strobel) lith. 12⁰. C. Guérin del.

3019 **Cagliostro** (le Cte. de) micorps, 3/4 à g. méd. ov., dessiné d'ap. nat. et gravé par Christ. Guérin 1781. 8⁰. 4 vers franç.

3020 **Croy** (Gust.-Max.-Juste, prince de). Evq. de Stbg. — Armoiries, 8⁰. peint. par G. A. Kemann. Grav. 8⁰. par C. Guérin.

3021 **Edelsheim** (le Baron de) Memb. de la dép. de l'Emp. au Congrés de Rastadt 1797. 98. 99. Becker del. C. Guérin sep. b. à g., bistre. Grav. au pointé. 8⁰.

3022 **Esmangart.** Préfet du Bas Rhin. — Lith. 12⁰. à dr. C. Guérin fec. 1812.

3023 **Foy** (le Gal.) Député de l'Aisne. Lith. par Maurin d'ap. le tabl. de Christ. Guérin. f⁰.

3024 **Günderrode** (de) Memb. de la déput. de l'Emp. au Congr. à Rastadt. en 1797. 98. 99. — Grav. bistre 8⁰. au pointé à g. ov. De Bajanus del. C. Guérin sculp.

3025 **Haffner** (Isaac) Prof. & Past. à St. Nicolas à Stbg. — Buste à dr. méd. ov. grav. 8⁰. au pointé Marges. Dess. d'ap. nat. p. C. Guérin. et gravé par Ch. Schuler en 1804.

3026 **Hauer** (Gottfried) né à Züllichau 1718. — Buste méd. ov. Grav. 8⁰. Marges. — Dess. par Defresne, „gravé par Guérin tous deux fils de ses amis." —

3027 Même planche.

3028 **Herrmann** (Jean) Botan. & Médic. 1738—1800. — Buste ov. Grav. 8⁰. Marges. Dessiné par Guérin & grav. par Tardieu.

3029 **Kentzinger** (Ant. de) Maire de Stbg. — Lith. 8⁰. B. à g. C. Guérin fec. 1826. Lith. Sg.

3030 **Koch** (Christ. Guill.) Prof. d'hist. Rect. honor. de l'Acad. de Stbg. — Buste 3/4 à g. méd. ov. Grav. 8o. — Peint. par Rob. Lefèvre. — Grav. C. Guérin.

3031 **Lafayette** (Marie Paul. Jos. Roch Yves Gilb. Mortier) Député d'Auvergne, génér. Comdt. de la Gd. nat. — Grav. Gd. f⁰. Buste à g. Peint d'apr. nat. p. Jean Weyler. Gravé par Christophe Guérin 1792.

3032 **Lezal-Marnésia.** Préfet du Bas Rhin, mort à Stbg. 1814. — Buste 3/4 à dr. Grav. f⁰. Méd. ov. Gravé par C. Guérin.

3033 **Meyer.** Memb. de la déput. de l'Emp. au Congr. de Rastadt 1797. 98. 99. Grav. bistre ov. 12⁰. au pointé. lég. fr. J. Hof del. C. Guérin sculpt.

3034 **Rechberg** (le baron de) C. Guérin scpt. Grav. bistre 8⁰.

3035 **Reuchlin** (Fréd. Jacob.) Theolog. prof. ordin. Argent. Buste face. lég., lat. Grav. 8⁰. P. Ph. Kugler del. C. Guérin fec. aq. fort. 1785. Sg.

3036 **Richter** (Franç. Xavier) Maitre de Chaplle. de la Cath. de Stbg. Mi-corps méd. rond. Marges. C. Guérin f. 1785. Grav. en brun. 4⁰.
Même planche. Grav. reprod. noir.

3037 **Ristelhuber** (M. A. J.) Dr. méd. Fondat. de Stephansfeld. Buste 3/4 à g. C. Guérin f. 1825. Lith. fo.

3038 **Stockmeyer** (Martin) Batelier, offic. municip. de Colmar 1791. En pied, face. Dess. d'ap. nat. & grav. p. C. Guérin. grav. 8⁰ en brun.

3039 **Stockmeyer** id. id. Copie de la pl. précéd. Jupiter. Autograph.

3040 **Turenne.** Ov. 3/4 à dr. Peint sur émail par Jean Weiler, dessiné sur pierre par C. Guérin. Lith. 8o. sur pap. teinté.

Dessins.

3041 **Robertsau** prés Stbg. Dessin crayon f⁰. C. Guérin fect 1807. Sg.
3042 **Tuilerie** hors la porte des Pêcheurs id. „ Sg.

Guérin (Gabriel) Peintre, Conservat. du musée de Stbg. 1790 † 1846 :

3043   **Son portrait.** Buste 3/4 à g., „dédié à ses amis et connaissances par son frère Jean." Lith. fo.

3044   **Son portrait,** peint par lui-même 1811 (21 ans). Oval 8⁰. à dr. Photograv. d'ap. une lith. G. G. Sg.

3045   **Schulzenberger** pére, anc. maire de Stbg. 3/4 à g. Dessin conté. fo.

3046   **Ohmacht** sculpteur. 1760–1834. 3/4 à dr. Marges. Dessiné sur pierre par Gabriel Guérin. Sg G. G. 1829 Lith. g^d. 4⁰.

3047   **Jerry Hägel.** Garde-péche de la Fischerinsel. Lith. f⁰.

3048   **Mad. Dorval.** Rôle de Médée. Gravé par G. G. pour son cahier de dessin. 8o.

3049   **L'Invention de l'Imprimerie.** Peint et dess. sur pierre par Gabriel Guérin 1827. Lég. all. & fr. Lith. f⁰. Sg.

3050   Même planche.

3051   **Le Prince de Condé** arrivant chez Mlle. de Montpensier. Dess. par. G. G. d'ap. son tabl. „La Soc. des Amis des Arts de Stbg. à ses membres 1835." Lith. 8o.

3052   **Deux** f^lles. du cahier de dessin de Gab. G. Lith.

Dessins & Etudes.

3053   **Le Cordonnier de Hangenbieten.** Dess. rehaussé d'enc. de Ch. dess. d'ap. nat. par Gabr. Guérin en 1806 (16 ans) Sg.

3054   **Tête d'enfant.** Esquisse au crayon conté. „Première tête de Gab. G. 1803" (13 ans).

3055   **Tête de Pallas.** Dess. estompé." Second dessin d'apré (sic) la bosse., de Gab. G. fait le 11 fruct. an 12. (1804) à 13 ans." Sg.

3056   **Torse d'homme** assis sur une pierre, vu de dos. Etude, Carton jaune." Atelier de M^r. Regnault 1807.

3057   **Pallas de Veltry.** „Dess. fait au Musée Napol." p. G. G. 1810. Sg.

3058   **Masque d'Hercule** dessiné d'ap. l'antique „par G. G. 1807" Sg.

3059   **Etude de vieillard** à barbe Dess. à 2 cray. „Atel. de M. Regnault 26 Mai 1810 Paris par G. G."

3060 **Lutteur** (au dos **Laocoon.**) Dess. d'étude.„ Paris 16 Juin 1810 chez M. Regnault. Sg. G. G.„

3061 **Tête d'homme.** Dess. 2 crayons. Au dos: „Fait en une matinée à l'atel. de M^r. Regnault Paris 26 Juin 1810 Sg. G. G.„

3062 **Etude d'homme** debout vu de dos. pap. bleu 2 cray. f⁰.
3063   id.   id.   id.   pap. jaune   id.
3064   id.   „   assis sur une pierre   id.   „
3065   id.   „   „ sur deux pierres   id.   „
3066   id. de **femme** debout à dr. Au dos: chez Léna ce 18 Mars 1826 Sg.

06 7 **Portr. d'homme** dessin. inachevé.

3068 **Tête de femme** (S^te. Madeleine) Crayon conté.

3069 **Deux paysans** et une **paysanne** de Hangenbieten. Esquisse.

3070 **Vue de Marienthal.** Dess. 2 cray. pap. jaune Sg. f⁰.
3071   „   „ (Maisons)   „   „   „
3072   „   „ (Eglise & Maisons)   „   „   „
3073   „   „ (id avec personnages) pap. bl. „   „
3074   „   „ (côté du choeur)   „   „   „
3075 **Bergers antiques** dess. à la plume   f⁰.
3076 **Chasseurs** „   „   „   „
3077 **Interrogatoire de 1814.**   „   „   „
3078 **Querelle**   „   „   „
3079 **Le Concert**   „   „   „
3080 **Les Prétendants**   „   „   „
3081 **Un bal**   „   „   „
3082 **Chasse au renard**   „   „   „
3083 **Dégustation**   „ rehaussé d'encre de chine.
3084 **Théatre de singes,** dess. au crayon.
3085 **Un baptéme.**   „ plume.
3086 a. **Arrestation de Mr. de (S) Chauenburg** id.
3087 b. **La discorde est dans le camp d'Agramont.** id.
3088 **40 dessins** à la plume in f⁰ carricat.. costumes. Stbg. 1814—1820.
3089 **2 Etudes d'hommes** debout. Peint. à l'huile. Sg. au dos.

Guérin (Jean Baptiste) frère de Gabriel. Peintre, Conservat. du Musée de Stbg. (1797 † 1867).

3090 **Portrait de Mad. Marie Guérin** née **Lienhardt** femme de Christ. G. peinture inachevée de son neveu J. B. Guérin.
3091   „   **de l'abbé Lienhardt,** cousin de J. B. Guérin dessin cray. conté.
3092   „   **de Jean Urb. Guérin.** oncle de J. B. Aquarelle inachevée fait par J. B. Guérin.

3093 **Portrait de Mr. Gaston Dubois** (aux archives de Paris; son père procureur à Stbg.) Dessin fait en 1858.

3094   „   „ Catalina & Soho de Botanybay venus à Stbg. en 1816. Dessins.

3095 a. Chiens, moulin à vent; au verso. b. Tuilerie près Stbg. Dessins.

3096 **Le Christ couronné**, d'ap. Carrache. — Ov. lith.

3097 **Fririon** (Gal. Baron). Lith. fⁿ. Toutes marges. Sg.

3098 **Charbonniers.** Aquarelle.

3099 **Village d'Alsace.** Aquarelle. J. Guérin. Nov. 1820. Sg.

3100 **Niederneh** (Vignes Reinach). Dess. pap. jaune 1860. Sg.

3101 **Hangenbieten.** Alsace. Dess. au trait. 8o. 1848. Sg.

3102   „   id.   Aquarelle in 8o.

Haffner, (Félix) Peintre. Stbg. 1818 † 1875.

3103   A la Fontaine. Grav. 8o. par Valentin.

3104   La Musique. — La Danse. Illustr. 1854. Stop. sept. 8o. Panneaux. peints à l'hôt. de Ville par Haffner.

3105   Le Veilleur de Nuit. Grav. 8o. par Boetzel. Tableau de Haffner.

3106   Sangliers ravageant un champ de maïs. Salon de 1855. 8o.

3107   Le marché de Schelstadt. Salon de 1851. Méd. d'Or. 8⁰.

3108   Les Cadeaux de Noces. Tableau de Haffner. Grav. 8⁰. de J. Levy.

3109   Chasse au liévre (avec portrait) Grav. 8o. de J. Levy. Dess. de Lallemand.

Hirtz (Daniel) fils du poëte alsac.

3110   3 Aquarelles (plantes du Sénégal). Dess. 8⁰. d'ap. nature Gorée (Sénégal) 1863.

Helmsdorf (Jos. Friedr.) Magdeburg 1784 † 1852 Carlsruhe graveur & dessinat.

3111   Vue de Kientzheim (?) Sept. 1824. Nach der Nat. gez. & rad. 8o.

3112   Les trois Chateaux d'Eguisheim   id.   8o,

Hornecker, Peintre contemp. Neuhof 1864.

3113   Tête de femme. Sanguine. 8o. Entête du cours de dessin de Melle. (Gross. 1890.

Huguelin (J.) Céramiste & dessinat. Stbg. 1820 † 1884.

3114   Vue prise de la Robertsau en 1852. Dess. au crayon teinté 4o.

Jundt (Gustave) Peintre & illustrateur. Stbg. 1830 † 1884.

3115   Madelle. Lacombe (Rôle de la Juive) Lith. 8o. fond teinté ov. (Echo du Théatre).

3116   Monsquetaire. Dess. à la plume.

Karth (Jean Nicolas) Peintre.

3117   Paysage. — Aquarelle. 4o.

Koertgé (Albert) Peintre contemp.

3118   5 Vues de ses ouvrages (Vues pittor. d'Als., la Cathédrale) 1897 & 1898. Grav. 16o.

Lix (Félix Fréd. Théod.) Peint. & illustrat. Stbg. 1830.

3119   1. La Rentrée des Vendangeurs à Barr avant la guerre de 1870. 8o.
       2. Programme de Fête chorale. Lix del. Grav. 4o.

3120   1. St. Lundi (Boetzel scpt.) Grav. fo. — 2. Carnaval. (Froment scpt.) grav. 16o.
       3. Sujet de Calendrier. —

3121   1. Arlequin, — Scène de roman. — Le Postillon. Grav. d'ap. Lix. 4o.

3121bis   La fête des Rois. (Trichon scp.) Grav. bois 8⁰.

Loutherbourg (Phil. Jacques) Peintre & grav. 1730 Stbg. † 1813 à Londres).

3122   La petite Fermiére. Patas scpt Armes, Dédicace. Grav. 4⁰.

3123 Le Gué. Grand paysage. Pre. Laurent scpt. Grav. Gd. fo. Armes.
3124 La Tempête. L. Guyot aq. fort. Grav. 8º.

Merian (Matthäus) Graveur. Bâle 1593 † 1651 Schwalbach.

3125 Scène de forêt. Grav. color. 4º.

Muller (Henri Charles) Peintre & grav. Stbg. 1784 † 1815 Paris.

3126 Son portrait par M. Alophe. Lith. 8o. (Artiste vers 1830).
3127 Portrait de Camille Jordan (Memb. de la Ch. des Députés †
 1821) peint par Godefroy, gravé par H. Ch. Muller. 8º.
3128 Les Années grasses. C. Muller scp. 1836. Hémicycle. 4o.

Nanot (Chretien).

3129 Paysage sépia 1861. 8o. sg.

Noetinger (Aug.) Dessinat. als.

3130 Interieur breton. Lith. 8o. Dédicace autogr. à J. Guérin.
3131 Caricature du 16 Mai 1877. Lith. fo. (Chez Münch à Stbg.)
3132 Portrait d'Horace Vernet 1863. Buste pap. teinté. Lith. 8o.

Reichhardt (Charles) (Peintre miniaturiste strasbg.)

3133 Déjeuner champêtre. 16o.

Rinckenbach (A.) Peint. alsac. contemp. † 1902.

3134 Torse d'homme. Etude à l'huile 1884. 4o.
3135 Bal masqué id. id. 4o.
3136 Esquisses à la plume. 1885. 1 feuille.

Rothmuller (Jaques) Dessin. & lith. Colmar 1804—1862.

3137 Portrait d'un inconnu. B. à dr. Lith. fo. (Kientzl!)
3138 id. Buste à g. 1828 Lith. 8º.

Sandmann. Dess. & lith. als.
3139 Entrée de village. Sépia. 8º.
3140 Ferme. Lithographie. 8º.
3141 Monument de Turenne à Saasbach. (Alb. Alsac.) Lith. 8º.

Senefelder (Aloys). Invent. de la lithogr. Prague 1771 † 1834 Munich.

3142   Bouquet dans un vase. Planche lithog. — J. L. Jensen fec. 8⁰.

Schoengauer (Martin) Orfèvre, peintre & graveur. Culmbach en Franconie vers 1420 † 1486 à Colmar.

3143   Madonna im Rosenhag. Phototypie 8⁰.

3144   Christ en croix. Grav. par Petrak. 8⁰.

3145   Ostensoir. Inventé par Martin Schoengauer vers 1485. Grav. 4⁰. par M. Riester 1842 de Colmar.

3146   La fuite en Egypte. — Grav. reprod. 4⁰.

Schützenberger (Louis) Peintre contempor. Stbg. 1825.

3147   Portrait de Mʳ· S. vers 1835. Crayon. Grandeur nat. Buste. Sg.

3148   Le Départ d'un village d'Alsace en 1871. Photogr. de son tableau. 8⁰.

Schuler (Charles Aug.) Graveur s. bois & lithog. Strbg. 1806 † 8 Nov. 1859 ibid.

3149   Portrait de Louis Herrenschneider. Prof. à Stbg. — Peint par Th. Strintz 1834 lith. en 1838 par Ch. Aug. Schuler. Buste à dr. f⁰.

3150   Portrait d'un inconnu. Dess. & lith. d'ap. nat. 1832, 1833. Buste à dr. 4⁰.

3151   Portrait de Pfeffel. Schoener pxt. Buste à g. Grav. 8⁰.

3152   Portrait du Dʳ· Sultzer de Barr. Dess. & lith. d'ap. nat. 1837. Buste à g. Lith. 8⁰.

3153   Madone de Sassoferrato. Grav. 8⁰.

3154   2 Planches Elsässer Sagenbuch de Stoeber (Kaiser Sigismund in Stbg. Die 3 Spinnerinnen) Comp. de Klein. Grav. au trait. 8⁰.

3155   2   „   „   (Der Abt von Neuenburg. — Rudolf u. Math.) Grav. au trait. 8⁰.

3156   1   „   „   — Kaiser Maximilian & Albr. Durer. — Grav. au trait. 8⁰.

3157   1   „   „   („Das muss das Land der Sage sein") Grav. au trait. 8⁰.

3158   Paysage (Pins). Dess. au crayon. f⁰. Sig

Schuler (Charles Louis) Graveur (1782 † 1852) (frère du précédent.)

3159 „La Foi" de Carlo Dolce. Ch. L. Schuler sept. Grav. 4⁰.

3160 Portrait de Jer. Jacq. Oberlin Prof. & biblioth. de Stbg. âgé de 66 ans. Grav. 8⁰. Dess. d'ap. nat. en 1801 par Ch Schuler.

3161 Portrait de Joh. Laur. Blessig. Dr. & Prof. Theolog Aetatis 65. Dess. d'ap. nat. & gravé par Ch. Schuler 1812. Grav. 8⁰.

3162 Même planche.

Schuler (Edouard) graveur 1806 † 1882 Lichtenthal.

3163 Italiennes. — Les Moissonneurs de Léop. Robert. 2 Grav. 16⁰

Schuler (Théophile) Peintre (Cousin des précédents) Stbg. 1821 † 1878 ibid.

3164 Le Général Gruyer à cheval. Sépia in 4⁰. Sig. Stbg. 1850.

3165 Jungfernsprung à Dahn. Dess. f⁰ an crayon Conté. Signé daté 1858.

3166 Deux lithog.: Bucherons. — Marchᵈ· d'habits. 8⁰.

3167 „Sans feu dans la mansarde." Lith. 8⁰.

3168 Même planche.

3169 Les Schlitteurs: 12 dess. de Th. Schuler. Bois. 32⁰. (Nouvel illustré.)

3170 21 Grav. Bilder aus Arnolds Pfingstmontag." Componirt & gravirt vum a Strasburger Burgerskiud J. Théophile Schuler 1849." Planches & Titre f⁰. 1ᵉʳᵉ· Edition.

Schwalb (Ad.) Dessinat. et peintre. Eléve de Gab. Guérin † Stbg. 1893).

3171 Hirondelles (aquarelle.) Etudes d'arbres. Croquis, dessin 4⁰.

3171a Ecureuil, Moulin. Lithog. color. 4⁰.

3171b 4 feuilles lithog. Cheval, Bustes de femmes. 8⁰.

3171c 2 „ autographies. Ecole indust. de Stbg. par A. Schwalb. 8⁰.

3171d Pitié, scêne antique. Dess. an crayon 1841. 4⁰.

3172 Torrent. Aquarelle. f⁰.

3173 Scierie. Aquarelle f⁰. 9 mars 1853.

3174 1 flle.: Portraits, dessins, sépia et crayon, lithog. (1845).

3175 Paysan de Breuschwickersheim. 8⁰. — Scêne de théatre. Dessins (1845).

3176	4 feuilles 8⁰: Dessins d'ap. Gérard, Corrége, à la plume, à la sépia (leçon de musique, famille de chevalier.)
3177	7 feuilles 8⁰: Dessins et autographies (Le Christ mort, le bon voisin, Louis XVI.)
3178	5 feuilles: Dessins et lavis. (Moise; Judith; Passé, présent & avenir.)
3179	3 feuilles 8⁰: lavis. Le Bracelet. Amours. Bustes de femmes.
3180	3 feuilles 8⁰. lavis, dessins, lithog. (M⁰· Emma Desmaisons lith. John Hayler. Chateau, sujets divers).
3181	6 feuilles 8o: dessins et lavis (Jeune fille. Ogive et figures).
3182	11 „ 8⁰: Croquis & calques (Pompei, Persepolis, Jeunesse de Bacchus).
3183	7 „ 8o: Etudes d'aprés Rude, Ingres. Lebrun.
3184	7 „ 8o: Etudes d'ap. Thorwaldsen et l'Antique (Achille à Scyros, etc.)
3185	3 „ Vénus de Milo. Homme assis. fos·. Etude de mains. (Crayons.)
3186	2 „ Etude d'homme (torse) Mars. Dess. à deux crayons (Atelier de Gab. Guérin 1838.)
3187	4 „ 4o. Scènes de théatre. Projets de Calendriers. Crayon & couleur.
3188	2 „ Etude d'autographie (Marie Stuart 1841) Portrait. (Crayon 1836)
3189	Cahier d'Etudes, No. 1 Croquis pris à Rome. Portraits, Aquarelles, etc. (1841—1843).
3190	id. No. 2 id. id.
3191	id. No. 3 id. id.

Schweitzer (Emile) peintre & dessinateur contempor.

3192	2 feuilles: Dessins de jeunesse. Animaux. 4o.
3193	8 „ grav. bois (Calendriers) Gérard Levy sept· 4o.
3194	1 flle.: pièces d'anatomie. J. Levy sept grav. 8⁰. long.
3195	Supplice des Juifs à Stbg. en 1349 (Entre la Préfecture & le Canal) Impr. alsac. lith. color. 4⁰.
3196	Un tournoi au Marché aux chevaux (Broglie 1390). lith. color. 4⁰.

Siegfried (Théodore) Dessinateur, lithographe.

3197	1. Ancienne enseigne du Géant, démoli en 1855. Lith. 4⁰.
	2. Un coin de brasserie en 1850. Lith. 4⁰.

Sigrist (G.) Peintre & dessinateur, Vienne 1720 † 1810.

3198	Paysage sépia. Sigrist inv. & del. 1801. 4o.
3198bis	**Spindler** (E.) Art. peint. als. contemp. Paysanne. Etude 8⁰ fond jaune. **Lith.** (Rev. als. ill.)

Stoeber (Concorde).

3199   Dessin & dédicace: „der Wunsch deiner Schwester Concord Stoeber.“

Toepfer (Rod.) Dessinat. suisse Genève 1799 † 1846 ibid.

3200   5 Croquis au crayon. feuille 8⁰.

Touchemolin (Alfred) Peintre & illustrat. Stbg. 1820.

3201   Panorama de Stbg. Vue de la Cathédr. vers le NE. pour l'ouvrage de F. Piton. Lith. gᵈ. f⁰. obl.

3202   Paysans alsaciens. Tirage à part pour le Calendrier de l'Imp. Fischbach 1884. Gᵈ. f⁰. obl.

3203   Les Milices de Stbg. 1540—1870. Lith. f⁰. obl.

Vogel (J.) Dessinateur, Grav., lithog. Anspach 1829.

3204   Badisches Wiegenlied, Titre („Schlaf leis, mein Kind“) 1848 —49. Lith.

3205   „Partenza per la guerra.“ Dess. d'ap. nat. & lith. par Vogel. Lith. teintée 4⁰.

3206   Barodgi (Voiture de paysans) id. par Vogel lith teint. f⁰.

Weiss (Jos. Mart.) Graveur. Stbg. 1711 † 1751.

3207   Cérémonies de l'oracle de Delphes. Grav. 1743. 8⁰.

3208   Triomphe d'un empereur romain. Grav. 1737. 8⁰. obl.

3209   Certificat d'ouvrier maçon. Avec vue de Stbg. Sceau. Daté 1805. Grav. f⁰.

3210   Apothéose d'Homére. D'après un document de Rome. Grav. 4⁰.

3211   4 feuilles. (Bible 32⁰. — Ex libris Agostini. — 2 medailles: Germanicus & Domitien. — Entête d'un livre grav. 8⁰. de Fr. Ig. Streicher de Schlestadt à Gérard, préteur à Stbg.) Grav. 8⁰.

3212   Plan d'une armée romaine. J. M. Weiss 1737. 8⁰.

3213   1. Exlibris ou entête (Navire, „dominus providebit 1739.“ 4 états. 2. Vignette 1739. 16⁰. — (5 Gravurs.)

3214   5 Entêtes de livres, 8⁰. (Homére, Nieuport, 1743. 1737 Elteste Geschichte des Elsass). Grav. J. M. Weiss 1735.

Weiss (Frédéric) Artiste alsac. Strasbourg 1842.

3215   Vue des Ponts couverts, eauforte avant la lettre. 16⁰.

Weissandt. Prof. de dessin à Stbg. vers. 1850.

3216   2 feuilles Dessin crayon (Bingen, St. Bernard, hospice.) 8⁰. 1865.

Winterhalter (Francois Xavier). Peintre né à Menzenschwand 1806 † 1873 Munich.

3217   Kaiserin Eugenie mit ihrem Hofstaate. — Zincogr. 12⁰. d'ap. son tableau.

Wittmann (Aug.) Dessinat. alsac.

3218   Jeune fille en priére d'ap. le tableau Melle. Ellenrieder. Lith. fo.

Ziegler (Joseph) Peintre. Langres 1804 † 1850.

3219   La Rosée. J. Ziegler pinxt. A. Lemoine lith. 8⁰.

Zix, (Benjamin) Peintre Stbg. 1774 † 1806.

3219bis   Son portrait en paysan fumant, par lui-même. Reprod. en bleu 1797. 8⁰. Reprod. d'autogr. de Zix à sa femme. 8⁰.

3220   Son portrait (jeune). Médaillon. Héliogr. bleuc. Sa sign autogr. 8⁰.

3221   Son portrait (jeune homme). Peint par lui-même. Lith. 8⁰. 1883 méd. d'ap. la miniature appartt. à Mr. G. Kolb. 8⁰.

3222   Son portrait (âge mûr). J. D. Beyer fecit. 8⁰. (Galerie alsac).

3223   Son portrait par lui-même. Reprod. Bistre. Cadre bleu 1797. Lith. 8⁰.

3224   Son portrait & celui de sa femme, croquis par Zix. Reprod. par Th. Siegfried. Propriété de Mr. Kolb. Lith. f⁰.

3325   Portaits charges par Zix de lui-même & de son cousin. — Reprod. photogr. en bleu. 8⁰.

3226   „Auf dem Ploenel." Maison habitée par Zix 1806. — Dess. du Bon. R. P. de Schauenburg 1859. Photograv. de E. Stribeck. 8⁰.

3227   2 feuilles: Croquis de Zix dont une flle. à la main (plume) et une flle. lithog. 12⁰ & 8⁰.

3228	6 Croquis à la plume de Zix inédités, copiés par Jupiter, de la collect. de M. Kolb. f⁰.
3229	id. id. 4 personnages près d'un temple. Lith. f⁰.
3230	id. id. 2 personnages. Lith. 8⁰.
3231	id. id. (Guerre aux traitres) Pap. jaune. Lith. 8⁰.
3232	Même planche. Pap. blanc. — Au dos: Moines dans un couvent.
3233	Musiciens ambulants. Croquis. Lith. 8⁰.
3234	5 figures allégoriques. Croquis. Lith. f⁰. (Collect. Richsoffer fils).
3235	Figures diverses et autogr. Reproduct. Lith. f⁰. id.
3236	6 têtes, lavis à la sépia. B. Zix fec. id.
3237	Arc de triomphe élevé à Nap. I. en 1806. (Les Bas reliefs de Zix). Composé par Mr· Boudhors, Ingén. des pts· et chaussées de Stbg. Grav. f⁰. obl.
3238	Garde de nuit d'ap. Benj. Zix. Lith. 8⁰. par Sandmann. (Alb. als.)
3239	Campement républicain d'ap. B. Zix. Bois 8⁰. Réimpress. de l'Ancien Moniteur.
3240	Vue perspect. de la Salle de spectacle de Stbg. par Zix. (et non Wissant). Grav. 8⁰.
3241	Ruine des Vosges. Benj. Zix sept. Grav. lavée à la sépia. f⁰.
3242	„Iris & Hypnos, der Schlaf" Dess. à la plume lavé à la sépia. Signé B. Zix. 8⁰.
3243	6 Dessins au lavis. Signé B. Zix. 12⁰
3244	„Holocauste des Coiffures germanique Strasbourgeoises." B. Zix. Photograv. 8⁰. d'après la grav.
3245	Attaque des Autrichiens sur Kehl 18 Sept. 1796. Photograv. d'ap. Zix. 4⁰. obl.
3246	Même planche en zincograv. 8⁰. obl.
3247	L'auteur à Rome, 2 feuilles grav. par Zix 1818.
3248	3 Gravures 16⁰ 1808. Alsat. Tachenbuch mit Kupfern & Musik.
3249	2 En têtes de la Stuziade de Schaller. 1802–1804. Dess. p. B. Zix. Gravés par F. Simon. — Le Rütli grav. 12⁰.
3250	3 Grav. des Alsat. Taschenbuch 1808. (Klopstock, Pygmalion) 12⁰.
3251	2 En têtes de factures. B. Zix del., F. Simon sept. 4⁰.
3252	Frontispice des Sonates de Haendel. B. Zix del. & sculpt. 4⁰.
3253	Cahier de Musique 4⁰; 3 Gds· Duos dédiés à son ami J. Guérin par Ignace Pleyel, à Stbg. chez F. Reinhardt & Cie. — B. Zix del. & sept.

Zuber (Henri) Peintre contempor. né à Rixheim 1844.

3254   **Croquis de jeunesse.** — Bouquet, aquarelle 1855. — 2 Cartes
        1856.
3255   Combat naval. Aquarelle 1856.
3256   Ruine   id.   id.
3257   Bateau   id.   id.
3258   Carte en couleur 1856. — Marine (à la plume) 1857.

Additions.

3259   **Relation du voyage de S. M. Charles X** en Alsace 1829 par P. J.
      Fargès-Méricourt avocat. Lithog. par Feltz, Bracken-
      hoffer, etc. Vol. illust. 4o. (Berg. Levr.)

3260   **Album de la Société des Amis** des Arts 1859. 6 Planches 4^0 d'après
      Brion (1858), Lallemand, L. Schützenberger, E. La-
      ville, Petit-Gérard, Th. Schuler f^0.

3261   **20 Nos. Affiches** de Stbg. illustrées (Mai à Déc. 1898). Vues &
      types, portraits, nombreux documents.

3262   **12 Nos. Verkehrszeitung** (Mai à Juillet 1900.) Illustré.

3263   **Le Gal. Uhrich** (Commandt. de Stbg. 1870). Ed. Morin del. Pibarand,
      scp. Bois 8^0.

3264   „**Journal d'un assiégé**" par Fréd. Piton, dess. & notes par Alf.
      Touchemolin Specimen f^0, avec grav. et texte. —
      Quelques souvenirs du vieux Strasbourg. Specimen.
      du même.

3265   „**Hans im Schnokeloch**" Grav. 4^0. Th. Schuler inv. & scpt 1858.

3266   **Tableau des Votes** du Bas-Rhin pour l'Assemb. Nat. 28 Fév. 1871.

3267   **Entêtes et types alsaciens** (Spindler). 7 feuillets.

3268   „**Appartement à louer**" Souvenir des élections 1887 à Stbg. Flle. satyr.

3269   Même planche.

3270 „**Eine Soirée** im Grand monde." No. de l'Echo. Janv. 1884.

3271 1. **Voies ferrées** & quais de décharg^{t.} allem. vers Nancy. 1897. —
2. **Truppen** und **Festungen** der Franzosen an der
deutschen Grenze 1887.

3272 **Chemin de fer de Stbg.** à la frontiére de la Bav. Rhénane. Déliberat.
de la Ch. de Commerce de Stbg. 15 Mars 1847. Broch.
4⁰. Imp. Silberm.

3273 Ch. de fer de Paris et le Canal de la Marne à leur sortie de Saverne. Observations. 1854. Imp. Berg. Levr. Broch. 4⁰.

3274 Ch. de fer. de Lille à Strasbourg. Constr. du Canal des houilléres de la
Sarre. Mém. à S. Ex. la Min. Sécr. d'Et. de l'Agric
Com. & Trav. publ. Broch. autog. (E. Simon) 1857.

3276 **Catalogues** et prospectus allemands (Arts & litterat.)
3277   id.   francais.
3278   id.   alsatiques.
3279   id.   autographes.

3279 1 Vol. Rel. anc. 16⁰. L'abbé **Nollet.** Leçons de Physique Paris 1745.
2eme. Ed. Nomb. Grav. de Moreau, Dheulhand, etc.
Exlibris Fréd. Lauth. (Incompl.)

3280 3 „ Rel. anc. 8⁰. **Arndt** Frankf. chez Joh. Börlin 1704. Grav. bois
par E. C. F.

3281 5 „ Rel. 8⁰. **Gellert** sämtl. Werke. Carlsruhe chez Schmieder. 1774,

3282 2 „ Rel. 8⁰. **L'Iliade** Lyon chez Buteret 1785.
1 „ Rel. 8o. **L'Odyssée** Paris chez Lefévre 1844 trad. de Mad.
Dacier, Trianon & Falconnet.

3283 1 Vol. Rel. 16⁰. **Elzevir: Leo Belgicus** Philippi Caesii a zenen. — Amsterdam. Converture parchem., manuscrit. d'un psau-
tier du 15⁰. s.

3284 1 Vol. Rel. anc. 16⁰. **Michaud:** Le Portefeuille volé. — Les Galan-
teries de la Bible. Poëmes en vers. — Le Printemps.
Grav. par Anselm. Paris chez **Debray** 1809.

3285 5 Vol. rel. anc. 16⁰. Les Caractéres de M^{v.} de **La Bruyère.** Illust. Paris chez David 1705.

3286 10 Vol. rel. anc. 16⁰. Les Essais de **Montaigne.** Illust. Londres chez Nourse et Vaillant 1754. Ex. lib. Turkheim.

3287 7 Vol. rel. anc. 8⁰. Oeuvres de **Rousseau.** Illust. taille douce. Neuchatel chez Samuel Fauché 1755 (incompl.)

3288 1 Vol. rel. anc. 16⁰. **Racine** (Britanniens, les Frères ennemis, etc.) Paris chez Davidts 1755 (incompl.)

3288bis 1 Vol. „ „ **Bürgers** Gedichte. Mit 8 Kupfern von Chodowieki Goettingen 1778.

3288ter 1 Jeu de Cartes du temps de Louis XVI. Fabr. de Ph. Wespin à Mannheim.

3289 3 Alm. rel. 32⁰. et illust. p. **Kate Greenaway** 1888 & 1889.

3289bis **Haus Kalender** von Abt Maur. Knauer, Kloster Langheim. Augsb. 1738. 8⁰.

3290 **Taschen-Kalender,** Goettingen 1774. 16⁰.

3291 **Alsatisches Taschenbuch** Strasbg. Heitz 1806 (Musique). 16⁰.

3292 **Almanach** des Dames Imp. Didot. Grav. de Bein 1819. 16⁰.

3293 **Pharmacopea Borussica.** Erfordia 1747. f⁰.

3294 **Pharmacopea Argentin.** Joh. Gottfr. Baueri 1757. Frontisp. Gerhard del. f⁰.

3295 **Pharmacopea Helvetica.** Basilea. Im Hof. 1771. Frontisp. p. J. G Sturm. f⁰.

3296 **Codex medicamentarius.** 1818. Ex-lib. Thom. Lauth. 8⁰.

3297 **Codex français** chez Bechet à Paris 1837. 8⁰.

3298 **Pharmacop. nosocomiorum.** argentor. 1830. 8⁰.
3299 id. id. 1840. 8⁰.

3300 **Eckhardt's ungewissenhafter Apotheker.** 1 Vol. Rel. anc. 8⁰. Augspurg & Leipzig 1700. (Ex-libr. Thomas Lauth.)

Vente Groseiller de Châlon s. S.

3301 **Ouverture du Etats Généraux à Versailles** le 5 Mai 1789. Reprod. de
la gravure de Helman, dessiné par C. Monet. Bois f⁰.

3302 3 flles 8⁙. 1) **Les dames de la Halle** allant chercher le Roi à Versailles (5 Oct. 1789). Lith.
2) **Hommage forcé à la statue de Henri IV.** — Bois. —
3) **Un jour de Revue sous l'Empire** (1810) Peint p. H.
Bellangé. Musée de Versailles. Bois. —

3303 2 flles. 1) **L'Appel des condamnés.** Bois 8⁰. d'ap. le Tabl. de Ch
Muller au Luxembg. — 2) Le serment civique. H. P.
de la Charlerie inv., P. Blangrain scp. Bois 8⁰.

3304 **La Matin du 10 Thermidor** 1794 (Robespierre blessé) Gravé par
Thomas, d'ap. le tabl. de M. Lucien Mélingue. f⁰.

3305 3 flles. **Attaque d'Alger.** Martinet del. Réville scp. Grav. 8⁰. — **Honneur au courage malheureux.** L. Massard scp. Grav.
8⁰. — **Laon,** la forteresse avant l'explosion. Deroy del.
Bois. 8⁰. long.

3306 4 flles. **Le départ de la garde mobile** de Paris (1870) Dessin de God-
froy-Durand, bois f⁰. — **Vue panoramique** du bassin
de la Seine, ouest de Paris, avant l'investissement.
Dess. de H. Clerget, bois f⁰. (Monde illust.) — **Aspect
des positions** des combattants pendant la reconnais
sance du Gᵃˡ. Ducrot le 21 Oct. 1870, dess. pendant
l'engagt par M. Sellier. — Les **ruines de la Cour des
Comptes,** Paris 1870. Grav. de M. Froment d'ap. un
tabl. de M. Lansyer.

3307 Exposition du Louvre en 1787. Reprod. bois d'une grav. de la Bibl. nat.

Portraits.

3308 **Baudry** (Paul) Peintre franç. Bois f⁰. par E. Langlois (1880).

3309 **Alphonse III.** Roi d'Espagne. (1885) Gravé par H. Doeffy, G. Vuillier
del. ¹/₂ f⁰.

3310 **La Reine d'Italie** et le **prince royal** (1885) Smeeton Tilly scp. 1/2 f⁰.

3311 **The future Queen of Holland** (Wilhelmine, Hélène née 31 Août 1880). Dess. de R. Taylor, Bois 1/2 f⁰. Journ. illust. (1888).

3312 **La Reine Marie-Amélie,** femme de L. Philippe (1782—1866.) Dessin de Maurand. Bois 8⁰. (Journ. ill.)

3313 **Français** (Francois-Louis). Peintre franç. Grav. Bois f⁰. par Baude. f⁰. d'ap. un tableau.

3314 **Bourbon** (Anne Genev. de, duchesse de Longueville, soeur de Condé). Grav. bois 8⁰. d'ap. un tabl. de Chantilly.

3315 **Motte** (Mᵐᵉ· de la). Bois 8⁰. Flamend del. Pannemaker scp.

3316 **Mars** (Mᵉˡˡᵉ·). Regnault scp. G. Staal del. Grav. 8⁰.

3317 **Bynkershoeck** (Cornelius van) Praeses suprem. senatus Hollandiae etc. 1673—1743. — P. van Dyk pxt. 1733. J. Houbraken scp. 1743. Grav. Méd. f⁰.

3318 **Malesherbes.** Minist. franç. 1721—1794. Grav. 8o. par Lacour.

3319 **Orléans** (Duc. Philippe d') 1674—1723 fils de Phil. I d'Orl. et de la princesse Palatine. Grav. 8⁰. par Boilly.

3320 **Pompadour** (Mᵐᵉ· de) Grav. 8⁰. par Mᵐᵉ· Fournier.

3321 **Rembrandt.** (R. appuyé) Son portr. par lui même 1639. Grav. 8o. (Dut. V. No. 21.)

3322 **Surirey** (Pierre de St. Remy) Ecuyer, lieut· de l'Artiller. de France. Hyac. Rigault pxt. Edelinck scp. Grav. Méd. 8⁰.

3323 **Washington** (Georges) Grav. 8⁰. anglaise d'ap. le tabl. de Stuart.

3324 **Rousseau** (J. J.) Regnaud scp. Grav. 8⁰.

3325 Mᵉˡˡᵉ· **Subra** (Julia) (dansant chez M. Pierre Véron), plus une vingtaine de portraits. Mars del. Grav. 4o.

3326 **Sully.** Hopwood scp. Grav. 8⁰.

3327 **Les Souverains d'Europe** en 1886, une vingtaine de portr. Méd. bois 16o. H. Meyer del., Navellier scp. (Journ. illustré) double fo.

3328   **Portrait** an crayon conté, h. à dr. 8⁰. par Hᵗᵉ. Huet 1824.

3329   **Voltaire.** Bosselman scp. Grav. 8o.

Divers.

3330   **Diplome de l'Exposition de 1900.** (Paris) Beiquard inv. Didier scp. Facsimile. — Die **Weihnachtskrippe** v. Dr. Hager Spécimen 2 flles. Zincog. 4⁰.

3331   **St. Valery.** Aquarelle ¹/₂ f⁰.

3332   **Bateau à l'échouage.** Aquarelle ¹/₂ f⁰. (1860).

3333   **Ferme et chasseurs.** Gouache 4⁰.

3334   **Environs d'Alger.** Aquar. ¹/₂ f⁰. 1859.

3335   **Vieilles maisons en Picardie**   id.   id.

3336   **Vielles maisons en Normandie.** id.   id.

3337   **Gᵃˡ. Boulanger** en caricatures (Annales 1891) Dess. de Steinlen. f⁰.

3338   **Elections en 1880,** caricature et portr. charges. — Bois 4o.

3339   **Coiffures du 18ᵉ· siècle.** Caricature. Bois 8⁰.

3340   **Jockeys** 4 grav. color. 16⁰. dess. de Nidrach.

3341   **6 Grav.** 8⁰. **au trait, dess. de Crafty.** (La Sortie de l'Eglise. Fête du 15 Août. Les démolitions de Paris. Le départ du conscrit. Le Terme. — La Canicule.

3342   **Heidelberg** 1860. Grav. color. 16⁰.

3343   **Guernesey,** les endroits aimés de V. Hugo. Dess. de Ch. Gosselin. Méaulle scp. Bois f⁰.

3344   **Le 14 Juillet,** souvenir de 1880. — Dess. de Jules Després. Bois, dble. f⁰.

3345   **Le Louvre.** Dess. de G. de Kadar. Paris 1880. Lith. f⁰.

Gravures anciennes.

3346 **Dorigny,** M. scp. 1643. Hercule & Omphale. — S. Vouet pinxt. Lég.
      lat. 2 vers. Grav. 8⁰.

3347 **Furnius,** Petr. invent. et fe. Le Bienfaiteur. Grav. 4⁰.

3348   id.   id.   La Clémence. Lég. lat. 6 vers. Grav. 4⁰.

3349 **Grimm** (Simon) del. et fec. 2 flles. Odoratus. — Tactus. — Lég. all.
      4 vers. Grav. 8⁰.

3350 **Hemskerk** (Martinus van) inv. Noë sorti de l'Arche. Lég. lat. Grav. 4⁰.

3351 **La Hyre** (L. de) inv. & fec. 1640. Enfants et fruits. Langlois alias
      Ciatres excudit Parisis. Grav. f⁰.

3352 **Merian,** M. fec. Entete du livre „Flavii Josephi“ sur l'hist. des Juifs.
      Strasbourg 1630. Grav. 4⁰.

3353 **Oldelav** fec. Antiope et Satyre. Brunnel inventor. Grav. 4⁰.

3354 **Ouvrié** scp. Silène et Bacchantes. Falconet filius del. Grav. f⁰.

3355 **Paris** scp. Vue du Moulin d'Yrey — l'Evéque prés du Mans. Desfriches
      del. Grav. 8⁰.

3356 **Poilly** (J. Bapt. de) scp. Hercule & Cerbère. F. Verdier invent. Gr. 4⁰.
3357   id.   Hercule & le Serpent.   id.   id.
3358   id.   Hercule et le Taureau.   id.   id.
3358bis   id.   L'homme à la flûte   id.   id.
3359   id.   L'homme à la hache   id.   id.
3360   id.   L'homme à l'amphore   id.   id.
3361   id.   Atlas   id.   id.

3362 **Sadeler** Joh. fec. Les Artä qu'enseigne Apollon. Italie. — Johan &
      Bapt. Sadeler autores. J. ab Ach. fig. Lég. lat. 6
      Vers. Grav. 4⁰.

3363 **Sandrart** Joh. Jacob. de, delin & fec. — Le Tour. allégorie. Lég. all.
      F. K. au socle. Grav. f⁰.

3364 **Swerd** S. fec. Paysage, allégorie. Egidius Commin inven. Lég. lat,
      Grav. f⁰.

3865 **Wirix** Anthon fec. Vierge au panier Grav. 4⁰.

3866 **Vytteweel** Joach. in. Entête du „Thronus Justiciae." P. de Jode ex. Grav. f⁰.

3867 **Guerard** N. le fils scp. Hercule. F. Verdier invent. Grav. 4⁰.

3868 **Gunst** P. A. sculps. Vulcanus et Ceres. Titian Pinx. Grav. f⁰.

3869   id.   Pluto et Proserpina   id.   id·

3870 **Mallery** C. de scp. Le Serpent des Indes. J. Stradanus inven. Ph. Gallus exend. Grav. 4⁰.

3871 **Bassan** inv. Jésus chez le Pharisien. — Mateo florum formis. 4 vers lat. Grav. 4⁰.

3872 **Breughel** P. inventor. Ira. — H. Cock excude. 1558. — P. ME. 1 vers lat., lég. flammande. Grav. 4⁰.

3873   id.   Invidia.   id.   id.   lég. Grav. 4⁰.

3874 **Crisp** inventor. Vénus & le berger. B fel (ou fil). fe. — Hond. exc. 1600. — 2 vers lat. et 2 vers franç. Grav. 4⁰.

3875 **Holbein** le Jeune pxt. Martyre de St. Sébastien. Musée de Munich. Héliog. 4⁰.

3876 **Le Maitre au dé.** Apollon. Grav. 4⁰.

3877 **Scène de bataille.** AA Inventor, DC fe. Aigle autrich. Grav. 8⁰.

3878 **Rhetorica.** Lég. lat. HF à droite dans le haut. Grav. 4⁰.

3879 **Flora**   „   HF à droite au bas. Grav. 4⁰.

3880 **Dryas**   „   HF au bas. Grav. 4⁰.

3881 **Horatius Cocles.** — Adri Hubertus ex. HF. — Lég. lat. Grav. f⁰.

3882 **Gula.** — SK. Lég. lat. Grav. 8⁰.

3383   **Musica.** 4 vers lat. Grav. 4⁰.

3384   **Geometria**   id.   id.

3385   **Glaucus et le Centaure.** Grav. 4⁰. av. l. l.

3386   **L'Accession au paradis.** Grav. f⁰.

3387   **L'Ecorché.** — Grav. 8⁰.

3388   **6 Rois d'Angleterre** avec écussons. Méd. Grav. 16⁰.

3389   2 flles: 1. **Jésus dans le temple.** — 2. **Jésus guérit l'aveugle né.** —
　　　　A Paris chez Crépy le Fils, rue S. Jacques près St.
　　　　Yves. 2 Grav. 4⁰.

3390   **Le Scorpion.** — Lég. lat. 1 vers. Grav. 4⁰.

3391   **La Tentation du diable.** — Lég. lat. Cadre à vignettes. Grav. 8⁰.

3392   **Päris et les trois déesses.** — Grav. 4⁰.

3393   **Baigneuse,** par Boucher. Lith. Sanguine 8⁰.

3394   **Licurgne blessé** dans une sédition. — C. N. Cochin fils inv. & del
　　　　1760. Gravé par Demarteau l'Ainé. Sanguine f⁰.

3395   **Environs de Fribourg.** J. P. Lebas scp. 1795. Dietricy pxt. Grav. ¹/₂
　　　　f⁰. Armes.

3396   **Vue des environs de Verrières.** Le Bas excudit. Le Prince pxt.
　　　　Grav. ¹/₂ f⁰.

3397   **Environs de Francfort.** Canot inv. Grav. ¹/₂ f⁰.

3398   **Conversation espagnole.** Gravé p. Henri Godin d'ap. Carle Vanloo.
　　　　Grav. Gᵈ. f⁰.

3399   **La Jeune Ménagère.** Jourd'heuil scpt. Gerardow pinx. Grav. Gᵈ. f⁰.

3400   **Lessiveuse.** Eleg. Burnand pinx. & scp. 1881. Grav. f⁰.

Tableaux.

Beauvais (Grav. franç. (Paul, Arm. Francis.) Grav. & peint. franç.
contemp. Bar. s. Aube 1840.

3401   **Bergère du Berry** 1868. Dess. à la plume. Cadre noir & or
40/50. Sign. Ach. Hôt. Dr. 1884 (Bellier 60).

Bregeon (Made· Angélique) Grav. franç. 1755—1782.

3402   **L'Elève dessinateur.** Gravé d'ap. Van Loo. Sign. 1764. Cadre
bois 35/40. (Le Blanc I. 515).

Curtis (G.) Peintre américain 1822.

3403   **Paysage,** Village & pêcheurs. Peinture à l'huile, sur bois.
Cadre or 35/30 Ach. à Paris 1876. Sg.

Francois (Ch. Henri) Grav. franç. Paris 1799—1861.

3404   **Buste de la Vierge.** Grav. à la sanguine, d'ap. la peinture
de la reine M. Leczinska. 1759. — Vieux Cadre or
35/40. Sg. Vente Guérin 1881.

Gide Hippolyte. Peint. franç. contempor.

3405   **Lansquenet.** Aquarelle 1882. Double cadre. vert & chéne.
40/50. Sg.

Goussaincourt (Louise de) Peintre franç. Nancy. Elève de Laenne.

3406   **Sur la falaise.** Dess. à la plume. Vente Henry Monnier
1884. Cadre or. 30/35.

Guérin (Christophe) Grav. & fondat. du Musée de Stbg. 1758—1831.

3407   Portrait de son père Jean et de sa mère Marguerite Heller
de Wissembourg. Crayon (Success. Guérin 1881) Vieux
Cadre or. 55/40.

3408   **4 Portraits** dont l'un celui de son fils Gabriel et l'autre
celui de Jean Bapt. G. son autre fils. Dessins crayon.
Cadre noyer 70/50. Sg.

3409   **Monument Blessig.** Tableau Original de G. d'apr. lequel
Ohmacht a fait le monumt. du Temple neuf. — Sépia
Cadre or vieux. 40/30. (Vente Guérin 1881). Sg.

Jean Urban Guérin dit Jean de Vieux. — Miniaturiste, pére du précédent 1761—1835.

3410   **Portrait d'homme décoré.** Aquarelle. Cadre noyer scp.
(Success. Guérin 1881).

Fiesinger (Gab. Franç.) Graveur. Offenbg. 1752—1807 Londres.

3411   Portr. de **Jesse** (Henri) Membr. de l'Assemb. nation. 1789.
Buste ov. Grav. au pointillé dess. par J. **Guérin,** grav.
p. Fiesinger. Cadre or vieux 20/25.

3412   „   „ **Sieyès** (Emman. Jos.)   id.   id.   id.

3413   „   „ **Lafayette** (Marie, Paul, Roch, Yves de)   id.

3414   „   „ **Lückner** M^al. de France dess. & gravé par J.
Guérin.

3415   „   „ **Thouret** (Jacques Guill.) dess. p. J. Guérin. grav.
p. Fiessinger.

3416   „   „ **Vienzac** (Bertrand, Barére de) dess. p. J. Guérin.
grav. p. Fiessinger.

3417   „   „ **Pétion** (Jerôme)   id.   id.

3418   „   „ **Larochefoucauld** duc de Liarrcourt   id.

3419   „   **Rewbel** (Jean)   id.   id.

3420   „   **Lameth** (Charl.) avec décorat. J. Guérin del. Buste à g. id

3421   „   id.   sans décorat. id. Buste à dr. id.

3422   „   **Le Chapelier** (Isaac René Guy) J. Guérin.   id.

Guérin (Gabriel) Peintre Conservat. du Museé in Stbg. 1790—1846.

3423   **Son portrait** par lui-même 1818 celui de sa femme 1825. Bustes Crayon (Success. Guérin 1881) Sg. Cadre noyer 65/50.

Guérin (Jean Baptiste) Peintre Conservat. du Musée de Stbg. Prof. au Lycée. 1797—1867.

3324   **Paysage** (ferme) Peint. à l'huile. Sg. 1821. Cadre vieux or. 40/35. (Succ. Guérin).

3425   id. (laveuses) id.   id.   id.

Guérin (Jean Urbain) Peint. als. 1761—1835 & **Baltard** (Vict.) Archit. & grav. fr. 1805 † 1874 (M. & S.)

3426   **Portr. de Louis Philippe,** roi de France. Gravure par Bire, dessiné par J. Guérin & V. Baltard. Acquis 1898. Cadre noyer 45/55.

Koppelkamm Peint. allem. contemp.

3427   **Tête d'homme. Bethoven.** Peinture à l'huile 25/35.

Lamy (G.) Peint. franç. contemp.

3428   **Coucher de soleil.** Peinture à l'huile. Ach. à Paris 1876. Cadre or. 30/35. Sign.

Mars (Bonvoisin) Dessin. franç. contempor. Verviers 1849.

3429   **Bébé chez Jullien.** Dess. à la plume. Cadre bois 30/35. Paris. Vente H. Monnier 1883. Sg.

Monnier (Henri Bonav.) Litter. Acteur et dessinat. franç. Paris 1793 —1877 ibid.

3430   **Portrait de Guyot,** artiste dramat. Crayon. Sig. 10 Sept. 1844 (Vente H. Monnier Paris 1883). 30/40.

Oleszinsky (Ant.) Grav. polon. Kromystaw 1796.

3431   **Portr. de Philipp de Champagne.** Gravure d'ap. son tableau Armes. Cadre or vieux. 45/50.

Ostade (Ad. van) Peint. & grav. flam. Lübeck. 1620–1685 Harlem

3432   **Le Buveur.** Aquarelle. Vente Guérin 1881. — Sign. Cadre or vieux 35/40.

Pradelles (Hyp.) né à Stbg. Eléve de G. Guérin & Brion. Peintre franç. contemp.

3433   **Arabes.** Aquarelle. Sg. 1845. — Cadre or vieux. (Boll. & Auvr. V. 2. p. 310). Vente Brion 1893. 35/40.

Rochegrosse (Georges) Versailles 1859. Peintre franç. contemp.

3434   **Groupe d'hommes** au bal de l'Opéra. — Dess. à la plume Sign. (Vente Uhlmann Paris 1889). — Sous verre 25/40·

Signon (Fréder.) Grav. franç. Paris 1779–1833 ibid.

3435   **S^te. Cecile.** Gravure d'ap. le Dominicain. Sign. — Cadre or vieux (M. & S. V. 3. 9.) 45/60.

Sintznich (Henri) Grav. allem. Mannheim 1752.

3436   **Phillis** d'aprés Carlo dolce. Gravure coloriée. Sign. 1782. — Cadre or vieux. 40/50. (Hub. II. 325. 13)

3437 Buste de jeune fille. Tabl. à l'h. sur bois. Ec. ital. Vente P. 1889·
40/60.

3438 Buste de jeune fille. — Tabl. à l'huile. Vente Lambert 1886. 36/44.

3439 Tête de jeune fille. Tabl. à l'huile. Ach. 1898. 40 45.

3440 Le Christ devant Pilate. Peinture à l'huile sur bois. — Cadre or vieux.
20/25.

3441 Vieux costumes alsac. 16e· & 17e· Gravures anciennes. Un Cadre or
55/50. Sous verre.

3442 · id.   „ **suisses.** Grav. color. bei Mart. Engelbrecht. 4 Cadres bois
noir 12/18.

3443 Portr. d'homme 18e· siècle dans sa bibliothèque. Ecole de Boilly (Gaz.
du B. Arts. Fév. 98.) Peinture sur verre 2 faces 1764.
Inscriptions sur les 2 faces ..(à Madame Guado.)" Cadre
or vieux. 45/60.

3444 Buste d'homme & buste de femme. Peinture à l'huile. Vente Guérin
1881. Cadre or, bag. 25/35.

3445 Bannière de la Villa de Strasbg. d'ap. un tabl. du 13e· s., brûlé en
1870. Cadre noir & or, sous verre 25 28.

3446 Imagerie du 18 siècle. Gravures coloriées dans un cadre or, sous verre
30/35.

3447 Assignats divers dans un cadre bois noyer sous verre 60/50).

3448 Le Mont Ste· **Odile.** Grande Gouache vers 1830. Cadre or. Vente
Knoderer 1890. 1/60.

3449 Id.   Autre vue „   id.   „   „

3450 Daniel dans la fosse aux lions. Peinture ancienne sur verre Cadre
or vieux 25/30.

3451 Paysage, personages & rivière. Peinture ancienne à l'huile. Cadre
bois peint. 35/40.

3452 **Paysage,** pont. Peint. à l'huile sous verre. Vieux cadre or. 20/17.

3453 **Paysage,** la Tête Noire en 1850. Aquarelle. Cadre bois 30/39.

3454 **Sturm de Sturmeck** Jacques, Stettmeister et scolargue (1489—1553).
           Photogr. d'ap. un tabl. du Séminaire prot. de Stbg.
           8⁰. Cadre chêne. 25/30. — Ach. 1871.

3455 **Lac des Quatre Cantons.** Tellscapelle. Grande lithochrom. cadre or·

3456 **Ferme et arbres prés d'une eau.** Aquarelle Cadre or, sous verre.
           30/25.

Carreaux, médaillons, plats, statuettes.

3457 **Deschamps** L. A. „décédé à 67 ans le 7 Juill. 1845." Méd. de bronze re-
           poussé 14ᶜᵐ· sig. J. M. Deschamps. 1846. Vente Hu-
           gueny 1896.

3458 **Allégorie** des secours aux blessés. Méd il. plâtre durci. F. Philippi gra-
           veur à Paris. inven. Paris. Gosselin scp. 11ᵒᵐ·

3459 **Gay Lussac.** Médaillon biscuit. Fabq. de Mʳ· Julien à St. Léonard
           Vente Hugueny. 1896. 17ᶜᵐ·

3460 **Sengenwald,** Jules. Médaillon bronze, haut-relief. L. Stienne fec.
           1889. 10ᶜᵐ·

3461 **Petits amours.** Carreau ovale, plâtre. 25/37. Atelier de Haffner 1877.

3462   id.   „   „   20/25   „

3463 **Mort de Turenne** Carreau plâtre rectangul. 25/37. Fait par Ohmacht.
           — Atelier Kron.

3464 **Paysage.** Camaïeu bleu, anglais (Minton) 15,15.

3465 **Chanteuse.** Terre cuite de Grégoire. — Paris 1889. 22cm. Sg.

3466 **Joueur de biniou** Terre cuite de Grégoire. — Paris 1889. 22cm. Sg.
     Pendant du précédt.

3467 **Herrmann & Dorothee.** Plâtre de Kauer, de son atelier à Kreuz-
     nach 1894. 25cm.

3468 **Masque de Napoléon** sur son lit de mort, plâtre réduit. 10cm.

3469 **Buste de Napoleon Consul,** fonte. 30cm.

Abréviations.

Ach. = Acheté.

Apreso, apresso, presso = Répandit, publia, édita.

Aq. f. = eau forte; geaezt.

Aq. t. = Aquatinte.

Bois = Gravure sur bois, Holzschnitt, xylogravure.

B. à dr, B. à g. = Buste à droite, buste à gauche.

Comp. = Composé.

Del. dis., dif., = Dessiné, aufgenommen, drawn, gezeichnet, auf Stein gemalt.

Divulg. = Gravé.

Effigiav. = Dessiné, peint.

Et. = Etat.

Excudit = Edité, composé.

Fecit, fec., ft. = Fait, inventé.

Inven. = Inventé, composé.

Lith., lyth. = Lithographié, auf Stein gedruckt.

Méd. = Médaillon, médailliste.

Mgs. = Marges.

Pxt. = Peint, gemalt, painted.

Pantog. = Pantographe.

Photog. = Photographie.

Photograv. = Photogravure, Lichtdruck.

Script. = Ecrit.

Scp., Sculpt. = Gravé, incidit, aere incid., engraved, gest.

Stat. = Statuaire.

Typog. = Typographie.

Vign. = Vignette.

And. = Andresen.

Ba. = Bartsch.

Baq. = Baquol.

Bel. = Bellier de la Chavignerie.

Ber. = Beraldi.

Bo. = Bode.

Brock. = Brockhaus Conversat. Lexic.

Dut. = Dutuit.

Ger. = Gérard.

Hub. & R. = Huber & Rost.

Lal. = Lalanne.

Lar. = Larousse.

Le Bl. = Le Blant.

Mey. C. = Meyer's Convers. Lexic.

Mey. J. = J. Meyer.

M. & S. = Muller & Singer.

Na. = Nagler.

Na. Mo. = Nagler's Monogrammen.

Nau. = Naumann.

Se. = Seubert.

Si. = Siret.

Sey. = Seyboth.

Supr. = Supprimé.

Vap. = Vapereau.

Signes et Monogrammes.

A.: D, F.: lith. 2104bis.

AA inv. 3377.

Ad. S. (Seyboth) 2697 (1865).

A. H. scp. 594.

AR. 1886.

BB. lith. 2722.

BR. 2637.

B. W. 233. 12 E. 1478.

C. Th. del. 2881.

D. (Dav. Téniers). 1669.

DB. (de Boissieu).

Dcfe. 3377.

EB. del. 1114.

E. C. F. 3276.

E. P. del. 1891 (1848).

F. B. grav. 2708. 2709. 2711.

F. M. scp. 592.

G. C. B. 876.

GR. 1119 (1851).

HD. AP. 9 CP. 1914.

HD. 1343.

Hz. 840.

L. B. 2078.
J. G. H. 392.
J. H. R. sep. 2519 (1793). 2520. 2521.
J. J. DB. 1436.
J. H. V. E. 1316.
J. R. H. (?) 413.
J. R. K. 400. 2532 (1793).
L. B. 2092 (1880).

L. H. pxt. 3351. — L. R. 1880.
Ma. pxt. 2102.
SK. 3382.
R. D. B. 2080.
RBR., RH. (Rembrandt Hermansoon van Ryn).
W. 839.
X. Pfarrer in Saarbrücken (1833).

Sources.

Almanachs de Gotha: Les diverses années.

Andresen: Die deutschen Peintres graveurs. . . . . . . 5 Vol. 1872—1878
Bartsch Ad.: Les Peintres graveurs. . . . . 21 Vol. 1876—1878
Baquol & Ristelhuber: Annuaire du Bas & du Haut Rhin. 1 Vol. 1865.
Bellier de la Chavignerie et Auvray: Dict. des Artistes
    franç. . . . . 2 Vol. 1882—1885.
Béraldi: Les Graveurs du 19e. siècle. . . . . 12 Vol. 1885—1892.
Bode W. Rembrandt . . . . 6 Vol. 1897—1901.
Dutuit: Manuel de l'amat. d'estampes . . . . 5 Vol. 1884—1885.
Gérard Ch.: Les Artistes de l'Alsace pendant le Moy. Age. 2 Vol. 1872.
Huber & Roost: Deutsche Kupferstecher . . . . 1 Vol. 1796.
Lalanne: Dict. histor. de France. . . . . 1 Vol. 1872.
Larousse: Diction. universel. . . . .
Le Blant: Manuel de l'amateur d'estampes. . . . . . . 4 Vol. 1854—1889.
Meyer: Conversat. Lexicon. . . . . 17 Vol. 1901.
Meyer: Biographies alsaciennes. . . . . 5 Vol. 1883—1890.
Meyer J.: Allgem. Kunstlexicon (inachevé) . . . . . . 3 Vol. 1872—1885.
Muller & Singer: Allgem. Kunstlexicon. . . . . 5 Vol. 1894—1901.
Nagler: Künstlerlexicon. . . . . 22 Vol. 1835—1852.
Nagler's Monogrammister. . . . . 5 Vol. 1858—1879.
Naumann. . . . . 7 Vol. 1855—1878.
Siret: Dict. des peint. de tous les pays. . . . . . . 1 Vol. 1883. (3e. édit.)
Seubert: Allgem. Künstlerlexicon. . . . . 3 Vol. 1878—1879.
Seyboth Ad.: Das alte Strasburg. . . . . 1 Vol. 1894.
Vapereau: Dict. des Contemp. 3 Vol. et Suppl^{ts}. 1880—1893 et les anc. édit.

Les Cimetières de Strasbourg.
Les livres de l'Etat civil id.

Errata.

Nos.				Nos.				
326 Clemens XIII au lieu de Cl. VIII.				2140		au lieu de 2149.		
533 Brunhilde	„	„	„ Brunhide	2159	„	„	„	2158.
554 Ornans	„	„	„ Ornan.	2195 Gros	„	„	„	Grav.
584 Henri IV	„	„	„ H. VI.	2279a	„	„	„	2278a.
587 Audouin	„	„	„ Audonin.	2329 teintée	„	„	„	teinté.
592 Saulce	„	„	„ Saulci.	2487 Baur	„	„	„	Buaur.
730	„	„	„ 733.	2541 Lith. 8⁰.	„	„	„	f⁰.
730bis	„	„	„ 730.	2542	„	„	„	2552.
733	„	„	„ 732bis.	2629 Oberthür	„	„	„	Oberthier.
751	„	„	„ 757.	2642	„	„	„	2641.
754 Charles X	„	„	„ Ch. VII.	2647 Armoiries	„	„	„	Armoires
757 Supprimé.				2679 S'	„	„	„	St
773	„	„	„ 774.	2692 Naissance	„	„	„	Naishance.
774	„	„	„ 775.	2698	„	„	„	2098.
775	„	„	„ 773.	2700 Osterrieth	„	„	„	Osterrich.
922bis	„	„	„ 923bis.	2703 municip.	„	„	„	nunicip.
928 Départ	„	„	„ Déport.	2732	„	„	„	2932.
997	„	„	„ 999.	2741 (de l'époque) á ajouter.				
999	„	„	„ 997.	2994 feuilles au lieu de feuille.				
1000 a, b, c, d, e „ „ „ 949, 50, 51, 952, 993.				3067	„	„	„	067.
1049	„	„	„ 1049bis.	3010,3011 „lesGuérin“ à ajout. avant „p.6“				
1148 à ajouter.				3036 bis à ajouter.				
1199	„	„	„ 1899.	3147 f⁰. à ajouter.				
1305	„	„	„ 1308.	3170 Strosburjer au lieu de Strasburger				
1377 après Grenze.				3279bis	„	„	„	3279.
1599	„	„	„ 1569.	3406 Lalanne	„	„	„	Laenne.
1703	„	„	„ 1704.	Pages.				
1777 Bascassat	„	„	„ Brascassa	96 au haut non au lieu de nou.				
1794 Brebis	„	„	„ Bresbis	114 „ 1ère. „ „ „ 1er.				
1830 Chauve	„	„	„ Maure.	116 „ 1ère. „ „ „ 1er.				
1839 1495	„	„	„ 1195.	121 „ 2ème. „ „ „ 2.				
1843 au dessous de Metzu.				124 „Alsatiques“ à mettre au dessus de „Plans de Strasbourg.“				
1853		au lieu de 1453.		182 à 187 Grozelier „ „ „ Groseiller				
1955	„	„	„ 1954.	188 à 192 à mettre „etc.“ après le mot „Tableaux.“				
1956	„	„	„ 1955.					

Table

Table (Suite).

Bulletin de Commission.

M¹)

²)

prie la Librairie **F. STAAT, à Strasbourg,** *de lui acheter aux enchères, au mieux et jusqu'à concurrence des prix indiqués les ouvrages ci-dessous de la vente CH. MULLER.*

Numéro du Catalogue.	Titres des Planches.	Limites (les frais en sus.)

¹) Nom. ²) Adresse (bien lisible).

<table>
<tr><td>Numéro
du Catalogue.</td><td>Titres des Planches.</td><td>Limites
(les frais en sus.)</td></tr>
</table>

CONDITIONS DE LA VENTE

La vente commencera lundi, 20 avril, à 2 $^{1}/_{2}$ heures, et sera continuée les jours suivants à la même heure, par le ministère de Mc Ritleng aîné.

Il sera vendu environ 300 numéros par jour, dans l'ordre du catalogue.

L'exposition des objets mis en vente aura lieu le jour de leur passage à l'enchère, de 10 $^{1}/_{2}$ heures à midi, dans le local de la vente.

Cette exposition mettant le public à même de se rendre compte de l'état des objets, il ne sera admis aucune réclamation, une fois l'adjudication prononcée.

Chaque objet pourra être retiré de la vente, si la mise à prix n'est pas atteinte.

Les adjudicataires sont tenus d'enlever immédiatement les objets par eux enchéris.

Le prix d'adjudication est à payer comptant avec 10 % en sus pour les frais.

Dans le cas où, au moment d'une adjudication, il surgirait un différend à raison d'une mise double, l'objet sera immédiatement remis en vente.

Pour les catalogues et les renseignements s'adresser, soit à Mc Ritleng aîné, notaire, soit à la librairie F. Staat, rue des Serruriers, 27, à Strasbourg.

AUCTIONS-BEDINGUNGEN

———

Die Auction beginnt am **20. April** um $2^{1}/_{2}$ Uhr Nachmittags und wird an den folgenden Tagen zur selben Stunde fortgesetzt, durch Herrn Notar Ritleng, den Aelteren.

Es werden jeden Tag ungefähr 3oo Nummern in der Reihenfolge des Cataloges versteigert.

Die an den einzelnen Tagen zur Versteigerung gelangenden Gegenstände sind an den betreffenden Vormittagen von 10 1/2 bis 12 Uhr im Auctionslocale zur Besichtigung ausgestellt.

Da durch diese Ausstellung Gelegenheit geboten ist, sich von dem Zustand der einzelnen Gegenstände zu überzeugen, so können Reklamationen, nach erfolgtem Zuschlage, in keinerlei Weise berücksichtigt werden.

Jede Nummer wird zu einem Minimalpreis veranschlagt und eventuell zurückgezogen, wenn dieser Preis nicht erreicht wird.

Die Versteigerung geschieht gegen baare Zahlung und hat der Ersteher auf den Zuschlag ein Aufgeld von 10 °/₀ zu entrichten. Die gesteigerten Gegenstände sind sofort in Empfang zu nehmen.

Sollte durch erfolgtes Doppelgebot eine Meinungsverschiedenheit entstehen, so wird die betreffende Nummer sofort nochmals ausgeboten.

———

Für Auskunft und Cataloge wende man sich an Herrn Notar Ritleng, den Aelteren, oder an die Buchhandlung F. Staat, Schlossergasse 27, Strassburg i/E.